山东省本科高校教学改革面上研究项目"诉讼法学情景模拟教学模式探索与实践"（2015M200）、山东省本科高校教学改革重点研究项目"高校协同、多元、开放的法学实践教学模式构建与实验"（Z2016Z042）研究成果

刑法总论：理论与实务

杜立聪　编著

科学出版社
QUNYAN PRESS

·北京·

图书在版编目（CIP）数据

刑法总论．理论与实务 / 杜立聪编著． -- 北京：群言出版社，2024．9． -- ISBN 978-7-5193-1002-8

Ⅰ．D922.04

中国国家版本馆CIP数据核字第2024VS5541号

责任编辑：孙平平　孙华硕
封面设计：利宏博识

出版发行：群言出版社
地　　址：北京市东城区东厂胡同北巷1号（100006）
网　　址：www.qypublish.com（官网书城）
电子信箱：qunyancbs@126.com
联系电话：010-65267783　65263836
法律顾问：北京法政安邦律师事务所
经　　销：全国新华书店

印　　刷：北京尚丞印刷科技有限公司
版　　次：2024年9月第1版
印　　次：2024年9月第1次印刷
开　　本：710mm×1000mm　1/16
印　　张：19.75
字　　数：304千字
书　　号：ISBN 978-7-5193-1002-8
定　　价：98.00元

【版权所有，侵权必究】

如有印装质量问题，请与本社发行部联系调换，电话：010-65263836

前 言

刑法学理论知识繁杂，理论是行动的先导，实践是创新的源泉，如何做到理论与实践之间的协调，是任何一部教科书都会面临的难题。

《刑法总论：理论与实务》以法学基本概念、基本原理、基本知识为主要内容，同时聚焦刑事司法实务问题，运用刑法理论最新成果，反映刑事法治的最新发展情况，对刑法的基本原则、适用范围、犯罪构成与犯罪形态理论和刑罚的基本原理及其具体应用问题做了系统而有重点的阐释。既追求教材的理论深度与学术价值，又追求教材在体系、风格、逻辑上的一致性。它以灵活多样的体例形式阐释教材内容，既加强法学教材的多样化发展，又加强教材对读者学习方法与兴趣的正确引导，力求使读者能够立足前沿，把握最新学术动态。

本次编写反映了本学科领域的新进展，注重理论联系实际，促进理论思维与实务思维的相互贯通。在撰写过程中将法学理论成果与司法实务案例结合起来，列举分析了具有重要指导价值的典型实务案例，从中提炼裁判规则，力求做到深入浅出、说理透彻，努力为刑法理论研究者和司法实务人士提供富有参考研究价值的全面资料，实现以案例法治思维促进刑法理论与实务的进步。

目 录

第一编　刑法绪论 ……………………………………………………… 1

第一章　刑法概述 ………………………………………………… 3
第一节　刑法的概念、特征与渊源 ……………………………… 3
第二节　刑法的目的与任务 ……………………………………… 7
第三节　刑法的体系与用语 ……………………………………… 9
第四节　刑法的解释 …………………………………………… 15

第二章　刑法基本原则 …………………………………………… 22
第一节　刑法基本原则概述 …………………………………… 22
第二节　罪刑法定原则 ………………………………………… 23
第三节　刑法面前人人平等原则 ……………………………… 28
第四节　罪刑均衡原则 ………………………………………… 30

第三章　刑法的效力 ……………………………………………… 37
第一节　刑法的空间效力 ……………………………………… 37
第二节　刑法的时间效力 ……………………………………… 45

第二编　犯罪论 ………………………………………………………… 51

第四章　犯罪概念 ………………………………………………… 53
第一节　犯罪的本质 …………………………………………… 53
第二节　犯罪概念的类型 ……………………………………… 56
第三节　犯罪的基本特征 ……………………………………… 58
第四节　犯罪的分类 …………………………………………… 59

第五章　犯罪构成 ………………………………………………… 64
第一节　犯罪构成概述 ………………………………………… 64

1

第二节　犯罪构成体系⋯⋯⋯⋯⋯⋯⋯⋯⋯⋯⋯⋯⋯⋯⋯⋯⋯⋯⋯　67
　　第三节　犯罪构成分类⋯⋯⋯⋯⋯⋯⋯⋯⋯⋯⋯⋯⋯⋯⋯⋯⋯⋯⋯　71

第六章　犯罪客体⋯⋯⋯⋯⋯⋯⋯⋯⋯⋯⋯⋯⋯⋯⋯⋯⋯⋯⋯⋯⋯⋯⋯⋯　79
　　第一节　犯罪客体概述⋯⋯⋯⋯⋯⋯⋯⋯⋯⋯⋯⋯⋯⋯⋯⋯⋯⋯⋯　79
　　第二节　犯罪客体的分类⋯⋯⋯⋯⋯⋯⋯⋯⋯⋯⋯⋯⋯⋯⋯⋯⋯⋯　82
　　第三节　犯罪客体与犯罪对象⋯⋯⋯⋯⋯⋯⋯⋯⋯⋯⋯⋯⋯⋯⋯⋯　85

第七章　犯罪客观要件⋯⋯⋯⋯⋯⋯⋯⋯⋯⋯⋯⋯⋯⋯⋯⋯⋯⋯⋯⋯⋯⋯　88
　　第一节　犯罪客观要件概述⋯⋯⋯⋯⋯⋯⋯⋯⋯⋯⋯⋯⋯⋯⋯⋯⋯　88
　　第二节　危害行为⋯⋯⋯⋯⋯⋯⋯⋯⋯⋯⋯⋯⋯⋯⋯⋯⋯⋯⋯⋯⋯　90
　　第三节　危害结果⋯⋯⋯⋯⋯⋯⋯⋯⋯⋯⋯⋯⋯⋯⋯⋯⋯⋯⋯⋯⋯　96
　　第四节　刑法上的因果关系⋯⋯⋯⋯⋯⋯⋯⋯⋯⋯⋯⋯⋯⋯⋯⋯⋯　100
　　第五节　犯罪客观方面其他要件⋯⋯⋯⋯⋯⋯⋯⋯⋯⋯⋯⋯⋯⋯⋯　105

第八章　犯罪主体⋯⋯⋯⋯⋯⋯⋯⋯⋯⋯⋯⋯⋯⋯⋯⋯⋯⋯⋯⋯⋯⋯⋯⋯　109
　　第一节　犯罪主体概述⋯⋯⋯⋯⋯⋯⋯⋯⋯⋯⋯⋯⋯⋯⋯⋯⋯⋯⋯　109
　　第二节　自然人犯罪主体⋯⋯⋯⋯⋯⋯⋯⋯⋯⋯⋯⋯⋯⋯⋯⋯⋯⋯　111
　　第三节　单位犯罪⋯⋯⋯⋯⋯⋯⋯⋯⋯⋯⋯⋯⋯⋯⋯⋯⋯⋯⋯⋯⋯　120

第九章　犯罪主观要件⋯⋯⋯⋯⋯⋯⋯⋯⋯⋯⋯⋯⋯⋯⋯⋯⋯⋯⋯⋯⋯⋯　126
　　第一节　犯罪主观要件概述⋯⋯⋯⋯⋯⋯⋯⋯⋯⋯⋯⋯⋯⋯⋯⋯⋯　126
　　第二节　犯罪故意⋯⋯⋯⋯⋯⋯⋯⋯⋯⋯⋯⋯⋯⋯⋯⋯⋯⋯⋯⋯⋯　127
　　第三节　犯罪过失⋯⋯⋯⋯⋯⋯⋯⋯⋯⋯⋯⋯⋯⋯⋯⋯⋯⋯⋯⋯⋯　131
　　第四节　无罪过事件⋯⋯⋯⋯⋯⋯⋯⋯⋯⋯⋯⋯⋯⋯⋯⋯⋯⋯⋯⋯　134
　　第五节　犯罪动机与犯罪目的⋯⋯⋯⋯⋯⋯⋯⋯⋯⋯⋯⋯⋯⋯⋯⋯　136
　　第六节　刑法上的认识错误⋯⋯⋯⋯⋯⋯⋯⋯⋯⋯⋯⋯⋯⋯⋯⋯⋯　138

第十章　正当化行为⋯⋯⋯⋯⋯⋯⋯⋯⋯⋯⋯⋯⋯⋯⋯⋯⋯⋯⋯⋯⋯⋯⋯　145
　　第一节　正当化行为概述⋯⋯⋯⋯⋯⋯⋯⋯⋯⋯⋯⋯⋯⋯⋯⋯⋯⋯　145
　　第二节　正当防卫⋯⋯⋯⋯⋯⋯⋯⋯⋯⋯⋯⋯⋯⋯⋯⋯⋯⋯⋯⋯⋯　146
　　第三节　紧急避险⋯⋯⋯⋯⋯⋯⋯⋯⋯⋯⋯⋯⋯⋯⋯⋯⋯⋯⋯⋯⋯　153
　　第四节　其他正当化行为⋯⋯⋯⋯⋯⋯⋯⋯⋯⋯⋯⋯⋯⋯⋯⋯⋯⋯　157

第十一章　故意犯罪的停止形态⋯⋯⋯⋯⋯⋯⋯⋯⋯⋯⋯⋯⋯⋯⋯⋯⋯　163
　　第一节　故意犯罪停止形态概述⋯⋯⋯⋯⋯⋯⋯⋯⋯⋯⋯⋯⋯⋯⋯　163

目录

  第二节 犯罪既遂 ··· 165
  第三节 犯罪预备 ··· 168
  第四节 犯罪未遂 ··· 171
  第五节 犯罪中止 ··· 174

第十二章 共同犯罪 ··· 180
  第一节 共同犯罪概述 ·· 180
  第二节 共同犯罪的形式 ··· 183
  第三节 共同犯罪人的刑事责任 ································· 187
  第四节 共同犯罪的其他问题 ···································· 192

第十三章 罪数形态 ··· 199
  第一节 罪数概述 ··· 199
  第二节 实质的一罪 ··· 201
  第三节 法定的一罪 ··· 205
  第四节 处断的一罪 ··· 207

第三编 刑罚论 ·· 215

第十四章 刑罚概述 ··· 217
  第一节 刑罚的概念和特征 ····································· 217
  第二节 刑罚的属性与功能 ····································· 220
  第三节 刑罚的目的 ··· 224

第十五章 刑罚体系 ··· 227
  第一节 刑罚体系概述 ·· 227
  第二节 主刑 ·· 229
  第三节 附加刑 ··· 237
  第四节 非刑罚处罚措施 ··· 242

第十六章 刑罚裁量 ··· 246
  第一节 刑罚裁量概述 ·· 246
  第二节 量刑情节 ··· 250
  第三节 累犯 ·· 254
  第四节 自首 ·· 257
  第五节 坦白 ·· 262

第六节　立功……264
　　第七节　数罪并罚……266
第十七章　刑罚执行……275
　　第一节　刑罚执行概述……275
　　第二节　缓刑制度……276
　　第三节　减刑……282
　　第四节　假释……286
　　第五节　社区矫正……291
第十八章　刑罚的消灭……297
　　第一节　刑罚消灭概述……297
　　第二节　时效……298
　　第三节　赦免……301
参考文献……307

第一编　刑法绪论

刑法是将作为犯罪构成的犯罪与作为法律后果的刑罚连接在一起的国家法律规范的总和。

——［德］李斯特

第一章 刑法概述

第一节 刑法的概念、特征与渊源

一、刑法的概念

刑法是规定犯罪和刑罚的法律规范。刑法有两个最基本的范畴——犯罪和刑罚,整个刑法都是围绕着犯罪和刑罚而展开,因此,刑法又称为犯罪法或者刑罚法。刑法总则规定的是一般意义上的犯罪和刑罚,刑法分则规定的则是具体的犯罪和刑罚。

刑法在不同的国家,称谓不同,英美法系国家称为犯罪法,大陆法系国家称为刑法。中国最早把规定犯罪和刑罚的法律称为"法"。战国的魏国李悝制定的《法经》,被认为是中国古代最早的刑法。后来秦国商鞅变法,改"法"为"律",有关刑法的内容就改称为"律"。到清朝末年,沈家本主持修订刑律,在1911年制定了《大清新刑律》,仍称为刑律。1928年中华民国制定了第一部刑法典,才开始正式采用刑法这个名称。

二、刑法的特征

(一)规定内容的特定性

刑法规范的是"罪—刑"关系,是规定犯罪与刑罚的法律规范的总称,解决的是如何认定犯罪、是否追究刑事责任以及如何追究刑事责任的问题。

这些内容是刑法独有的内容，其他部门法虽然也涉及违法及其法律后果问题，但主要是一般违法行为，而不会规定具体的犯罪与刑罚内容。

（二）保护社会关系的广泛性

在国家的法律体系中，刑法处于十分独特的地位。一般情况下法律部门是根据其所调整的社会关系性质划分的，调整同类社会关系的法律就归属于一个部门法。但刑法是根据法律调整的方法来划分的，只要是采用刑罚方法调整某种社会关系，就可以归入刑法的领域。刑法所调整的社会关系和保护的法益非常广泛，无论是个人法益、社会法益和国家法益，都属于刑法保护的对象。因此，刑法也是其他部门的保护法，在宪法这一根本法之下，刑法一直排在部门法之首，又被称为万法之法。

（三）强制方法的严厉性

法律具有强制性，都是以国家暴力为后盾，任何人侵犯法律所保护的社会关系，都必须受到国家法律的制裁。例如，违反民法要承担民事责任；违反行政法要承担行政责任，等等，但是这些法律责任都不如刑法强制方法严厉。刑罚可以剥夺犯罪分子的政治权利、财产权利，限制或者剥夺犯罪分子的人身权利，在最严重的情况下还可以剥夺犯罪分子的生命，所以刑法的严厉程度是其他法律所没有的。

我国刑法中规定了极少数犯罪属于告诉才处理，在这种情况下，刑法就具有一定任意法的特征。例如，网络上的侮辱诽谤，如果一律按照告诉才处理，被害人其实很难收集证据。所以，《刑法修正案（九）》就规定，通过信息网络实施第1款规定（侮辱、诽谤）的行为，被害人向人民法院告诉，但提供证据确有困难的，人民法院可以要求公安机关提供协助。但总体上来说，刑法主要是强制法。

三、刑法的分类

根据不同的标准，刑法主要有以下四种分类：

（一）狭义刑法和广义刑法

这是以刑法的表现形式为标准所做的分类。

狭义刑法是指系统规定犯罪和刑罚的刑法典。广义刑法是指一切规定犯罪和刑罚的法律规范的总和，主要包括刑法典、单行刑法和附属刑法。

（二）普通刑法和特别刑法

这是以刑法效力范围为标准所做的分类。

普通刑法是指效力及于一个国家内任何地区、任何个人的刑法规范。特别刑法是指刑法的效力仅及于特定的地区或特定的个人或特定的时间的刑法规范，例如戒严法或者军事刑法，就是针对特定的人、特定的时间、特定的地区的刑法规范。

（三）单一刑法和附属刑法

这是以刑法规范的立法体例是否具有独立性为标准所做的分类。

单一刑法是指某一部法律的内容全部是刑法规范或基本上是刑法规范的刑事实体法。附属刑法是指一部法律规范的内容主要是非刑事法规（经济、行政法规等），但其中有一部分内容涉及刑法规范。

（四）国内刑法和国际刑法

这是以刑法所控制、惩治的犯罪地域为标准所做的分类。

国内刑法是指规定国内犯罪和刑罚的法律。国际刑法是指规定国际犯罪和刑罚的法律。国际刑法是国际法的一部分，国家和国家之间制定的有关惩治国际犯罪的法律规范，相对于国内刑法而言，属于国际刑法。

四、刑法的渊源

刑法的渊源，是指刑法的出处。我国刑法的渊源主要包括以下几种：

（一）刑法典

刑法典是国家以刑法名义颁布的、全面系统地规定犯罪及其法律后果的法律文件，是一个国家刑事法律规范存在的基本方式。刑法典是对犯罪和刑罚的一般内容和具体罪名条理化、系统化地加以规定的法律，也称为"普通刑法"，被视为"形式意义上的刑法"。我国在1979年7月1日颁布了《中华人民共和国刑法》，1997年3月14日颁布了修订后的《中华人民共和国刑法》，前者为旧刑法典，后者为新刑法典。

（二）单行刑法

单行刑法是国家以决定、规定、补充规定、条例等名称颁布的，规定某一类犯罪及其法律后果或者刑罚的法律，是在刑法之外的、为补充或修改刑法典而颁布的刑法规范。例如，在1997年《刑法》颁布后，1998年

12月29日全国人大常委会《关于惩治骗购外汇、逃汇和非法买卖外汇犯罪的决定》就属于单行刑法。单行刑法对法律起着修改和补充作用，它是独立于刑法典的刑法形式。因此，在司法实践中援引法条的时候，就应该直接援引单行刑法的相关条款。

全国人大常委会1999年10月30日颁布的《关于取缔邪教组织、防范和惩治邪教活动的决定》和2000年12月28日颁布的《关于维护互联网安全的决定》不属于单行刑法。因为，一部法规范要称为刑法的话，一定由两部分组成——犯罪论和刑罚论。但是在这两个法规范里，通篇都是对某些行为进行惩罚和打击，但是如何惩罚、如何打击却没有做规定。也就是说，这两个《决定》只规定了犯罪论，而没有规定刑罚论，因此不属于刑法规范。

（三）附属刑法

附属刑法是指附带规定于民法、行政法等非刑事法律中有关具体犯罪及其刑罚的法律规范。大陆法系国家的刑法规范除了集中在刑法典当中外，还大量存在于各种非刑事法律中。例如，有关侵犯专利的犯罪规定在《专利法》里面，有关侵犯商标的犯罪规定在《商标法》里面，这样就使得一些刑法规范尤其是关于具体犯罪的刑法规范散见于各种其他法律。

我国采取统一的立法方式，不存在附属刑法。立法机关制定某一个非刑事法律时，如果其中涉及犯罪内容，不是附带地规定在这个法律中，而是另外制定一个单行刑法或者规定一个刑法修正案。

（四）刑法修正案

从1999年开始，我国立法机关对刑法的修改采取了刑法修正案的方式，到目前为止，我国立法机关共颁布了十二个刑法修正案。

刑法修正案是对刑法典原有条文进行修改、补充、替换，或者在刑法典中增补新的条文。比如，立法机关如果要增加条文，那就在原有的条文中最接近的条文后面加一个"之一"或"之二"。如果不增加条文，只就原有条文增加内容的，那就另起一行，增加项或者款。这是建立在维护总体框架基本不变的基础上对刑法典进行小的修改。因此，刑法修正案不但直接被纳入了刑法典而成为后者的组成部分，而且其立法技术并不打乱刑法典的条文次序，从而有利于维护刑法典的稳定性，并且更容易被理解和掌握。

目前，我们国家刑法的基本框架是"1+12+1"，"1"是一部刑法典；

"12"是十二个刑法修正案;"1"是一个单行刑法,即 1998 年 12 月 29 日由第九届全国人大常委会第六次会议通过的《关于惩治骗购外汇、逃汇和非法买卖外汇犯罪的决定》。

第二节　刑法的目的与任务

一、刑法的目的

刑法的目的,就是国家制定和适用刑法时所要实现的目标。它是刑事立法的动力,也是刑事司法的灵魂。《刑法》第 1 条规定:"为了惩罚犯罪,保护人民,根据宪法,结合我国同犯罪作斗争的具体经验及实际情况,制定本法。"根据该规定,我国刑法具有三个不同层次的目的:

（一）刑法的整体目的

刑法的整体目的即刑法典所要实现的目标。根据《刑法》第 1 条的规定,刑法的整体目的就是"惩罚犯罪,保护人民"。所谓"惩罚犯罪",是指要对犯罪行为做出否定评价,要对实施了犯罪的行为人进行惩罚。只要是犯罪,就必须被否定,犯罪人就必须受到制裁。所谓"保护人民",是指要通过正确适用刑法来保证没有犯罪的公民不受惩罚,恢复、弥补被犯罪侵害的法益,保障犯罪人不受非法的制裁。

（二）刑法的部分目的

刑法的部分目的即刑法分则各章所要实现的目标。我国刑法分则共有 10 章,它们分别具有各自的目标。例如,刑法分则第四章规定的是"侵犯公民人身权利、民主权利罪",它的目的就是惩罚侵犯公民人身权利、民主权利的犯罪,保护公民的生命、身体、自由、名誉、监督权、选举权等权利。除刑法分则第四章的目的分别体现在其相应条文之中以外,刑法分则其他各章的目的都贯彻在其全部条文之中。

（三）刑法的具体目的

刑法的具体目的即刑法分则各条所要实现的目标。刑法分则共有 350 个条文,除少数条文是注意规定之外,其他条文都具有自己所要保护的法益,也就是刑法的具体目的。刑法的具体目的对于认定具体犯罪的成立具有重要意义，不处于某一刑法条文的具体目的所保护的范围之内的行为，就不构成该条所规定的犯罪。

刑法三个不同层次的目的协调一致，把握刑法不同层次的目的，是正确解释和适用刑法的前提。

二、刑法的任务

刑法的任务，是指国家为了实现刑法的目的所必须完成的工作。刑法的任务与刑法的目的具有内在联系：刑法的目的是确定刑法的任务的根据，刑法的任务是实现刑法的目的的措施。根据《刑法》第2条的规定，我国刑法的任务主要有以下两个方面：

（一）保护法益

刑法的首要任务是保护法益，刑法通过保护法益而实现保护社会关系。犯罪的本质是侵害法益，刑法的目的是保护法益，禁止侵犯法益的行为。刑法只能将侵害或者威胁了法益的行为规定为犯罪，没有侵害法益的行为就不能是犯罪。

根据法益的分类，犯罪可以分为三类。第一类是侵害个人法益的犯罪，如杀人、强奸、抢劫，对这类犯罪加以惩罚从而达到保护个人法益的目的。第二类是侵害社会法益的犯罪，如聚众扰乱社会秩序罪、聚众赌博罪，通过对侵害社会法益的犯罪加以惩罚从而达到保护社会利益的目的。第三类是侵害国家法益的犯罪，如危害国家安全的犯罪，通过对侵害国家法益的犯罪加以惩罚从而达到保护国家法益的目的。

刑法的保护法益功能，主要是通过发挥刑法对犯罪的惩罚作用来实现，从而维护社会的正常关系。维护国家最基本的秩序是法律的终极使命，刑法是社会保护自我生存方式的法律，使社会有序地、正常地存在和发展。所以，刑法的法益保护功能是刑法最基本的机能。

（二）保障人权

保障人权主要表现为对被告人和犯罪人的权利进行保护。这里的"人权"，特指被告人和犯罪人的权利，而并非泛指所有人的人权。刑法通过罪刑法定原则，明确规定犯罪和刑罚，限制国家刑罚权的发动，保障被告人以及犯罪人的权利。因此，人权保障机能主要是通过对国家刑罚权的限制而实现的。

一个人受到刑事追究并不意味着他是犯罪人,在实践中受到非法刑事追究的情况并不少见,犯罪人的合法权利也应该受到法律保护。刑法通过限制国家刑罚权来保障被告人和犯罪人的权利。因此,刑法既是善良人的"大宪章",同时也是犯罪人的"大宪章"。可见,保障人权是法治社会刑法的应有之义。刑法保障人权的程度,是衡量一个国家的刑事法治水平的重要标尺。

(三)刑法双重任务的关系

刑法既有保护法益的任务,又有保障人权的任务,这两种任务都是刑法所追求的。但是,这两种任务在许多情况下会出现冲突。一方面,如果过于强调保护法益,打击犯罪,就会降低人权保障的标准。因为处罚范围越宽,越有利于社会保护,但是处罚范围越宽,也越不利于保护人权。另一方面,如果过于强调保障人权,就会削弱其打击犯罪的能力。在法治社会,要强调刑法保障人权的任务,只有这样才能使刑法更好地发挥机能,实现保障人权的价值。在一个法治国家,任何人都只需要做法律的奴隶,法治会保证每个人免于恐惧的自由。

第三节 刑法的体系与用语

一、刑法的体系

刑法的体系有广义和狭义之分,广义的刑法体系,是指刑法的各种渊源及其相互关系;狭义的刑法体系,是指刑法典的组成与结构。这里所说刑法的体系是指狭义的刑法体系。现代各国刑法典通常分为总则与分则两编,有的还有附则。编之下,再根据刑法规范的性质与内容分为章、节、条、款、项层次,从而构成一个层次分明、结构合理的刑法体系。

我国刑法典的体系构成如下:

(一)编

"编"是刑法典中内容较多并且具有本体意义的"则"。刑法典中内容较少并且不具有本体意义的部分不称为"编",而是直接称为"则"。

我国刑法典由两编和一个附则组成。第一编为总则（第1—101条），它规定了刑法的任务、基本原则和适用范围、关于犯罪和刑罚的一般规范以及其他规定。总则的规定不仅适用于分则，根据《刑法》第101条的规定，也适用于其他有刑罚规定的法律，但是其他法律有特别规定的除外。第二编为分则（第102—451条），它规定了各种具体犯罪的构成要件和法定刑，以及适用时的相关注意事项。附则（第452条）不另立一编，但与总则、分则并列，规定的是刑法施行的日期、刑法与以往单行刑法的关系、刑法生效后某些单行刑法的废止以及某些单行刑法中有关内容的失效。

（二）章

"章"是总则和分则两编之下的单位，立法者把性质相同的一大类规范规定为一章。我国刑法总则和刑法分则各自独立设章，分别编序。

《刑法》第一编总则共有五章，第一章是"刑法的任务、基本原则和适用范围"，第二章是"犯罪"，第三章是"刑罚"，第四章是"刑罚的具体运用"，第五章是"其他规定"。

《刑法》第二编分则共有十章，第一章是"危害国家安全罪"，第二章是"危害公共安全罪"，第三章是"破坏社会主义市场经济秩序罪"，第四章是"侵犯公民人身权利、民主权利罪"，第五章是"侵犯财产罪"，第六章是"妨害社会管理秩序罪"，第七章是"危害国防利益罪"，第八章是"贪污贿赂罪"，第九章是"渎职罪"，第十章是"军人违反职责罪"。

各章的排列顺序具有一定的规律。在刑法总则中大体按照事物的产生先后排列各章，先有刑法，后有犯罪，然后有刑罚，再后有刑罚的具体运用，最后有概念的解释等，因此，形成了刑法总则各章的现有排列顺序。在刑法分则中大体按照犯罪所侵犯的法益的轻重排列各章，侵犯重大法益的一类犯罪排列在前，侵犯较轻法益的一类犯罪排列在后。

（三）节

"节"是设在章下的单位，反映章内部的有机联系。立法者根据需要把性质相同的一小类规范规定为一节。当章的内容很多又可以进行小类的区分时，立法者就会在章下设节。我国刑法典仅在总则的第二章、第三章、第四章以及分则的第三章、第六章之下设有节，其他章下均未设节，而直接由条组成。

（四）条

章（节）下是条，"条"是表达刑法规范的基本单位，也是刑法的基本组成单位，刑法规范通常都以"条"的形式出现。我国刑法典共有452条，其中总则101条，分则350条，附则1条。为便于检索和引用，我国刑法典对全部"条"的顺序进行了统一编号，不受编、章、节划分的影响。

需要注意的是，刑法修正案增加了"第××条之×"的条文，这种特殊条序形式的条文具有与"第××条"同等的法律地位，属于实质的独立法条。

（五）款

条下是款，"款"是设于某些条文之下的单位。有些条文规定的内容简单，只有一段，因而没有必要在条下设款。在条文所要表达的内容比较丰富，又存在不同层次时，立法者就会在条下设款。我国刑法典对款没有编号，采用了另起一段的方法来表示。在引用设有款的刑法条文时，表述为"刑法第××条第××款"。

（六）项

"项"是某些条或款之下设立的单位。在我国刑法典中，项处在条或者款的冒号之后，另起一段，并用（一）（二）（三）等基数号码编写。一般而言，各项的内容之间通常具有并列关系，项与项之间用分号隔开，共同从属于条或者款。

二、刑法的用语

我国刑法对一些重要的、具有普遍性的用语，在立法中以专条的形式加以规定，主要集中在刑法总则第五章"其他规定"中，也有个别规定体现在分则中。

（一）立法规定的用语

1. 公共财产

《刑法》第91条规定："本法所称公共财产，是指下列财产：（一）国有财产；（二）劳动群众集体所有的财产；（三）用于扶贫和其他公益事业的社会捐助或者专项基金的财产。在国家机关、国有公司、企业、集体企业和人民团体管理、使用或者运输中的私人财产，以公共财产论。"

在上述规定中，公共财产的一般范围不难把握，只是对第 2 款规定的"以公共财产论"的私人财产，之所以要按公共财产予以保护，就在于这部分财产虽然属于私人所有，但当交由国家机关、国有公司、企业、集体企业和人民团体管理、使用、运输时，上述单位就有义务保护该财产，如果丢失、损毁，就应承担赔偿责任。

2. 私人所有财产

《刑法》第 92 条规定："本法所称公民私人所有的财产，是指下列财产：（一）公民的合法收入、储蓄、房屋和其他生活资料；（二）依法归个人、家庭所有的生产资料；（三）个体户和私营企业的合法财产；（四）依法归个人所有的股份、股票、债券和其他财产。"

3. 国家工作人员

《刑法》第 93 条规定："本法所称国家工作人员，是指国家机关中从事公务的人员。国有公司、企业、事业单位、人民团体中从事公务的人员和国家机关、国有公司、企业、事业单位委派到非国有公司、企业、事业单位、社会团体从事公务的人员，以及其他依照法律从事公务的人员，以国家工作人员论。"

根据国家工作人员的本质属性，本条规定国家工作人员包括四类：国家机关中从事公务的人员、国家机关除外的国有单位中从事公务的人员、国有单位派往非国有单位从事公务的人员和其他依照法律从事公务的人员。这里的国有企业是指国有独资企业，其他依照法律从事公务的人员的认定可参照全国人大常委会关于《刑法》第 93 条第 2 款的立法解释。村民委员会等村基层组织人员协助人民政府从事下列行政管理工作，属于《刑法》第 93 条第 2 款规定的"其他依照法律从事公务的人员"。这些行政管理工作包括：（一）救灾、抢险、防汛、优抚、扶贫、移民、救济款物的管理；（二）社会捐助公益事业款物的管理；（三）国有土地的经营和管理；（四）土地征用补偿费用的管理；（五）代征、代缴税款；（六）有关计划生育、户籍、征兵工作；（七）协助人民政府从事的其他行政管理工作。

4. 司法工作人员

《刑法》第 94 条规定："本法所称司法工作人员，是指有侦查、检察、审判、监管职责的工作人员。"

5. 重伤

《刑法》第95条规定："本法所称重伤，是指有下列情形之一的伤害：（一）使人肢体残废或者毁人容貌的；（二）使人丧失听觉、视觉或者其他器官机能的；（三）其他对于人身健康有重大伤害的。"

6. 违反国家规定

《刑法》第96条规定："本法所称违反国家规定，是指违反全国人民代表大会及其常务委员会制定的法律和决定，国务院制定的行政法规、规定的行政措施、发布的决定和命令。"

7. 首要分子

《刑法》第97条规定："本法所称首要分子，是指在犯罪集团或者聚众犯罪中起组织、策划、指挥作用的犯罪分子。"

8. 告诉才处理

《刑法》第98条规定："本法所称告诉才处理，是指被害人告诉才处理。如果被害人因受强制、威吓无法告诉的，人民检察院和被害人的近亲属也可以告诉。""告诉才处理"，是指只有被害人向人民法院提出控告，要求对犯罪人追究刑事责任时，人民法院才能受理，如果有权进行告诉的人不告诉，法院则不能受理。

9. 以上、以下、以内

《刑法》第99条规定："本法所称以上、以下、以内，包括本数。"这是对刑法中有期自由刑规定的上限、下限的具体解释，同时，该解释对确定追诉时效具有重大意义。

（二）学理上的用语

1. 但书

在刑法条文中，当同一条款的后段要对前段内容做出相反、例外、补充或限制规定时，往往使用"但是"一词，"但是"以前的文字一般称为"本文"，"但是"以后的这段文字被称为"但书"。

"但书"在刑法中通常指以下四种情况：

（1）与前段表示相反的关系。如《刑法》第13条规定："一切危害国家主权、领土完整和安全……的，都是犯罪，但是情节显著轻微危害不大的，不认为是犯罪。"该条文中"但书"之后的部分所规定的内容与前部分内容相反。

（2）与前段表示例外的关系。如《刑法》第8条规定："外国人在中华人民共和国领域外对中华人民共和国国家或者公民犯罪，而按本法规定的最低刑为三年以上有期徒刑的，可以适用本法，但是按照犯罪地的法律不受处罚的除外。"该条文中"但书"表示的是前段规定的例外情况，即按照犯罪地的法律不受处罚的行为，是前段的例外，不适用我国刑法。

（3）对前段表示限制关系。如《刑法》第73条规定："拘役的缓刑考验期限为原判刑期以上一年以下，但是不能少于二个月……。"该条文中的"但书"是对前段规定的限制。

（4）对前段表示补充关系。如《刑法》第37条规定："对于犯罪情节轻微不需要判处刑罚的，可以免予刑事处罚，但是可以根据案件的不同情况，予以训诫或者责令具结悔过……。"该条"但书"就是对前段规定的补充。

2. 自由刑、生命刑和财产刑

自由刑是相对于生命刑而言的，是刑法学理论上对剥夺权益刑罚种类的分类。自由刑是指剥夺、限制犯罪人人身自由权利的刑罚。刑法中的自由刑有四种，包括拘役、管制、有期徒刑、无期徒刑。生命刑是指剥夺犯罪人生命的刑罚方法，也就是刑法中规定的死刑。财产刑是剥夺犯罪人部分或者全部财产的刑罚方法。

3. 法定刑与宣告刑

法定刑是宣告刑的对称，是指刑法分则条文对具体犯罪所确定可适用的刑罚种类，包括刑罚种类与刑罚幅度。法定刑是刑法条文中刑罚的具体规定，是法定的量刑标准，审判人员只能在规定的范围内选择适用，而不能随意在规定的范围外适用刑罚。

宣告刑是法定刑的对称，是指人民法院根据犯罪人的具体罪行的危害程度，决定对其执行的具体刑罚，包括决定执行的刑罚种类与刑罚幅度。所以，宣告刑是对具体罪行决定适用的具体刑罚。

4. 主刑与附加刑

这是依照刑罚方法是否可以独立适用为标准进行的分类。主刑是指可以单独适用的刑罚方法，我国刑法规定了五种主刑：管制、拘役、有期徒刑、无期徒刑、死刑。附加刑是指附随主刑适用的刑罚方法，我国刑法规定了四种附加刑：罚金、剥夺政治权利、没收财产、驱逐出境。根据《刑法》第34条第2款的规定，附加刑也可以独立适用，但是没收财产刑只能附加适用，不能独立适用。

第四节　刑法的解释

一、刑法解释的必要性

立法机关在制定法律的时候，应该尽量选用精确的语言，最大限度地排除含混和歧义。但是，英国法学家梅因称"法律一经制定，就已经滞后"。因此，理解法律，最重要的是学会如何解释法律。

刑法解释是对刑法规定意义的说明，是刑法中的核心问题，对于刑法适用非常重要，甚至是刑法适用的前提，任何法律如果不经解释则无法适用。如何用有限的法律条文去适应无限丰富的社会生活，正确地解释法律是最重要的法律思维。刑法规定涉及对公民行为的定罪量刑，如何解释刑法直接关系到对公民的生杀予夺，因而刑法解释更应该受到刑法文本的限制。

二、刑法解释的种类

按照刑法解释的效力不同，可以将刑法解释分为立法解释、司法解释和学理解释。

（一）立法解释

立法解释是立法机关对刑法有关内容做的解释。在我国，全国人大及其常委会是国家的立法机关，其对刑法的解释就是立法解释，同法律具有同等效力。依照《立法法》规定，全国人大常委会制定法律解释，必须通过特定的程序。

立法解释分为两种：一是法律文本之内的立法解释，二是法律文本之外的立法解释。法律文本之内的立法解释实际上就是立法的一部分，如我国刑法总则第五章"其他规定"，主要内容就是对刑法用语的解释。法律文本之外的立法解释是指专门制定的立法解释，通常所说的立法解释，都是指法律文本之外的立法解释。

（二）司法解释

司法解释是最高司法机关对刑法适用中的具体问题所做的解释。根据我国法律规定，最高人民法院、最高人民检察院可以就在审判或者检察业务中出现的适用法律问题进行解释，最高人民法院、最高人民检察院通过司法解释来指导全国的审判工作和检察工作。由于我们国家的司法权很大，司法解释的颁布量也就很多，这种司法解释本身具有法律创制的性质。当然，司法解释对刑法的正确施行起到了积极作用。

（三）学理解释

学理解释指的是立法机关和司法机关之外的社会组织、教学科研单位、专家学者或者其他公民从学理上对刑法含义所做出的解释。在我国，立法解释和司法解释是有权解释，而学理解释是无权解释，学理解释的结论不具有法律效力。但是，学理解释对刑法的适用同样也具有重要意义，因为有很多问题在立法解释和司法解释里都没有做出具体规定的情况下，学理解释就能起到补充作用。

三、刑法解释方法

刑法解释方法从宏观上可以分为解释技巧与解释理由。"解释技巧"是指对条文进行解释的适用方法，"解释理由"是指支撑各种解释技巧的背后理由，即解释的参照事项。对一个刑法条文或者一个刑法用语的解释，只能采用一种解释技巧，但采用哪一种解释技巧，取决于解释理由，而解释理由是可以多样的。解释技巧是结论的制造者，解释理由是结论的论证者。

（一）文理解释

文理解释，又称为语义解释、字面解释、文法解释，是刑法解释最基本的方法，解释的根据主要是词语的含义、语法与标点，使具体的概念含义清晰。文理解释是刑法解释的基础。刑法条文需要通过语言来表达，有些语言具有确切含义，但是有些语言容易引起人们的歧义，甚至有些用语在一般人看来其内容是非常确切的，但仍然会在理解时出现误解，这就需要对刑法条文进行文理解释。

例如,《刑法》第 263 条抢劫罪中,规定"冒充军警人员抢劫的"处 10 年以上有期徒刑、无期徒刑或者死刑。某地曾发生这样一个案例,某女深夜被抢,次日到当地的公安机关报案,发现接待她的民警竟然就是昨晚抢劫之人。那么,真警察抢劫属不属于"冒充军警人员"抢劫?从实质来看,冒充军警人员抢劫,要判 10 年以上有期徒刑。那真警察抢劫,是不是更应该判 10 年以上呢?但从形式上看,"冒充军警人员"这个语言无法包含真警察抢劫,如果把真警察解释为冒充警察,司法机关就不是在适用规则,而是在创造规则。所以真警察抢劫,不属于冒充军警人员抢劫,只属于普通型抢劫,只能认定在 3 年到 10 年有期徒刑中量刑。

当然,法律解释的作用也是有限的,特别是在刑法中,法律解释要受罪刑法定原则的限制,不允许脱离可能的语义对法律做任意的解释,那样就会损害公民的自由。

(二)论理解释

论理解释也称为逻辑解释,是根据刑法条文的逻辑关系来对法律条文进行解释。论理解释的特点是,解释刑法的规定不拘泥于字面的意义,而是联系一切有关因素阐明其含义。论理解释的结果可能会扩大条文字面的含义,也可能缩小条文字面的含义,但无论是扩大还是缩小条文字面的含义,都必须符合罪刑法定原则的要求。论理解释可以分为以下五种:

1. 扩张解释

扩张解释也称为扩大解释,是指刑法条文的字面通常含义比刑法的真实含义要窄,于是扩张字面含义,使其符合刑法的真实含义的解释技巧。任何语言都有一个核心含义,但同时还有一个发散范围。扩张解释就是在语言的核心含义之外,发散范围(最大射程)之内所做的解释。从实质上来看,扩张解释是为了正确适用法律,它并不产生新的规则,没有超越公民的合理预期。

例如,《刑法》第 49 条规定"审判的时候怀孕的妇女,不适用死刑",如何理解"审判的时候"直接关系到该条文的适用范围。根据最高人民法院的司法解释规定,"审判的时候"是指从羁押到执行的整个刑事诉讼过程,包括侦查阶段、起诉阶段、审判阶段和执行阶段,只要在整个刑事审判过程中发现妇女怀孕的,就不能适用死刑。最高法院对"审判的时候"

的解释就是扩张解释。

扩张解释超出了语义的可能范围,如果被滥用就可能成为类推解释,所以在进行扩张解释的时候一定要坚持罪刑法定的原则,而且只能做有利于被告人的扩张解释,不能做不利于被告人的扩张解释。

2. 限制解释

限制解释与扩张解释相反,就是把某个法律条文的含义缩小到可能的语义范围内,因此又叫缩小解释。由于刑法分则条文都是典型的罪刑规范,所以限制解释意味着缩小处罚范围。在什么样的情形下应该进行限制解释,限制到什么范围,对此问题的回答,既要考虑法条的法益保护目的,也要考虑国民的自由保障,还要考虑法条之间的协调关系等诸多因素。例如,根据《刑法》第111条的规定,为境外的机构、组织、人员非法提供国家秘密或情报的,构成犯罪。司法解释将"情报"解释为"关系国家安全和利益、尚未公开或者依照有关规定不应公开的事项",这一解释就属于限制解释。

3. 当然解释

当然解释是指刑法条文的字面虽然没有明确规定,但已包括在法律条文的语义当中,依据理所当然的方式,对刑法条文所做的解释。

当然解释涉及"言"和"理"的关系,即道理通过语言表达出来,有时候语言并没有明确地表达,但已经包含在里面了,通过解释把它揭示出来。例如,《刑法》第65条规定,不满18周岁的人不能构成累犯。但是,在第356条关于毒品犯罪的再犯规定(因走私、贩卖、运输、制造、非法持有毒品被判过刑,又犯相关毒品犯罪的,从重处罚)中,并没有不满18周岁的人不构成再犯的除外规定。如果认为《刑法》第65条规定的效力也可以映射到第356条规定的毒品犯罪再犯的情形,那么,根据"举重以明轻"的当然解释原理,不满18周岁的人,因走私、贩卖、运输、制造、非法持有毒品被判过刑,又犯相关毒品犯罪的,就不能适用《刑法》第356条的规定。

4. 沿革解释

沿革解释,又称为历史解释,是通过刑法条文制定的历史背景、演变过程来解释刑法条文,阐述刑法规定的真实含义,主要通过查询历史文献、立法的草案、立法的说明、审议的意见、讨论的情况等历史资料进行解释。

通过研究法律如何演变，它的过去可以更好地来理解它的现在。在某些情况下，沿革解释要优于语义解释，根据沿革解释可以对语义解释进行某种修正。

5. 目的解释

目的解释，是指根据刑法条文制定的立法目的阐明条文含义的解释方法。目的解释不是拘泥于某一法条的语义，而是从立法目的出发，基于对整个法律的体系性考量，对法律进行解释。这种解释虽然在对个别条文的理解上与语义相背离，但从整体上看符合立法目的。"在进行目的解释时，需要确定法规的意义和目的，也就是规范的保护目的，并且要将该目的用于确定具体的构成要件要素的含义。"[1]

最后，强调一下刑法解释的原则，即严格解释原则，也就是当对刑法条文有疑问时，应遵循罪刑法定的原则做出有利于被告人的解释。该原则体现了刑法的人权保障机能，同时对于公民行使宪法所赋予的权利的行为，即使行为方式、程序不当，也不得轻易解释为犯罪。

法考真题

1. 关于刑法解释的说法，下列哪一选项是正确的？（2009/2/1-单）
   A. 将盗窃罪对象的"公私财物"解释为"他人的财物"，属于缩小解释。
   B. 将《刑法》第171条出售假币罪中的"出售"解释为"购买和销售"，属于当然解释。
   C. 对随身携带枪支等国家禁止个人携带的器械以外的其他器械进行抢夺的，解释为以抢劫罪定罪，属于扩张解释。
   D. 将信用卡诈骗罪中的"信用卡"解释为"具有消费支付、信用贷款、转账结算、存取现金等全部功能或者部分功能的电子支付卡"，属于类推解释。

[答案] C

---

[1] [德]乌尔斯·金德霍伊泽尔：《刑法总论教科书》，蔡桂生译，北京：北京大学出版社，2015年版，第31页。

刑法总论：理论与实务

2. 关于刑法用语的解释，下列哪一选项是正确的？（2014/2/3- 单）

   A. 按照体系解释，刑法分则中的"买卖"一词，均指购买并卖出。单纯的购买或者出售，不属于"买卖"。

   B. 按照同类解释规则，对于刑法分则条文在列举具体要素后使用的"等""其他"用语，应按照所列举的内容、性质进行同类解释。

   C. 将明知是捏造的损害他人名誉的事实，在信息网络上散布的行为，认定为"捏造事实诽谤他人"，属于当然解释。

   D. 将盗窃骨灰的行为认定为盗窃"尸体"，属于扩大解释。

   [答案] B

3. 关于刑法解释，下列哪些选项是错误的？（2015/2/51- 多）

   A.《刑法》规定"以暴力、胁迫或者其他手段强奸妇女的"构成强奸罪。按照文理解释，可将丈夫强行与妻子性交的行为解释为"强奸妇女"。

   B.《刑法》对抢劫罪与强奸罪的手段行为均使用了"暴力、胁迫"的表述，且二罪的法定刑相同，故对二罪中的"暴力、胁迫"应做相同解释。

   C. 既然将为了自己饲养而抢劫他人宠物的行为认定为抢劫罪，那么，根据当然解释，对为了自己收养而抢劫他人婴儿的行为更应认定为抢劫罪，否则会导致罪行不均衡。

   D. 对中止犯中的"自动有效地防止犯罪结果发生"，既可解释为自动采取措施使得犯罪结果未发生，也可解释为自动采取防止犯罪结果发生的有效措施，而不管犯罪结果是否发生。

   [答案] BCD

4. 关于罪刑法定原则与刑法解释，下列哪些选项是正确的？（2016/2/51- 多）

   A. 对甲法条中的"暴力"做扩大解释时，就不可能同时再做限制解释，但这并不意味着对乙法条中的"暴力"也须做扩大解释。

   B.《刑法》第237条规定的强制猥亵、侮辱罪中的"侮辱"，与《刑法》第246条规定的侮辱罪中的"侮辱"，客观内容相同，主观内容不同。

   C. 当然解释是使刑法条文之间保持协调的解释方法，只要符合当然解释的原理，其解释结论就不会违反罪刑法定原则。

D. 对刑法分则条文的解释，必须同时符合两个要求：一是不能超出刑法用语可能具有的含义，二是必须符合分则条文的目的。

[答案] AD

思考题

1. 刑法和其他部门法的区别？
2. 如何理解刑法的机能？
3. 刑法解释的种类及其内容？

第二章 刑法基本原则

第一节 刑法基本原则概述

一、刑法基本原则的概念

刑法的基本原则,是指刑法本身所具有的,贯穿于刑法始终,必须得到普遍遵循的具有全局性、根本性的准则,它是刑法的灵魂和刑法内在精神的具体体现。正确理解和坚持刑法的基本原则,对于准确理解刑法的基本精神,充分发挥刑法的作用,具有十分重要的意义。

二、刑法基本原则的特征

(一)必须贯穿全部刑法的原则,对全部刑法规范具有指导意义

在刑事立法上,为了解决定罪和量刑问题,需要制定各种不同的法律原则,在刑事司法中也必须遵循这些原则。但是,并非每一个原则都是刑法的基本原则,只有那些对刑法的制定、修改、补充具有全局性意义,并且在刑法的整个规范体系中具有根本性意义的原则,才能成为刑法的基本原则。

(二)必须是最基本最重要的普遍准则

刑法的基本原则必须体现我国刑事法治的基本问题,贯穿刑法实施的全过程,不仅指导着刑事立法、司法的各个环节,也引导着社会的刑法观念和刑法意识；不仅指导着刑事立法与刑事司法机关工作人员正确履职，也影响着全体公民的刑法观念。只有符合刑事法治基本精神的原则才能成为刑法的基本原则。

三、刑法基本原则的意义

我国1979年制定刑法时，规定了类推制度，没有规定刑法的基本原则。刑法颁布实施以后，刑法基本原则作为一个重大理论问题，引起刑法理论界和实务界的高度关注和认真研究。在1997年修改刑法的过程中，经过反复研究，多方面征求意见，确立了三个刑法基本原则，即《刑法》第3条规定的罪刑法定原则、第4条规定的刑法面前人人平等原则、第5条规定的罪刑均衡原则。刑法基本原则在我国刑法中的确立，是我国刑法在民主与法治的道路上所迈出的非常重要的一步，意义十分重大。

刑法基本原则是贯穿于全部刑法规范和刑法适用的准则，是刑事法治基本精神的集中体现，对刑事立法和刑事司法具有极大的指导意义。刑事立法工作必须符合刑法基本原则，而绝不能违背基本原则。当刑法需要加以修改补充时，一定要以基本原则为指导，使罪刑规范更加具体、明确、清晰，既有利于保护社会，又有利于保障人权。

第二节 罪刑法定原则

一、罪刑法定原则的历史演变

罪刑法定原则是刑法三大原则中的第一个原则，可以说是刑法中的"帝王条款"，体现了法治社会刑法的最基本的特征，也是现代世界各国和地区普遍认同的一个极为重要的宪法原则和国际法原则。《世界人权宣言》规定："任何人的任何行为或不行为，在其发生时依国家法或国际法均不构成刑事罪者，不得被判为犯有刑事罪。刑罚不得重于犯罪时适用的法律规定。"此外，《欧洲人权公约》和《公民权利和政治权利国际公约》都对罪刑法定原则做出了明确规定。一个法律的原则能够在这么长的时间内被不同国家、不同社会制度、不同民族的人们所广泛、持久地接受，这本身就足以证明罪刑法定原则内容的科学性及其具有的强大生命力。

（一）西方国家罪刑法定原则的历史演变

罪刑法定思想的雏形最早体现在1215年英国的《自由大宪章》。当时的约翰国王出征法国，但兵败而归，英国贵族联合起来反对国王，约翰被迫做出让步。贵族们由此提出了四个条件：由贵族组成平议会；平议会有权审查国家预算；国王出兵打仗需要事先得到平议会许可；对案件的审判需要受罪刑法定和程序正义的约束。刑法学界一般认为，最后一个条件就是罪刑法定制度的立法起源。最后，约翰国王按照贵族们的要求制定了《自由大宪章》。该法第39条规定："对于任何自由人，不依同一身份的适当的裁判或国家的法律，不得加以逮捕、监禁、剥夺领地、剥夺其法律的保护权或放逐出境，不得采取任何方法使之破产，不得施加暴力，不得使其入狱。"从此以后，大宪章成为宪法性文件，成为约束政府权力尤其是约束国王权力的有效武器，它使英国人的人权在法律形式上得到了保护，罪刑法定这一伟大思想宣告诞生。

英国议会的产生使政府权力受到分割，政府受到了来自议会的强有力的监控。尤其是平议会，成为实实在在的审查政府财政预算的机构，这是对权力真正有效的控制。后来，英国相继出现了一些制宪性文件，例如1628年的《权利请愿书》、1679年的《人身保护法》，也从不同角度巩固了罪刑法定思想。

此后，罪刑法定的思想传播到了美国，1774年费城的《权利宣言》就对此予以明确。后来的美国宪法对禁止适用事后法、正当程序等的规定，就是对罪刑法定原则的继续坚持。美国1789年宪法第1条第9款第3项规定：联邦不得制定任何溯及既往的法律；该条第10款第1项规定，各州亦不能制定此种溯及既往的法律。

后来，德国刑法学家费尔巴哈把罪刑法定作为刑法的原则正式确定下来，他于1801年最先在教科书中将罪刑法定主义表述为"法无明文规定不为罪，法无明文规定不处罚"。费尔巴哈基于心理强制说确立罪刑法定原则，所谓"心理强制说"是一般预防的理论，即对于社会上没有犯罪的人如何预防他们犯罪。因为这些人尚没有实施犯罪，因此不能对他们实施物理的强制，但可以对他们实行心理的强制，就是用法律进行威吓。费尔巴哈认为，应当在刑法典当中明确规定什么行为是犯罪，某种犯罪应当受到何种刑罚，给公民提供一张罪刑的"价目表"。利用刑法向普通人发出遵守法律的信号，使一般人对自己的行为能够预测并保持自我克制。

1810年《法国刑法典》第1条第4款首次明确规定了罪刑法定原则："不论违警、轻罪或重罪，不得判处犯罪前法律未规定的刑罚。"法国的做法很快影响了欧洲大陆的刑法立法，规定罪刑法定原则成为各国刑法的通例。有些国家不仅把罪刑法定原则作为刑法的原则在刑法当中加以确定，而且作为宪法原则在宪法当中加以确定。

英美法系国家尽管实行判例法，但在刑法领域的成文化也达到很高的程度（例如，英国的刑事制定法的范围就极其广泛），在立法和司法实践中也相继肯定了罪刑法定原则。例如，美国《模范刑法典》第1.05条就明确规定了"制定法主义"，第1.05条第1款规定，"犯罪或者违警罪必须由本法典或者本州其他制定法规定"。这就意味着除非制定法将某行为规定为犯罪，否则不得对某种行为按照犯罪来处理，判例法已经不再具有确立某行为是犯罪的权力。从这个意义上来说，英美法系国家同样实行罪刑法定原则。

（二）我国罪刑法定原则的演变

我国古代的成文法较为发达，公元7世纪制定的《唐律》已经达到了成文法的登峰造极的程度，但我国古代法律并没有罪刑法定主义可言。罪刑法定主义在清末修律的时候才引入中国，光绪三十四年（1908年），清廷颁布《宪法大纲》，规定："臣民非按照法律所定，不加以逮捕、监察、处罚。"此后，宣统二年（1911年）颁布的《大清新刑律》明确规定了罪刑法定原则。《大清新刑律》第10条规定："凡律例无正条者，不论何种行为，不得为罪。"所谓正条，即指法律的明文规定。虽然《大清新刑律》颁布不久，清朝即土崩瓦解，罪刑法定原则根本就没有真正付诸实施，但这毕竟种下了罪刑法定的种子。之后，民国时期1912年《暂行新刑律》，1928年、1935年《刑法》也有类似规定。

新中国成立后，1979年《刑法》没有规定罪刑法定原则，而是规定了刑事类推制度。一直到了1997年《刑法》修改，第3条明确规定："法律明文规定为犯罪行为的，依照法律定罪处刑；法律没有明文规定为犯罪行为的，不得定罪处刑。"罪刑法定原则的确定，是我国刑事立法的一大进步。

二、罪刑法定原则的基本含义

罪刑法定原则的基本内容，可以用一句最著名的法律格言来表示："法无明文规定不为罪，法无明文规定不处罚。"也可以表示为："没有法律就没有犯罪，没有法律就没有刑罚。"也就是说，某种行为如果没有成文法律规定为犯罪，并且应当受到相对确定的处罚，那么，对任何人的此种行为都不能以犯罪论处，这是罪刑法定的基本含义。

三、罪刑法定原则的具体表现

（一）禁止类推及其类推解释（严格的罪刑法定）

类推又称比附援引，指的是同类相推，它建立在同类事物之间类似性的逻辑基础之上，即对于法律没有明文规定的行为，比照法律规定中最相似的其他条文予以定罪处罚。罪刑法定和类推相矛盾，类推以法律没有明确规定为前提，实际上是对法律中没有规定要进行处罚的行为进行处罚，本质上是造法，产生了新的规则，属于司法恣意地对国民的行动自由、人权进行侵犯。

刑法禁止有罪的类推，也就是将无罪的行为类推为有罪，但不禁止有利于被告的类推。因为罪刑法定原则所具有的限制机能，主要是限制司法者将法律没有明文规定的行为入罪，但并不限制有利于被告的出罪，这也是为了实现刑法的实质正义。

罪刑法定原则不仅禁止类推，而且禁止类推解释。类推解释是指采用类推的方法对刑法条文进行解释，从而扩大刑法的适用范围。把本来法律没有明文规定的情况，通过类推解释包含到法律规定当中来，这种类推解释也是罪刑法定原则所禁止的。

类推解释和扩张解释之间的界限如何划分，是刑法理论当中争议的焦点，在具体的法律适用当中经常出现争议。我们可以以"是否在成文法条文句之可能意思范围内"和"是否剥夺一般人之预测可能性"为标准进行判断，凡是逾越一般人预测可能性的解释，则属于应被禁止之类推适用；而有利于被告人的类推适用则应被容许。例如，把重婚罪中的"结婚"解释为包括同居或者通奸，就超出了结婚一词可能具有的含义，属于类推解释；将刑法分则中的"暴力"解释为"语言暴力""冷暴力"，也属于类推解释；但将电子邮件解释为《刑法》第 252 条与第 253 条中的"信件""邮件"，就不属于类推解释，而是扩大解释。

（二）禁止事后法（事前的罪刑法定）

禁止事后法，是指刑法不得具有溯及既往的效力，这是对刑法效力的规定，也是"法无明文规定不为罪"的应有之义。也就是刑法颁布以后，它的效力不能及于颁布之前的行为。例如，某一行为在刑法颁布之前，也就是在行为的时候法律（行为时法，即旧法）并没有将该行为规定为犯罪，但行为实施后，在审判的时候法律（审判时法，即新法）将该行为规定为犯罪，也就是旧法不认为是犯罪，新法认为是犯罪。在这种情况下，如果认为刑法具有溯及既往的效力，那么对于刑法颁布之前的该行为就应当按照新法认定为犯罪；如果认为刑法不具有溯及既往的效力，那么对于刑法颁布之前的该行为仍然应当按照行为时的旧法认定为不是犯罪。

罪刑法定原则禁止事后法，也就是刑法不得具有溯及既往的效力。有学者将刑法比喻为"带哨子的皮鞭"，在打人之前，法律应当给一个预先告知。这既是保障国民自由的要求，也是对立法权的限制，立法时规定的法律只能对法律颁布后的行为生效，而对法律颁布前的行为无效。当然，罪刑法定原则只禁止事后法，主要是禁止不利于被告人的事后法，并不禁止有利于被告人的事后法。罪刑法定原则中的"法"是指事前法而非事后法。

（三）禁止习惯法（成文的罪刑法定）

习惯法是独立于国家制定法之外，依据某种社会权威和社会组织，具有一定强制性的行为规范的总和。罪刑法定原则要求某一行为是否构成犯罪，应当有法律的成文规定，而不能根据习惯法来认定。习惯法是由民众发展起来的，比形式上的制定法更符合民众的意志。这种习惯法是独立于国家成文法之外，依据某种社会权威和社会组织，在长期的社会生活当中形成的具有一定强制性的行为规范的总和。这种习俗对于法律适用也会有影响，在民事审判当中，要考虑到习惯的影响。《民法典》第 10 条规定："处理民事纠纷，应当依照法律；法律没有规定的，可以适用习惯，但是不得违背公序良俗。"

但是，在刑法当中，罪刑法定原则是排斥习惯法的。罪刑法定原则要求只能把法律的明文规定作为刑法的法源，而不得把习惯作为刑法的法源。因为习惯法是不成文法，没有文字记载，而只是世代相传的惯例，以此作为行为规范。习惯法在社会生活中对于维系社会秩序起到了法律不可替代的特殊作用，但违反习惯法的行为不能构成犯罪，除非有刑法的明文规定。习惯法没有成文的法律形式，因此不能作为定罪量刑的根据。

（四）明确性原则（确定的罪刑法定）

刑法对什么行为是犯罪、应处何种处罚的规定，必须达到明确的程度，只有明确的法律才能保障公民的合理预期。不明确的刑法规范违反罪刑法定原则的基本理念，所以被认为无效，这是罪刑法定原则对立法的要求，是对立法权的限制。将明确性作为罪刑法定原则的要求，源于美国的"因不明确而无效"理论。美国联邦最高法院于1914年认定法律"因不明确而无效"是一项宪法原则。此后，该理论也得到了其他大多数国家的、确认。

第三节 刑法面前人人平等原则

一、刑法面前人人平等原则的含义

刑法面前平等原则的基本含义就是：任何人犯罪，都应当受到法律的追究，任何人都不得享有超越法律规定的特权。一切犯罪行为都一律平等地适用刑法，在定罪量刑时一视同仁，依法惩处。就被害人而言，任何人受到犯罪侵害，都应当依法追究犯罪人责任，保护被害人的权益；被害人同样的权益，应当受到刑法同样的保护，不得因为被害人身份、地位等情况的不同而对犯罪和犯罪人予以不同的刑法适用。

二、刑法面前人人平等原则的历史发展

平等是人类永恒追求的价值，也是公民应当享有的一项法律上的权利。法律确认和保护公民在享有权利和承担义务上处于平等的地位，不允许任何人有超越于法律之上的特权。早在欧洲文艺复兴时期，新兴资产阶级思想家的先驱便提出了"人权"的思想。到17、18世纪，启蒙思想家洛克、

卢梭等人系统地阐述了"天赋人权"学说，认为"人类天生都是自由、平等和独立的""每个人都生而自由平等"。这一理论为资产阶级革命奠定了思想基础，也为资本主义法制建设提供了原则依据。1789 年法国《人权宣言》正式确认了这一原则，《人权宣言》第 1 条规定，人人生来就有权保持自由与平等。第 6 条更为具体地阐述了平等原则："法律表达普遍意志，所有公民都有权亲自或经由其代表来参与形成法律。不论是保护还是惩罚，法律必须对所有人一样。"法国《人权宣言》所确认的刑法面前人人平等原则，后来被欧美等国家广泛采用，成为资本主义法制的一项重要内容。

平等思想在我国古代亦有萌芽，春秋战国时代的法家曾经宣扬法律上的平等思想。商鞅指出："所谓壹刑者，刑无等级，自卿相、将军以至大夫、庶人，有不从王令、犯国禁、乱上制者，罪死不赦。有功于前，有败于后，不为损刑。有善于前，有过于后，不为亏法。忠臣孝子有过，必以其数断。"此外，韩非子也提出了法不阿贵的原则，指出："法不阿贵，绳不挠曲。法之所加，智者弗能辞，勇者弗敢争。刑过不避大臣，赏善不遗匹夫。"当然，中国古代法家的平等思想实质上是为了维护统治阶级的统治，这种平等是相对的形式上的平等。

法律面前人人平等是我国宪法确立的社会主义法治的一般原则。我国《宪法》第 33 条第 2 款规定："中华人民共和国公民在法律面前一律平等。"第 5 条第 5 款规定："任何组织或者个人都不得有超越宪法和法律的特权。"由于宪法规定较为抽象，存在其固有的局限性，这一原则要真正取得效果，必须在各个部门法律中得到贯彻执行。《刑法》第 4 条规定刑法面前人人平等原则，是宪法中法律面前人人平等原则在刑法领域的具体体现，具有很强的现实意义，即对于任何犯罪，在适用法律上一律平等，不允许任何人有超越法律的特权。

三、刑法面前人人平等原则的适用

刑法面前人人平等原则意味着所有人一律平等地适用刑法，具体体现在定罪、量刑和行刑三个方面。

（一）定罪上的一律平等

定罪上的一律平等，是指任何人犯罪，无论行为人身份、地位如何，

刑法总论：理论与实务

都应当一律平等对待，适用相同的定罪标准。我国《刑法》第 6 条至第 8 条明确规定了我国刑法适用的空间范围。这些规定表明，只要实施了我国刑法规定的犯罪行为，无论是在我国领域内还是在我国领域外，也不论是中国人还是外国人，除法律另有规定以外，适用我国刑法一律平等，不允许任何人存在超越法律的特权。

（二）量刑上的一律平等

量刑上的一律平等是指对于相同的罪行，除具有法定的从重、从轻或者减轻情节以外，应当处以相同之刑。当然，量刑上的平等，并不等于对同样罪名必须判处同样的刑罚。虽然触犯相同罪名，但犯罪情节不同，犯罪的时间、地点有差别，行为的社会危害性就不相同，对不同犯罪的宣告刑就可能有所不同，并不违反刑法适用平等原则。但是，单纯因为某些人地位高、权势大、经济实力强，就对其从宽发落，则严重违反刑法适用平等原则。

（三）行刑上的一律平等

在执行刑罚的过程中，对于所有的受刑人都应当平等对待：罪刑相同、主观恶性相同的人，刑罚处遇应当相同。减刑、假释的条件必须统一、均衡地予以把握。虽然犯罪的客观危害相同，但是对教育改造效果好、悔罪表现明显的人给予减刑、假释，并不违反刑法适用平则。但是，对悔罪态度不好的人，不能因为其有权势、有经济实力就给予减刑、假释，否则，就是承认某些人享有超越法律的特权。

在司法实务中，即使不同被告人触犯了相同罪名，其犯罪的危害后果也大致相同，但司法机关根据每个案件不同的法定或者酌定量刑情节区别处理，对被告人适用轻重不同的法定刑，不能简单地认为判决结论违反刑法面前人人平等原则。在我国刑法中，平等适用刑法原则是罪刑法定原则的派生原则，罪刑法定原则是前提，有了罪刑法定原则才有可能平等适用刑法。否则，没有罪刑法定原则，适用刑法就不可能一律平等。

第四节　罪刑均衡原则

罪刑均衡原则又称罪刑相适应原则、罪刑相当原则或者罪刑等价原则，其基本含义就是：犯多大的罪，就应当承担多大的刑事责任，法院亦应判处其相应轻重的刑罚，做到重罪重罚，轻罪轻罚，罚当其罪，罪刑相称。罪刑均衡原则主要体现的是刑法的公正性。

一、罪刑均衡原则的历史演变

古代社会的刑法起源于原始社会的复仇，美国霍姆斯大法官曾在其名著《普通法》中说过："法律起源于复仇"，尤其是同态复仇，所谓同态复仇就是"以血还血，以眼还眼，以牙还牙"，即"以其人之道，还施与其人之身"。在这种同态复仇的观念当中就包含了朴素的公正观念，这种公正以报应为基础，指的是侵害与复仇之间外在性状上的等同。

后来，随着刑法镇压职能的凸显，刑罚就日益残酷，从而进入刑法严苛的历史阶段。原始的同态复仇所具有的原始的公正性丧失，罪和刑之间出现严重不对等。中国古代春秋时期的商鞅、韩非等法家代表人物，都主张重刑主义，严刑峻法，认为某种犯罪行为，能够以重刑制止的，轻刑未必能够制止；而轻刑能够制止的，重刑必然能够制止。这种重刑主义思想为后来中国两千多年的封建专制统治提供了理论基础。

一直到近代，罪刑均衡的思想才得以确立。贝卡里亚在《论犯罪与刑罚》一书中讨论了罪刑均衡的问题，他认为衡量犯罪的标尺是犯罪对社会的危害：犯罪对社会的危害越大，促使人们犯罪的力量就越大，制止人们犯罪的手段就应该越强有力，这就要求刑罚和犯罪要相对称。贝卡里亚提出罪刑阶梯的思想，衡量犯罪轻重的标尺是犯罪对社会的危害，对于危害大的行为应当适用重刑，对于危害轻的行为应当适用轻刑。贝卡里亚的罪刑阶梯思想包含了罪和刑均衡的原则，也就是犯罪的严重性和刑罚的严厉性之间具有对等的关系。

二、罪刑均衡原则的基本含义

（一）正义

罪刑均衡原则以轻罪轻判、重罪重判为基本内容，其核心是刑法的公正性问题，也就是正义。正义是法律的首要价值，刑法与刑事司法如果不能实践公平正义而彰显社会公道的话，那充其量只不过是穿着法律外衣的镇压工具而已。西方有一句法律格言："正义不仅应得到实现，而且要以人们看得见的方式加以实现。"

古希腊著名哲学家亚里士多德把正义分为分配的正义（体现在立法方面）、矫正的正义（体现在司法方面）。分配的正义是在社会成员之间进行权利、义务和责任的配置，因此，分配的正义属于立法的范畴，是一种规范的创制。矫正的正义是指当按照分配正义所确定的规范被某一个社会成员违反时，要求这个违反者进行赔偿或对其进行惩罚，以恢复分配的正义。当一个人违反了分配的正义时，就形成了不均等，就需要对违反者进行惩罚，由此来恢复分配正义，这就是矫正正义。

康德、黑格尔是正义理论的倡导者。正义理论学说认为社会对犯罪处以刑罚是正义的当然要求。康德主张法律与道德相分离，法不能涉及个人道德；在刑罚方面提出等量的正义观，即犯多大的罪，就应受多大的惩罚，处罚要与犯罪的手段、程度相匹配。黑格尔用辩证法上的否定之否定学说来解释刑罚的正义理论：犯罪是对刑法的否定，刑罚是对犯罪的否定，所以刑罚是一种否定之否定，加于犯罪人的刑罚就是自在正义的，惩罚犯罪人其实只是对他理性的尊重。

（二）报应

报应与刑罚密切相关，报应刑的经典表述是"因为有犯罪而科处刑罚"。刑罚之所以公正，就在于具有报应的性质，从而使刑罚区别于主动的侵害。报应原理意味着一个人没有犯罪，国家就不能惩罚他，这是报应的最基本的含义和基本功能。刑罚惩罚的程度要受到犯罪严重性的制约，也就是要重罪重刑、轻罪轻刑，这也是报应的基本要求。

黑格尔积极倡导报应主义观念。他认为，犯罪在外在的性状上各有不同，但其内在的价值可以衡量，刑罚应当与犯罪的内在价值相适应，而不是和犯罪的外在性状相对等。黑格尔提倡等质报应，认为犯罪和刑罚的外在性状上的绝对等同难以做到，在某种情况下也无法做到。所以，应该按照等质报应的观念来确立犯罪和刑罚之间的法律上的对等。

（三）一般预防

一般预防指的是使社会上那些没有犯罪的人因为他人犯罪受到法律制裁而受到威吓，使其不敢去犯罪，从而达到预防的效果。该理论追求的是刑罚的功利目的，因此称为刑罚功利主义。预防刑论的经典表述是"为了没有犯罪而科处刑罚"。

贝卡里亚认为，刑罚不是与所犯罪行相适应，而是与预防犯罪的需要相适应。犯罪对人有吸引力，而刑罚是一种阻力，当刑罚这种阻力与犯罪这种吸引力两者相等的情况下，刑罚这种阻力就可以抵消犯罪的吸引力，人们就不会去犯罪。贝卡里亚还有一个逻辑假设：轻罪对人们的吸引力比较轻，而重罪对人们的吸引力比较大，因此，用较轻的刑罚只能制止较轻的犯罪，用较重的刑罚才能制止较重的犯罪。这样，就在轻罪和重罪之间形成一种对等关系，从而得出重罪重判、轻罪轻判的结论，也就形成所谓的罪刑阶梯。[1]

（四）个别预防

该理论认为，刑罚的目的既不是报应，也不是一般预防，而是为了对犯罪人加以矫正。犯罪本身并不是一种行为，而是行为人的生理和遗传的现象。犯罪人根本不存在意志自由，他不能在犯罪和不犯罪之间进行选择，犯罪对这些人来说是必然的，这种必然性是由社会或者遗传的因素造成的。该理论代表人物是意大利刑法学家龙勃罗梭，他提出了"天生犯罪人理论"，创立了刑事人类学派。此后，菲利在其著作中突出了犯罪的社会的、物理的原因，加罗法洛在其著作中论证了犯罪人的危险性是犯罪的中心要素，这三位学者被称为意大利犯罪学的三驾马车。

现代刑法理论对该问题基本上是折中的观点，也就是刑罚应当以报应为主，辅之以一般预防和个别预防。报应决定刑罚的上限和刑罚的有无，一个人没有犯罪，就不能进行惩罚。刑罚的严厉性主要由报应来决定，只有在报应所允许的范围之内，才考虑一般预防和个别预防，由此来确定罪和刑之间的均等。

三、罪刑均衡原则的具体表现

罪行均衡原则主要体现在两个方面：

---

[1]［意］贝卡里亚：《论犯罪与刑罚》，黄风译，北京：中国大百科全书出版社，1993年版，第65页。

（一）刑罚与犯罪社会危害性相适应

这里的"社会危害性"指的是犯罪对法益的侵害以及其侵害程度。社会危害性由行为人客观的危害和主观的恶性两方面组成，社会危害性对于罪刑均衡有基本的作用，根据犯罪的社会危害性来决定刑罚的轻重主要体现了报应的观念。行为人犯重罪，国家处罚其重刑；行为人犯轻罪，国家处罚其轻刑。立法机关在立法规定对某一种犯罪应当设置何种法定刑的时候，要考虑到报应的问题。同样，在司法过程中，对某一种犯罪行为应当处以何种刑罚，也应当在法定范围之内考虑到犯罪行为的社会危害性。

（二）刑罚与犯罪的人身危险性相适应

这里的"人身危险性"指的是犯罪人的再犯可能性和社会一般人的初犯可能性，即其他人有可能效仿犯罪人而去犯罪的可能性。根据人身危险性来确定刑罚的轻重，以追求罪和刑之间的均等。犯罪人需要多少时间才能改造好，就判处多重的刑罚。一个人虽然犯罪很重，但人身危害性并不大，或者犯罪可能性很小，同样可以处以轻刑；一个人虽然犯罪很轻，但人身危险性很大，同样要处以重刑。这种需要可以分为两种：一是按照再犯可能来分配刑罚，主要是按照个别预防的需要来分配刑罚；二是按照初犯可能来分配刑罚，主要是按照一般预防的需要来分配刑罚。

四、我国刑法中的罪刑均衡原则

《刑法》第 5 条规定："刑罚的轻重，应当与犯罪分子所犯罪行和承担的刑事责任相适应。"从这个规定当中可以看出，刑罚应当和两个因素相适应：一个是所犯罪行，另外一个是犯罪人的刑事责任。所谓刑罚和所犯罪行相适应，指的就是报应。在确定刑罚的时候要考虑所犯罪行。而刑罚和犯罪人所要承担的刑事责任相适应，这就是预防，包括一般预防与个别预防。所以，我国《刑法》第 5 条关于罪刑均衡的规定，基本上体现了报应和预防两者相结合的指导思想，在这个基础之上确定犯罪和刑罚之间的对等关系，对于实现刑法的公正性具有重要意义。

第二章 刑法基本原则

—— 法考真题 ——

1. 关于罪刑法定原则有以下观点：
   ①罪刑法定只约束立法者，不约束司法者。
   ②罪刑法定只约束法官，不约束侦查人员。
   ③罪刑法定只禁止类推适用刑法，不禁止适用习惯法。
   ④罪刑法定只禁止不利于被告人的事后法，不禁止有利于被告人的事后法。
   下列哪一选项是正确的？（2012/2/3-单）
   A. 第①句正确，第②③④句错误。
   B. 第①②句正确，第③④句错误。
   C. 第④句正确，第①②③句错误。
   D. 第①③句正确，第②④句错误。

   [答案] C

2. 关于罪刑法定，下列哪一选项是正确的？（2006/2/1-单）
   A. 罪刑法定原则的思想基础之一是民主主义，而习惯最能反映民意，所以，将习惯作为刑法的渊源并不违反罪刑法定原则。
   B. 罪刑法定原则中的"法"不仅包括国家立法机关制定的法，而且包括国家最高行政机关制定的法。
   C. 罪刑法定原则禁止不利于行为人的溯及既往，但允许有利于行为人的溯及既往。
   D. 刑法分则的部分条文对犯罪的状况不做具体描述，只是表述该罪的罪名。这种立法体例违反罪刑法定原则。

   [答案] C

3. 关于社会主义法治理念与罪刑法定的表述，下列哪一项理解是不准确的？（2011/2/1-单）
   A. 依法治国是社会主义法治的核心内容，罪刑法定是依法治国在刑法领域的集中体现。
   B. 权力制约是依法治国的关键环节，罪刑法定充分体现了权力制约。
   C. 人民民主是依法治国的政治基础，罪刑法定同样以此为思想基础。

D. 执法为民是社会主义法治的本质要求，网民对根据《刑法》规定做出的判决持异议时，应当根据民意判决。

[答案] D

―――― **思考题** ――――

1. 什么是罪刑法定原则？
2. 适用刑法人人平等原则的基本要求？
3. 如何体现罪行均衡原则？

第三章 刑法的效力

刑法效力，也称为刑法的适用范围，是指一个国家的刑法对一定的领域或一定的时间的羁束力问题。刑法效力分为刑法的空间效力和刑法的时间效力。

第一节 刑法的空间效力

一、刑法空间效力的概念

刑法的空间效力，是指刑法效力所及的地域，即刑法在什么地域内对什么人适用，也就是一个国家的刑事管辖权的范围问题。所谓刑事管辖权，是指一个国家根据主权原则所享有的对在其主权范围内所发生的一切犯罪进行的起诉、审判和处罚的权力。

刑事管辖权在刑法的发展过程中逐渐形成，最原始的刑事管辖权是属人管辖。后来，随着社会的发展，人员在不同的地区进行流动，地域的统治逐渐确立，形成了国家。一个国家的法律效力及于它所管辖的地域，就出现了地域管辖，因此，地域就成为确定管辖的一个重要的联系因素。再后来，随着经济的发展，出现了航海业，海洋自由逐渐受到限制。国家的主权就不仅仅限于陆地，而且扩张到了海域。到了20世纪初，随着飞机的发明，科学技术的不断发展推动了空间的开发，空间也进入到刑事管辖的范围。

因此，管辖范围有一个逐渐扩大的过程。管辖的范围越扩大，各个国家的管辖冲突就会越加剧，国际上就形成了解决刑事管辖冲突的基本原则。

二、刑法空间效力的原则

（一）属地管辖原则

属地管辖也称为属地主义、地域原则、领土原则、领域主义，是指以一国的领域为标准来确定管辖的范围，凡是在本国领域内犯罪，无论是本国人还是外国人，都适用本国刑法；反之，在本国领域外犯罪，都不适用本国刑法。属地管辖确定管辖的联系的因素是地域，随着社会的发展，属地管辖的内容也有些变化。属地管辖的"地"，原来是指陆地，后来又出现领海、领空。因此，现在属地管辖的"地"是海陆空三位一体的一个概念。

随着航海业的发展，在国际法上出现了"浮动领土"的概念，也称虚拟领土，最初主要指船舶在公海上航行，相当于船舶所属国家领土的延伸，由此扩大了领土管辖的范围。

"荷花号"船案

"荷花号"船是一艘法国的邮船，1926年8月2日，法国"荷花号"邮船在地中海公海上的西格里岬以北五、六海里之间的海面上与土耳其商船"波兹·库特号"相撞，土耳其船被撞沉，有8名土耳其人溺水而亡。第二天，当"荷花号"抵达土耳其港口伊斯坦布尔时，土耳其当局对碰撞事件进行了调查，随后根据土耳其法律对"波兹·库特号"的船长哈森·贝和碰撞发生时在"荷花号"负责值班的官员——法国海军上尉德蒙给予逮捕，并以杀人罪在土耳其地方法院提起刑事诉讼。1926年9月15日，法院做出判决，判处德蒙短期监禁（80天）和一笔为数不多的罚款（22英镑）。土耳其船长哈森·贝则被判处较重的惩罚。该案判决后，立即引起法国政府的外交抗议，法国政府认为土耳其法院无权审讯法国公民德蒙上尉，船舶碰撞是发生在公海上，"荷花号"的船员只能由船旗国，即法国的法院进行审理，并主张这是一项国际法原则。但土耳其法院则依据《土耳其刑法典》第6条的规定，任何外国人在国外犯有侵害土耳其公民的罪行，应按该刑法处理，因此，对本案的管辖权并不违反国际法。1926年10月12日，法国和土耳其签订了一项特别协议，将该争端事件提交常设国际法院，请求法院判定：土耳其依据法律对法国船员德蒙上尉进行刑事诉讼是否违反国际法原则？国际法院于1927年9月7日对本案做出判决，认为土耳其对法国船员德蒙上尉进行刑事诉讼并没有违反国际法原则。国际法院认为："海洋自由必然会导致将公海上的船舶比作船旗国的领土，该国可以像对待它自己一样行使权力，别国则不能。"

这一判决就确定了"浮动领土"的说法，将船舶视为领土管辖的延伸。国际法院的判决把土耳其的船舶视为土耳其领土的一部分，法国的船员虽然是在法国的船上，但法国的船撞沉了土耳其的船，导致了土耳其8名船员溺水而亡，就相当于犯罪结果发生在土耳其领土，因此，土耳其对该案件享有管辖权。

从这个案件可以看出，随着各国交往的发展，国家管辖的范围也是处于不断的变化之中的。

（二）属人管辖原则

属人管辖原则也称为国籍原则、属人主义、积极国民主义，是以行为人的国籍为标准确定管辖的范围。凡是本国人犯罪，不论犯罪行为发生在本国领域内还是发生在本国领域外，都适用本国法；凡是外国人犯罪的，不管犯罪地在本国领域内还是本国领域外，都不适用本国法，属人管辖是以人的国籍作为联系因素来确定刑事管辖权。属人管辖中所谓人的国籍，通常情况下是指犯罪人的国籍、被告人的国籍。从广义上说，被害人的国籍也应当是确定刑事管辖的一个因素，但是被害人的国籍不作为属人管辖原则中的联系因素，而是作为保护管辖原则中的联系因素。

（三）保护管辖原则

保护管辖原则也称为自卫原则、保护主义、消极的国民主义、安全原则，是以保护本国利益为标准确定管辖的范围。凡是侵害本国国家或本国公民利益的犯罪，不论犯罪人是本国人还是外国人，也不论犯罪地在本国领域内还是在本国领域外，都适用本国刑法。

保护管辖原则是对属地管辖原则和属人管辖原则的补充。例如，一个外国人在国外实施伪造我国货币的案件，犯罪发生在国外，根据属地管辖原则我国刑法无权管辖；犯罪人是外国人，根据属人管辖原则我国刑法也不能管辖。但是这个行为侵害了我国国家的利益，根据保护管辖原则就可以行使刑事管辖权。此外，外国人在我国领域外侵害我国公民的犯罪案件，由于案件发生在我国领域外，根据属地管辖原则我国刑法无权管辖；犯罪人是外国人，根据属人管辖原则我国刑法也不能管辖。但是这个行为侵害了我国公民的人身权利，根据保护管辖原则，我国法院就可以行使刑事管辖权。

（四）普遍管辖原则

普遍管辖原则也称为世界原则、世界主义，是以保护各国的共同利益为标准，凡发生国际条约所规定的侵害各国共同利益的犯罪，不论犯罪人是本国人还是外国人，也不论犯罪地在本国领域内还是在本国领域外，都适用本国刑法。实际上，普遍管辖原则是国际刑法的一个原则。国际刑法是指为了保护世界各国共同的利益，在国际公约或条约里规定了有关犯罪，缔约国对这些犯罪或者起诉或者引渡，使犯罪人受到法律的制裁。只要加入了这些国际条约就要履行管辖义务，这种基于国际公约承担的管辖义务就是普遍管辖。

随着各国交往的不断发展，世界上出现了跨国犯罪，如反人类的犯罪、恐怖主义的犯罪、危害航空器的犯罪和海盗罪等，这些犯罪严重侵害了世界各国的共同利益。对于跨国犯罪，国内刑法必须首先加以确认，即司法机关认定一个行为是否构成犯罪，不能直接根据国际公约来认定，要把国际公约规定的犯罪行为转化为国内刑法规定的犯罪行为，然后根据国内刑法的规定对这些案件进行管辖，管辖的根据就是普遍管辖。

（五）折中原则

折中原则，也叫折中主义，或称综合原则、混合原则。折中原则是以属地原则为基础，以属人原则、保护原则和普遍管辖原则为补充的原则。该原则主张，以属地管辖为主，即凡是在本国领域内犯罪的，一律适用本国刑法，同时兼采属人原则、保护原则和普遍管辖原则，即本国人或外国人在本国领域外犯罪的，有条件地适用本国刑法。现代多数国家都采用折中原则，我国也是如此。

三、我国刑法的属地管辖权

《刑法》第6条第1款规定："凡在中华人民共和国领域内犯罪的，除法律有特别规定的以外，都适用本法。"这是我国刑法关于属地管辖的基本原则。根据该条规定，不论犯罪人是我国公民或外国人，也不论被侵害的是我国利益或外国利益，只要是在我国领域内犯罪，都适用我国刑法。

在理解这一规定的时候，要注意以下四项内容：

（一）"中华人民共和国领域内"的理解

领域是国家行使主权的全部空间领域，包括领陆、领水、领空。中华人民共和国领域内，是指我国国家主权所及的空间区域，亦即我国国境以内的空间区域，具体包括：

1. 领陆。是狭义上的领土，包括我国国境线以内的陆地领土及其地下层，它是领域的主要和基本部分。

2. 领水。包括内水和领海，内水包括内湖、内河、内海以及界水的一部分。领海指国家领有的沿海岸一定宽度的水域。关于领海的宽度，各国规定不一。根据我国《领海及毗连区法》的规定，我国的领海宽度为12海里。

3. 领空。是指领陆和领水的上空，其最高边缘为大气层的上边缘。大气层以外的空间是自由的。

（二）"中华人民共和国领域内"还包括以下两部分

1. 我国的船舶、飞机或其他航空器（旗国主义）

《刑法》第6条第2款规定："凡在中华人民共和国船舶或者航空器内犯罪的，也适用本法。"这些船舶、飞机或者其他航空器处于一种浮动的、不确定的状态，根据浮动领土的原则，凡是发生在属我国的船舶、飞机或其他航空器内的犯罪，根据我国刑法可以进行管辖。

2. 我国驻外使领馆

根据我国承认的《维也纳外交关系条约》的规定，各国驻外使领馆不受驻在国的司法管辖而受本国的司法管辖。这些地方也可视为我国领土，在其内发生的任何犯罪都适用我国刑法。这主要是出于对等互惠的原则。我国派驻他国的使领馆内发生的案件不受驻在国的刑法管辖而受我国的司法管辖，同样他国驻在我国的使领馆内发生的案件，不受我国的刑法管辖而受他国的司法管辖。

（三）如何确定一个犯罪是否发生在"我国领域内"

《刑法》第6条第3款规定："犯罪的行为或结果有一项发生在中华人

民共和国领域内的,就认为是在中华人民共和国领域内犯罪。"据此,只要行为或者结果有一项发生在我国领域内,我国就有管辖权。如行为发生在我国领域内,尽管结果发生在领域外,也应受我国刑法管辖。另外,行为发生在境外,结果发生在境内的案件,我国刑法同样具有管辖权。

(四)"法律有特别规定"的理解

这里所规定的是属地管辖的例外情况,主要有以下四个例外:

1.《刑法》第11条规定:"享有外交特权和豁免权的外国人的刑事责任,通过外交途径解决。"所谓外交特权和豁免权,是指根据国际公约规定,在国家间互惠的基础上,为保证驻在本国的外交代表机构及其工作人员正常执行职务而给予的一种特别权利和待遇。这种外交特权和豁免权也是基于对等原则,享有外交特权和豁免权的外国人的犯罪,不受所在国的司法管辖,而应通过外交途径解决。至于哪些人享有外交特权和豁免权,应当根据有关的国际公约来确定。

2.《刑法》第90条规定:"民族自治地方不能全部适用本法规定的,可以由自治区或者省的人民代表大会根据当地民族的政治、经济、文化的特点和本法规定的基本原则,制定变通或者补充的规定,报请全国人民代表大会常务委员会批准实施。"少数民族地区实行民族区域自治的地方的犯罪具有自己的特点,可以做出变通规定,报请全国人民代表大会常务委员会批准实施,作为刑法属地管辖的一种例外。

3. 刑法施行后国家立法机关制定的特别刑法的规定,包括单行刑法和附属刑法。这里主要涉及新法和旧法的关系,如果新法做出例外规定的,按照新法优于旧法的原则,在新法实施后根据新法的特别规定来解决。

4. 我国香港特别行政区和澳门特别行政区基本法做出的例外规定。香港和澳门是中华人民共和国的一部分,但是按照"一国两制"的原则,香港和澳门是特别行政区,具有终审权,也就是一个独立的司法区,不受我国刑法的管辖,因此我国的刑法效力不及于香港和澳门特别行政区。

四、我国刑法的属人管辖权

属人管辖是属地管辖的补充,它针对在领土以外的本国公民。有一句法谚说:"法粘在骨头上",意思是只要一个人拥有某国国籍,那么不论在天涯海角，只要有犯罪行为，该国刑法就有管辖权。

《刑法》第7条第1款规定："中华人民共和国公民在中华人民共和国领域外犯本法规定之罪的，适用本法，但是按照本法规定的最高刑为三年以下有期徒刑的，可以不予追究。"《刑法》第7条第2款规定："中华人民共和国国家工作人员和军人在中华人民共和国领域外犯本法规定之罪的，适用本法。"

根据上述规定，我国刑法把普通公民和国家工作人员、军人在中华人民共和国领域外的犯罪加以分别处理。中华人民共和国国家工作人员和军人在中华人民共和国领域外犯罪的，不论所犯何罪，也不论犯罪的轻重，都要追究其刑事责任。这主要是考虑国家工作人员和军人有对国家特别效忠的义务，对其在域外犯罪的管辖也应从严要求。但是对其他中华人民共和国公民在中华人民共和国领域外犯罪的，虽然可以适用本法，但是所判刑罚比较轻的，按本法规定的最高刑为3年以下有期徒刑的，可以不予追究，也就是有个限度。

还应指出，一个公民在我国领域外犯罪已经受到了犯罪所在国的刑罚处罚，当该公民回到我国境内时的时候，我国刑法能否再对这个人的行为进行追究？刑事诉讼法上有"一事不再理"原则，也就是一个犯罪行为经过一次追究后不能再做第二次追究，同一个行为只受一次惩罚。这个问题的核心在于对外国法院判决是否承认的问题，对外国法院判决的承认问题涉及国家的主权原则、对等原则。目前大多数国家基于国家主权原则，不承认外国刑事判决的效力。我国作为一个独立自主的主权国家，其法律具有独立性，外国的审理和判决对我国没有约束力。

对此，《刑法》第10条规定："凡在中华人民共和国领域外犯罪，依照本法应当负刑事责任的，虽然经过外国审判，仍然可以依照本法追究，但是在外国已经受过刑罚处罚的，可以免除或者减轻处罚。"这个规定体现了原则性和灵活性的统一：一方面，坚持了国家主权原则，对外国的刑事判决不予承认；另一方面，又有灵活性，考虑到同一个犯罪行为已经在外国受到了刑事处罚，我国刑法在追究刑事责任的时候，可以免除或者减轻处罚。

我国刑法规定的属人管辖并没有以双重犯罪为原则。但是，如果中国公民在国外实施的行为并没有触犯所在国的刑法，行为也没有侵犯我国的国家与公民的法益，那么就不宜适用我国刑法。例如，日本《刑法》第177条规定："奸淫不满十三周岁的女子的，处三年以上有期惩役。"中国公民甲男在日本与已满13周岁、不满14周岁的日本籍乙女自愿发生性关系的行为，虽然触犯了我国刑法，且法定最高刑为死刑，但该行为在日本并不构成犯罪。在这种情况下，应适用我国《刑法》第8条的但书规定，不适用我国刑法关于强奸罪的规定，即不追究甲的刑事责任。

五、我国刑法中的保护管辖权

《刑法》第8条对保护管辖原则做了规定："外国人在中华人民共和国领域外对中华人民共和国国家或公民犯罪，而按本法规定的最低刑为三年以上有期徒刑的，可以适用本法，但是按照犯罪地的法律不受处罚的除外。"从这个规定来看，我国刑法中的保护管辖原则有一定限制，主要体现在两个方面：

1. 刑罚轻重的限制

按照我国刑法规定，按照保护管辖原则来管辖的案件必须是最低刑为3年以上的犯罪，最低刑为3年以上的犯罪都是比较严重的犯罪，例如杀人、强奸、抢劫、绑架等。最低刑为3年以下的犯罪，一般比较轻，范围很广，都进行管辖也没有必要，工作量也比较大，因此根据刑罚的轻重来确定管辖的范围很有必要。

2. 双重犯罪的原则

根据保护管辖原则来进行管辖的案件，不但要根据我国刑法规定是犯罪，而且根据所在国的刑法规定也是犯罪，才能进行保护管辖。基于保护管辖原则进行管辖的案件一般发生在我国领域外，要对这样的案件进行实际管辖比较困难。因此，保护管辖原则实际上有很大限制，我国通过保护管辖原则进行管辖的案例很少。保护管辖原则的规定是为了在法律上表明我们的立场，体现了我国维护国家主权、保护国家和公民的利益不受侵犯的重要性。

保护管辖原则包括两个层次的内容，一是对国家利益的保护，二是对国民个体利益的保护，两者都可以看成是主权观念的体现。对主权的捍卫，不仅要求国家对抽象的国家利益进行保护,更重要的是,应对主权的真正拥有者——国民的利益加以维护。对境外的本国公民提供必要的保护,是政府的职责所在,因为这是主权在民观念的必然延伸。

六、我国刑法的普遍管辖权

《刑法》第9条规定:"对于中华人民共和国缔结或者参加的国际条约所规定的罪行,中华人民共和国在所承担条约义务的范围内行使刑事管辖权的,适用本法。"普遍管辖是国际刑法的原则。凡是我国缔结或者参加的国际条约中所规定的犯罪,在不能适用前述属地原则、属人原则、保护原则的情形下,我国司法机关在我国所承担条约义务的范围内行使刑事管辖权,把国际条约中所规定的犯罪在国内刑法里面加以确认,从国际犯罪转化为国内的犯罪,然后根据我国刑法的规定对这些犯罪定罪处罚。

第二节 刑法的时间效力

刑法的时间效力,是指刑法的生效时间、失效时间以及对刑法生效前所发生的行为是否具有溯及力的问题。

一、刑法的生效时间

刑法的生效时间,是指刑法从什么时间开始具有法律效力。刑法的生效时间通常有两种方式:

(一)从公布之日起生效

我国颁布的单行刑法一般都采用这种方式。如1998年12月29日由全国人大常委会颁行的《关于惩治骗购外汇、逃汇和非法买卖外汇犯罪的决定》第9条规定:"本决定自公布之日起施行。"

(二)在刑法公布后过一段时间才生效

对于内容比较复杂的刑事法律,国家会在法律公布后过一段时间再生效。例如,我国1979年《刑法》1979年7月1日通过,从1980年1月1日开始生效。1997年《刑法》1997年3月14日通过,从1997年10月1日开始生效。修改后的《刑事诉讼法》2012年3月14日通过,2013年1

月 1 日生效。一般来说，比较重要的法律的生效时间和公布时间都有一定的时间间隔，以方便司法人员和普通公民学习、领会法律内容，为刑罚规范的准确适用做好准备。

二、刑法的失效时间

刑法的失效时间，是指刑法终止效力的时间，也就是刑法从什么时候开始不再具有法律效力。刑法终止效力后，对于新发生的犯罪行为就不能再适用。刑法的失效时间主要有两种方式：

（一）明令失效

所谓明令失效，是立法机关明确宣布某个法律失去法律效力。比如，1997 年《刑法》第 452 条规定，列于附件一的《惩治军人违反职责罪暂行条例》等 15 项单行刑法已纳入新《刑法》或不再适用，自新《刑法》生效之日起，予以废止；列于附件二的《关于禁毒的决定》等 8 项补充规定中有关行政处罚和行政措施的规定继续有效，有关刑事责任的规定则予以废止。

（二）自然失效

自然失效，是指新法施行后代替了同类内容的旧法，或者由于原来特殊的立法条件已经消失，旧法自行废止。如在 1997 年《刑法》实施之前，我国在《海关法》《专利法》等非刑事法律中规定了单位走私罪、假冒专利罪等一些附属刑法条款，1997 年《刑法》并没有专门对其是否失效的问题做出规定，但随着 1997 年《刑法》的实施，这些附属刑法已经自然废止。

三、刑法的溯及力

（一）溯及力的概念

所谓刑法的溯及力，是指在刑法生效以后，对其生效以前未经审判或者判决尚未确定的行为是否适用的问题。如果适用，刑法就具有溯及力；如果不适用，刑法就不具有溯及力。这里的溯及力，是指刑法溯及既往的效力。

（二）溯及力原则

在刑法的溯及力问题上，世界各国刑事立法主要有以下四个原则：

1. 从旧原则

新法对其生效前的行为完全没有溯及力，完全适用旧法。新的法律没有溯及力，此乃从旧。如果能用新的法律惩罚之前的行为，那么民众就会丧失合理预期，不知行为合法非法的边界，就会惶惶不可终日。

2. 从新原则

新法对其生效以前未经审判，或者判决尚未确定的行为一律适用，也就是新法具有溯及力。即使根据从新原则，新法具有溯及力，也是对其生效以前未经审判，或者判决尚未确定的行为适用，并不是对新法生效以前已经生效判决的案件有溯及力。例如，对于一个行为旧法认为是犯罪，新法认为不是犯罪。如果某一个案件在旧法期间已经审结、对被告人判刑，那么不能根据新法再把这个判决撤销。

3. 从新兼从轻原则

新法原则上有溯及力，但旧法不认为是犯罪或者处罚较轻时，按照旧法。

4. 从旧兼从轻原则

新法原则上不具有溯及力，但是当新法规定较轻时，在有利于被告人的情况下，承认新法有条件地具有溯及力。旧法规定为犯罪，而新法不认为是犯罪，如果从旧就构成犯罪，如果从新就不构成犯罪；或者新法、旧法都规定为犯罪，但是新法比旧法处刑较轻，也认为新法具有溯及力。这是对从旧原则的微调。

按照罪刑法定原则的要求，不承认刑法具有溯及力。罪刑法定原则的基本精神是对国家刑罚权加以限制，法律只能为将来立法，而不能对过去立法，刑法生效以后的行为才受其约束。因此，罪刑法定原则要求在溯及力问题上坚持从旧原则。当然，如果新法有利于被告人，则适用新法，有条件地承认刑法的溯及力并不违反罪刑法定原则。

（三）我国刑法关于溯及力的规定

《刑法》第12条规定："中华人民共和国成立以后本法实施以前的行为，如果当时的法律不认为是犯罪的，适用当时的法律；如果当时的法律认为是犯罪的，依照本法总则第四章第八节的规定应当追诉的，按照当时的法律追究刑事责任，但是如果本法不认为是犯罪或者处罚较轻的，适用本法。本法施行以前，依照当时的法律已经作出的生效判决，继续有效。"

根据该规定，我国刑法在溯及力问题上采用从旧兼从轻原则，即原则上适用行为发生时的旧法，但是如果适用新法对行为人有利，就要适用新法。之所以采用这种原则，主要是出于两方面的考虑：从旧是为了保证国民行为的预测可能性，从轻是为了对被告人有利。

我国刑法关于溯及力问题，有以下五种情形需要掌握：

1. 行为发生时的法律不认为是犯罪，而修订后的法律认为是犯罪的，适用行为发生时的法律，也就是不以犯罪论处，即修订后的法律不具有溯及力。这是从旧。

2. 行为发生时的法律认为是犯罪的，而修订后的刑法不认为是犯罪的，只要行为未经审判，或者判决尚未确定，适用修订后的刑法，即修订后的刑法具有溯及力，不追究行为人的刑事责任。这是从轻。例如，2019年12月1日正式生效的《药品管理法》对什么是假药、劣药，做出重新界定，进口国内未批的境外合法新药不再按假药论处。如果行为人销售"假药"的行为发生在2019年12月1日之前，无论是否被抓，只要案件还未审结，二审判决还未生效，法律就可以溯及既往，被告人应当一律释放。

3. 行为发生时的法律和修订后的刑法都认为是犯罪，并且按照修订后的刑法总则第四章第八节的规定应当追诉的，原则上按行为时的法律追究刑事责任，即修订后的刑法不具有溯及力。

4. 行为发生时的法律和修订后的刑法都认为是犯罪，但修订后的刑法比行为发生时的法律处罚较轻的，则应适用修订后的刑法，即修订后的刑法具有溯及力。这是从轻。

5. 新法实施以前，依照当时的法律已经做出的生效判决，继续有效。此外，按照审判监督程序重新审判的案件，适用行为发生时的法律。也就是说，已经定罪量刑的罪犯，不能因为法律的变更而申诉改判。

这里涉及既判力和溯及力的关系问题。所谓既判力就是已经发生法律效力的判决。对于既判力与溯及力问题，我国1979年《刑法》没有规定，1997年《刑法》从维护国家判决稳定性的立场出发，认为既判力高于溯及力。

第三章 刑法的效力

法考真题

1. 关于刑事管辖权，以下说法正确的是？（2007/2/51- 多）

   A. 甲在国外教唆陈某到中国境内实施绑架行为，中国司法机关对甲的教唆犯罪有刑事管辖权。

   B. 隶属于中国某边境城市旅游公司的长途汽车在从中国进入E国境内之后，因争抢座位，F国的汤姆一怒之下杀死了G国的杰瑞，对汤姆的杀人行为不适用中国刑法。

   C. 中国法院适用普遍管辖原则对劫持航空器的丙行使管辖权时，定罪量刑的依据是中国缔结或者参加的国际条约。

   D. 外国人丁在中国领域外对中国公民犯罪的，即使按照中国刑法的规定，该罪的最低刑为3年以上有期徒刑，也可能不适用我国刑法。

   ［答案］ABD

2. 《刑法修正案（八）》于2011年5月1日起施行。根据《刑法》第12条关于时间效力的规定，下列哪一选项是错误的？（2013/2/4- 单）

   A. 2011年4月30日前犯罪，犯罪后自首又有重大立功表现的，适用修正前的刑法条文，应当减轻或者免除处罚。

   B. 2011年4月30日前拖欠劳动者报酬，2011年5月1日后以转移财产方式拒不支付劳动者报酬的，适用修正后的刑法条文。

   C. 2011年4月30日前组织出卖人体器官的，适用修正后的刑法条文。

   D. 2011年4月30日前扒窃财物数额未达到较大标准的，不得以盗窃罪论处。

   ［答案］C

3. 关于刑法的管辖，下列说法正确的是？

   A. 中国大陆居民在台湾地区犯罪的，适用属人管辖。

   B. 要适用保护性管辖，犯罪主体一定不是中国人。

   C. 当行为和结果都发生在我国才能适用属地管辖。

   D. 保护性管辖适用的前提是这种行为在犯罪地国家也构成犯罪。

   ［答案］ABD

刑法总论：理论与实务

———— **思考题** ————

1. 什么是刑法的空间效力？我国刑法对空间效力做了哪些规定？
2. 刑法溯及力有哪些原则？我国刑法是如何规定的？

第二编　犯罪论

犯罪是社会发展的毒瘤,是破坏社会正常秩序的天敌。

——[西班牙]塞万提斯

第四章 犯罪概念

犯罪是违反行为规范、侵犯法益的行为。犯罪概念在犯罪论体系中居于基础的地位，如果没有犯罪，也就没有刑法，当然也就没有刑罚。因此，犯罪概念是犯罪论甚至整个刑法学体系的逻辑起点。

第一节 犯罪的本质

一、西方学者关于犯罪本质的观点评述

犯罪是一种客观存在的社会现象，同时也是一种法律现象。刑法基于什么原因将某种行为规定为犯罪，这就是犯罪的本质所要解决的问题。西方学者关于犯罪本质的论述有以下观点：

（一）契约违反说

契约违反说的代表人物是贝卡里亚。该观点认为社会是公民通过社会契约建立起来的，这种社会契约就成为政治、法律的重要来源。贝卡里亚把社会契约论运用到刑法当中，认为人的权利与生俱来，国家的刑罚权来自公民个人权利和自由的转让，所以国家行使刑罚权的唯一目的就是维护公民个人的权利和自由，而犯罪是违反社会契约的行为。按照贝卡里亚的观点，法律是自由人之间的公约，只有法律才能为犯罪规定刑罚，司法官员只能判定行为是否对契约产生侵害。因此，犯罪是由法律来规定的，司法者只能根据法律的规定来判断一个行为是否违反了契约，是否构成了犯罪。

（二）权利侵害说

权利侵害说由德国著名学者费尔巴哈所主张。该学说认为，犯罪在本质上不是侵害自由而是侵害权利的行为，犯罪对法律的违反性主要体现在对权利的侵害上。犯罪侵害说立足于法律来揭示犯罪的性质，认为每一个刑法条文背后都体现了作为保护对象的个人和国家的权利，这种权利是由国家法律赋予的，犯罪就是侵犯权利的行为，权利侵害行为只能根据法律加以判断。权利侵害说同样强调了犯罪的法定性，和契约违反说相比较，权利侵害说更加具体地揭示了犯罪的实质内容。

（三）法益侵害说

法益侵害说的代表人物是德国刑法学家毕伦巴姆。该理论认为，犯罪并不是对权利的侵害，而是对法益的侵害。刑法的机能是法益保护，犯罪的本质是对法律所保护的利益进行侵害或者造成侵害危险性。法益侵害理论使人们对于犯罪的法律性质的认识更加深入，为司法机关认定犯罪提出了实质的界限。法益侵害说受到了当时欧洲大陆所通行的利益法学的影响，认为法律是保护社会利益，只有从社会利益出发，才能正确地掌握法律的本质。

（四）义务违反说

义务违反说是德国纳粹时期的刑法学家夏弗斯塔因所提出的。该学说认为，犯罪的本质不是法律侵害而是义务违反，也就是违反了某种法定的义务。只有从违反义务这个角度来理解犯罪，才能真正掌握犯罪的本质内容。义务违反说和权利侵害说有一定的类似性，因为权利侵害的行为同样也是义务违反的行为，所以义务违反说又从法益侵害说这样重视犯罪的实质内容回到了重视犯罪的形式意义。

（五）规范违反说

规范违反说由德国著名刑法学家雅克布斯提出。该学说认为，犯罪不是法益侵害而是规范否认。犯罪是反规范的，但规范不因为犯罪的反对而失效，刑法通过对犯罪的惩罚来证明规范的有效性，从而维护社会的统一。雅克布斯强调现实生活中规范的有效性，规范为犯罪所违反，因此通过惩罚犯罪来证明规范的有效性，进而保护法益，使公民产生对规范的忠诚，由此而超越报应和预防的理论。"刑法的目标则是通过确证规范的效力（即规范的普遍遵守），以实现对各种法益的保护。"①

大陆法系国家目前主要通行的是法益侵害说，强调的是法益的侵害性，强调行为对社会造成的侵害后果。

二、马克思主义关于犯罪本质的论述

马克思、恩格斯在《德意志意识形态》一书中深刻地揭示了犯罪的本质。他们指出："犯罪——孤立的个人反对统治关系的斗争，和法一样，也不是随心所欲地产生的。相反地，犯罪和现行的统治都产生于相同的条件。同样也就是那些把法和法律看作是某种独立自在的一般意志的统治的幻想家才会把犯罪看成单纯是对法和法律的破坏。实际上，不是国家由于统治意志而存在，相反地，是从个人的物质生活方式中所产生的国家同时具有统治意志的形式。"②

马克思、恩格斯关于犯罪本质的这一论断，从以下四个方面揭示了犯罪的政治内容：

第一，犯罪是反对统治关系的斗争。这一含义揭示了犯罪最本质的内容在于其侵犯了统治阶级的统治关系。所谓统治关系，是指在政治上居于统治地位的阶级利用手中掌握的国家权力建立起来的有利于统治阶级的社会关系。掌握政权的统治阶级为了维护自己的统治，就宣布反对其统治关系的行为是犯罪，并给予相应的刑罚制裁。可见，某种行为之所以被认为是犯罪，从根本上讲，就在于它破坏了现行的统治关系。

第二，犯罪是孤立的个人反对统治关系的斗争。这里所说的"孤立的个人"并非就代表某个阶级、国家或者民族的分散的个人而言的，而是相对于阶级、国家或者民族而言的。这里的"个人"也不能理解为犯罪只能由单独的个人构成，而不能以共同的方式出现。至于孤立的个人反对统治关系，则是指某一行为人反抗现行关系的不自觉的原始表现形式，即某一

---

① ［德］乌尔斯·金德霍伊泽尔：《刑法总论教科书》，蔡桂生译，北京：北京大学出版社，2015年版，第15页。

② ［德］马克思、［德］恩格斯：《马克思恩格斯全集》第3卷，北京：人民出版社，1960年版，第379页。

行为人出于经济上、生活上或精神上的某种原因，以自己的行为侵犯了社会、他人乃至国家的根本利益。

第三，犯罪和现行的统治都产生于相同的条件。这一论断从社会经济发展的角度说明了犯罪与现行统治关系的产生所共同具备的物质生活条件。它一方面说明了犯罪的产生来源于现实社会自身的内在因素，另一方面也说明了犯罪与现行的统治关系所产生的物质条件是相同的。因此，无论是在有阶级对抗的社会，还是在无阶级对抗的社会，犯罪的产生永远不会脱离固有的物质生活条件而孤立地存在，它总是伴随着一个时代的物质生活条件的发展而不断地发展。

第四，犯罪不单纯是对法和法律的破坏。法与法律并非独立、自在的一般意志，也不是任意产生的，一个国家制定或认可一部法律，是基于一定的物质生活方式，出于维护现行统治的需要。正是由于法律的这种特性，把犯罪单纯地看作是对法和法律的破坏，过于肤浅和表面化，没有从本质上去揭示隐藏在其背后的阶级本质。

这些观点充分体现马克思主义的科学性，是剖析和认识资本主义社会及社会主义社会犯罪现象及其规律的理论指南。

第二节　犯罪概念的类型

犯罪概念是对犯罪特征的内涵和外延的确切、简要的说明，在一般意义上解决了"什么是犯罪"的问题。在刑法理论上，犯罪的概念主要有三种类型。

一、犯罪形式概念

犯罪形式概念，也称为形式意义上的犯罪概念，是指从犯罪的法律特征上描述犯罪而形成的犯罪法定概念。依照犯罪的形式概念，犯罪是指刑法规定的应当受到刑罚处罚的行为。

犯罪的形式概念是以法界定犯罪，即刑法是否有规定；以刑界定犯罪，即是否应当受到刑罚处罚。大多数大陆法系国家刑法典所规定的都是犯罪的形式概念。如1810年《法国刑法典》第1条规定："法律以违警刑所惩罚之犯罪，称为违警罪；法律以惩治刑所惩罚之犯罪，称为轻罪；法律以身体刑所惩罚之犯罪，称为重罪。"这是在刑法典中首次规定犯罪概念，它以犯罪所应受到的刑罚来界定犯罪，也就是所谓的以刑定罪。在这个概念中，根据犯罪所应受到的三种不同刑罚来确定犯罪的三种类型，即违警罪、轻罪和重罪。

在犯罪的形式概念里，立法者只是单纯地描述了犯罪的法律特征，也就是犯罪人所应受到的刑罚。由于刑罚法定，犯罪行为也是由刑法来加以规定的。在犯罪的形式概念当中，并没有对犯罪的实质内容加以描述。

二、犯罪的实质概念

犯罪的实质概念，也称实质意义上的犯罪概念，是指从犯罪的社会内容上描述犯罪而形成的犯罪的法定概念。犯罪实质概念由1922年《苏俄刑法典》首创，该法第6条规定："威胁苏维埃制度基础以及工农政权在向共产主义制度过渡时期所建立的法律秩序的一切危害社会的作为和不作为，都被认为是犯罪。"在该犯罪概念中，描述了犯罪所具有的实质内容，但是对犯罪的法律特征并没有加以具体的描述。

三、犯罪的混合概念

犯罪的混合概念，是指犯罪的实质内容和法律特征相统一的法定概念。在犯罪的混合概念当中，既揭示了犯罪的实质内容，又强调了犯罪的法律特征，使犯罪的实质内容和形式特征混合起来而形成了犯罪的混合概念。例如，1960年《苏俄刑法典》第7条规定："凡刑事法律所规定的侵害苏维埃的社会制度、政治和经济关系，侵害社会主义所有制，侵害公民的人身权利和自由、政治权利和自由、劳动权利和自由、财产权利和自由及其他权利和自由的危害行为，都认为是犯罪。"在该犯罪概念中，前面讲了犯罪是刑事法律所规定的，强调犯罪的刑事违法性。在后面又具体揭示了或描述了犯罪的实质内容，由此把犯罪的形式特征和实质内容统一起来，形成犯罪的混合概念。

我国刑法中的犯罪概念也是犯罪的混合概念。《刑法》第13条规定："一切危害国家主权、领土完整和安全，分裂国家、颠覆人民民主专政的政权和推翻社会主义制度,破坏社会秩序和经济秩序,侵犯国有财产或者劳动群众集体所有财产,侵犯公民私人所有的财产,侵犯公民的人身权利、民主权利和其他权利,以及其他危害社会的行为,依照法律应当受刑罚处罚的,都是犯罪,但是情节显著轻微危害不大的,不认为是犯罪。"在这个犯罪概念中,前半段主要揭示的是犯罪的实质内容(法益侵害性),而后半段揭示的是犯罪的形式特征(刑事违法性)。也就是说,犯罪不仅是具有社会危害性的行为,而且也是由法律明文规定的行为,从而为正确区分罪与非罪的界限提供了原则标准。

第三节 犯罪的基本特征

犯罪有以下三个基本特征:

一、严重社会危害性是犯罪的本质特征

社会危害性,指某行为对某种社会关系的侵害性,或某行为对合法利益的侵害性。一般认为,社会危害性是犯罪的本质特征,是立法者将某种行为规定为犯罪的理由。

从《刑法》第13条规定的表述中可以看出,犯罪的三个基本特征实际上是有不同的地位的。严重的社会危害性,是犯罪三个基本特征中的首要特征,也是它的本质特征,同样是刑法中的一根"中枢神经"。应该说,刑法中的很多内容都围绕着社会危害性展开。因为刑法所要解决的问题,其实就是四个字——定罪量刑。那么,无论是定罪还是量刑,实际上都围绕的一个中心——"社会危害性"。社会危害性越大,刑罚也应越重,所以,社会危害性是犯罪的最本质特征。

二、刑事违法性是犯罪的法律特征

刑事违法性既是犯罪的法律特征,也是评价某种行为能否构成犯罪的法律标准。社会危害性对于某种行为能否构成犯罪具有举足轻重的地位,但是,如果离开了刑事违法性,社会危害性也就失去了其存在的法律基础,所以,刑事违法性是犯罪不可缺少的法律特征。

违法具有较为宽泛的含义，只有社会危害性达到触犯刑事法律规定的严重程度时，这种行为才被认为是犯罪，因此，犯罪一定是违法，但违法不一定是犯罪。犯罪的刑事违法性是主观因素和客观因素的统一。行为人虽然主观上有危害社会的企图，但客观上没有实施危害社会的行为，不会产生刑事违法的问题；行为虽然客观上造成了严重的危害社会的后果，但行为人主观上不存在故意或者过失的，也不会产生刑事违法性的问题。

三、刑罚当罚性是犯罪的法律后果

"犯罪是应当受到处罚的行为"，这是从"犯罪的性质"的角度谈的，其表明任何犯罪行为在性质上都应当受刑罚处罚。那么，"对一切犯罪行为都必须判处刑罚"则是从"实际惩罚"的角度讲的。"犯罪的性质"和对犯罪行为的"实际惩罚"是两个不同层面的问题。那些没有被实际判处刑罚的犯罪行为，在性质上仍然是应当受到刑罚处罚的。无论有没有实际判处刑罚，只要行为构成犯罪，在性质上都要受到刑罚处罚。

犯罪的上述三个基本特征是紧密结合、有机联系的。严重的社会危害性是犯罪最基本的属性，是刑事违法性和刑罚当罚性的基础；刑事违法性是严重的社会危害性的法律表现；刑罚当罚性是行为严重危害社会、违反刑事法律应当承担的法律后果。因此，这三个基本特征都是必要的，是任何犯罪都必然具备的。

第四节 犯罪的分类

犯罪的分类，是指根据犯罪所具有的某些特殊属性，将犯罪划分为若干相互对应的类别。对犯罪进行分类，不仅可以帮助我们进一步加深对犯罪概念的理解，为刑事立法提供有益的参考，而且可以为刑事司法提供有针对性的预防措施。

一、犯罪的理论分类

在刑法理论上，根据不同的标准可以对犯罪进行不同的分类。这种分类方式常见的有以下几种：

（一）自然犯与法定犯

自然犯，又称刑事犯，是指违反公共善良风俗和人类伦理，由刑法典或者单行刑事法律所规定的传统性犯罪。如杀人、抢劫、强奸等犯罪，其行为本身就自然蕴涵着犯罪性，人们根据一般的伦理观念即可对其做出有罪评价。

法定犯，又称行政犯，是指刑法规范的内容与社会伦理规范之间存在不一致时，对于行为的犯罪性质，只有根据刑法法规的规定才能加以认定的情形。如职务犯罪、经济犯罪即属于法定犯。

一般认为，自然犯的行为本身是一种"自体恶"，法定犯是一种"禁止恶"，从犯罪人的主观恶性程度来看，自然犯比法定犯要严重得多。但在对违法性的认定上，由于行政法规错综复杂，所以，对法定犯的判定又比自然犯要困难得多。同时，行政法规会因为国家管理目的的改变而经常发生变化，因此，法定犯又经常处于变动之中，缺乏像自然犯那样的稳定性。

（二）身份犯与非身份犯

身份犯，是指以国家公职人员、企业管理人员等一定身份作为犯罪主体条件的犯罪，如贪污罪、受贿罪、玩忽职守罪等。

非身份犯，是指身份犯以外的，刑法对其犯罪主体条件未做特别限定的犯罪，如杀人罪、抢劫罪、盗窃罪、赌博罪等。

身份犯与非身份犯的划分以刑法规定的职业、职务等特殊条件为标准，因此，依法认定行为人是否具备某种特殊的身份条件，便成为认定行为能否构成某种犯罪的关键。在法律有特别规定的情况下，身份条件甚至还会直接影响到对犯罪人处罚的轻重程度。

（三）行为犯与结果犯

行为犯，是指以侵害行为实施完毕为成立犯罪既遂条件的犯罪，如煽动分裂国家罪、煽动颠覆国家政权罪、诬告陷害罪、伪证罪、偷越国（边）境罪等。

结果犯，是指以侵害行为产生相应的法定结果为构成要件的犯罪，或者以侵害结果的出现为成立犯罪既遂条件的犯罪。前者如交通肇事罪、过失致人死亡罪、玩忽职守罪等过失犯罪，后者如故意杀人罪、盗窃罪、贪污罪、敲诈勒索罪等故意犯罪。

行为犯与结果犯的区分，对于准确认定某一犯罪的客观构成要件，进而区分罪与非罪，具有重要的意义。同时，行为犯与结果犯的区分，也有助于准确把握犯罪既遂与未遂的原则界限。

（四）实害犯与危险犯

实害犯，是指以出现法定的危害结果为构成要件的犯罪，如《刑法》第119条第2款所规定的过失损毁交通工具罪等。

危险犯，是指以实施危害行为并出现某种法定危险状态为构成要件的犯罪，如《刑法》第116条规定的破坏交通工具罪，第125条规定的非法制造、买卖、运输、邮寄、储存枪支、弹药、爆炸物罪（前者为具体危险犯，后者为抽象危险犯）等。

实害犯与危险犯的区分，不仅有助于对犯罪构成要件的具体把握，而且对于正确量刑具有积极的意义。一般来讲，刑法对实害犯规定了重于危险犯的法定刑。

二、犯罪的立法分类

犯罪的立法分类，是依刑法所规定的内容对犯罪进行的分类。根据我国刑法的规定，可以从以下几个方面对犯罪进行分类：

（一）国事犯罪与普通犯罪

国事犯罪，是指直接侵害国家统治秩序的犯罪。我国刑法分则规定了十类犯罪，其中第一章所规定的危害国家安全罪属于国事犯罪，这类犯罪所侵害的法益具有特别重要性、唯一性，危害的是国家的政权、社会制度与安全，必须予以严惩。

普通犯罪，是指危害国家安全罪以外的侵犯个人、社会利益的犯罪，这类犯罪的具体类型广泛，轻重程度不同。我国刑法分则第二章至第十章所规定的犯罪，就属于普通犯罪，但其中第十章所规定的军人违反职责罪又属于普通犯罪中的一类特殊犯罪，因此可以说刑法将犯罪分为国事犯罪、军事犯罪与普通犯罪三大类。

（二）故意犯罪与过失犯罪

故意犯罪，是指行为人明知自己的行为会发生危害社会的结果，并且希望或者放任这种结果发生，因而构成的犯罪。

过失犯罪，是指行为人应当预见自己的行为可能发生危害社会的结果，因为疏忽大意没有预见，或者已经预见而轻信能够避免，以致发生这种结果的犯罪。

故意犯罪与过失犯罪作为我国刑法所规定的两大犯罪类型，其主观恶性不同，承担的法律后果也不同。刑法以处罚故意犯罪为原则，以处罚过失犯罪为例外。

（三）亲告罪与非亲告罪

亲告罪，是指对犯罪是否进行追究，取决于个人的意思，在追诉之时必须经过有告诉权者告诉的犯罪。根据《刑法》第98条的规定，告诉才处理，是指被害人告诉才处理；如果被害人因受强制、威吓无法告诉的，人民检察院和被害人的近亲属也可以告诉。告诉才处理的犯罪，必须有刑法的明文规定。

非亲告罪，是指侦查、起诉、审判程序由国家司法机关直接推动，起诉权利由检察院享有，是否提起公诉不取决于个人意思的犯罪。我国刑法没有明文规定告诉才处理的犯罪，均属于非亲告罪。

（四）基本犯、加重犯与减轻犯

基本犯，是指刑法分则条文规定的不具有法定加重或者减轻情节的犯罪。

加重犯，是指刑法分则条文以基本犯为基础规定了加重情节与较重法定刑的犯罪，其中又可以分为结果加重犯与情节加重犯。因实施基本犯罪发生严重结果，刑法加重了法定刑的犯罪，称为结果加重犯；因实施基本犯罪具有其他严重情节，刑法加重了法定刑的犯罪，称为情节加重犯（其中还可以分为数额加重犯、手段加重犯等）。

减轻犯，是指刑法分则条文以基本犯为基础规定了减轻情节与较轻法定刑的犯罪。这种分类实际上主要是对同一具体犯罪的不同情况的分类。

案例讨论：

王某教唆他人嫖娼"致死"案

被告人王某，男，原为某公司职员。王某与张某原先系同事，两人关系较好。前年，两人所在的公司进行人事制度改革，自以为有较大把握的王某在竞争中失败，而张某则脱颖而出。王某认为是张某在使坏，对其怀恨在心，伺机报复。去年2月，王某趁张某出差之际，将张某年仅15岁的儿子带到家中看黄色录像，后将其骗至该市某发廊，让其与外来打工者刘某发生性关系。张某的儿子因此感染艾滋病，同年12月份自杀。经侦查发现，王某本人事先并不知道刘某为艾滋病患者，他教唆张某的儿子与刘某发生性关系的目的只是为了使其堕落，以达到报复张某的目的。

问题：1. 王某的行为是否构成犯罪？
2. 如何理解"刑事违法性"？

[参考答案]

被告人王某对张某儿子与刘某发生性关系可能会感染艾滋病的危害后果既非明知，也非应知，其动机在于使张某儿子堕落，而非遭受身体伤害或者剥夺其生命。从因果关系角度来说，被告人王某的教唆行为与张某儿子的死亡有一定的联系，但并非是必然因果关系。因此，王某的行为不具有刑事违法性。刑事违法性并非一般意义上的违法，而是专指对刑法规范的违反，即行为人的行为符合刑法有关规定。我国的刑法并未将教唆未成年人嫖娼的行为规定为犯罪，所以张某儿子的死亡结果对于王某来说属于意外事件，超出其预料范围。因此，王某的行为不具有刑事违法性，不构成犯罪。

——————— **思考题** ———————

1. 如何理解犯罪的本质？
2. 犯罪的概念有哪些类型？
3. 犯罪有哪些基本特征？
4. 犯罪的分类有哪些？

第五章 犯罪构成

第一节 犯罪构成概述

一、犯罪构成的历史渊源

犯罪概念是刑法的基本范畴，而犯罪构成又是犯罪的基本内容，是犯罪论体系乃至整个刑法学体系的灵魂和基石，是其他犯罪理论得以展开的核心和基础。可以说，犯罪构成是刑法理论皇冠上的宝石。

（一）犯罪构成的演变过程

犯罪构成理论的历史沿革大致可分为两个阶段：

第一个阶段：犯罪构成的概念从刑事诉讼法上的概念转变为刑法上的概念。犯罪构成概念起源于13世纪意大利纠问式的诉讼程序，当时意大利的诉讼程序分为两种：纠问式和弹劾式。纠问式的诉讼程序又分为一般纠问和特殊纠问。从一般纠问中引申出了一个概念叫"犯罪确证"，通过一般纠问能够确认犯罪存在，然后再进入特殊纠问，是对具体犯罪嫌疑人的调查盘问。因此，"犯罪确证"是特殊纠问的开端。后来又从"犯罪确证"中引申出"犯罪事实"的概念，指某种已经被证明的犯罪事实。1796年德国刑法学家克莱茵将该词翻译成德语时，将它译成"构成要件"或者"整个犯罪事实"（Tatbestand）。18世纪末至19世纪初，随着西方国家相继编纂刑法典，这一术语逐渐被移植到刑法的犯罪理论中，作为实体法中的用语来使用。

第二个阶段：从刑法各个具体犯罪的具体要求发展为犯罪论体系意义上具有指导意义的概念。费尔巴哈等学者在刑法上使用这一概念时，将犯罪构成定义为"违法行为所包含的各个行为或事实的诸要件的总和"。后来，犯罪构成的概念又经历了从特殊的犯罪构成到一般的犯罪构成的演变。最开始的犯罪构成是指特殊的构成要件，用来概括刑法分则所规定的具体犯罪的客观特征，后来上升为刑法总则所确认的关于犯罪一般成立的概念，形成了一般的构成要件。

（二）犯罪构成的概念

根据我国刑法学界的通说，犯罪构成是指刑法所规定的，决定某一具体行为的社会危害性及其程度，而为该行为构成犯罪所必须具备的一切客观要件和主观要件的有机统一的整体。

犯罪构成理论解决的是犯罪成立需要具备哪些条件、这些条件之间是一种什么样的逻辑关系的问题，从而为司法机关正确认定犯罪提供法律上的标准。从某种意义上甚至可以说，犯罪构成是一种思维方式，它为认定犯罪提供了思维模式。

二、犯罪构成的特征

犯罪构成具有以下三个特征：

（一）法定性

犯罪构成是刑法所规定或者包含的，因而具有法定性。组成犯罪构成的诸要件，必须由刑法所规定，是指在刑法具体条文中明文规定该种犯罪的构成要件；由刑法所包含，是指根据刑法条文的规定，某一方面的要件，虽然在术语的表达上只是某种词汇，但是，某种行为是其逻辑结构中当然包含的。如我国《刑法》第358条规定"组织、强迫他人卖淫的"，"强迫"这一要件，其逻辑结构中就包含着"使用精神和肉体损害的方法"进行"强迫"的要素，如果没有此行为，就不能认为是强迫。

（二）类型性

犯罪构成是犯罪条件成立的总和，它所描述的是某种犯罪类型。正是通过犯罪构成这一类型化的观念形态，犯罪各种要素得以整合。类型化的犯罪构成，是犯罪的理论模型，为司法机关正确认定犯罪提供了法律标准，是法定的犯罪成立条件的规范化。因此，作为类型的犯罪构成和作为事实的犯罪构成有所不同，犯罪构成可以成为犯罪类型，而事实的犯罪构成是指符合犯罪构成要件的事实。例如，杀人这个事实是根据某种规范确认的，它所指向的是具体的事实，但是作为杀人罪的构成要件，则是一种规范。

（三）逻辑性

犯罪构成由各种主观、客观要件组合而成，而且是各种主观、客观要件根据逻辑性建立起来的理论体系。因此，犯罪构成具有逻辑性。犯罪构成的逻辑性首先表现为犯罪成立条件的层次性。第一个层次是犯罪构成；第二个层次是犯罪构成要件，分为犯罪主体要件、犯罪主观要件和犯罪客观要件等；第三个层次是犯罪构成要件的要素，例如犯罪客观要件中的行为、对象、结果、时间、地点，犯罪主观要件中的责任能力、故意、过失等。犯罪构成是整体的概念，犯罪构成下面是要件，要件下面是要素。在这些要件或者要素中，有些要件、要素是必要的、不可或缺的，有些要件、要素则是可供选择的。

在根据犯罪构成要件或者要素判断犯罪成不成立时，应该严格按照构成要件或者要素之间的先后顺序性进行判断。定罪是一个渐次展开的过程，也是一个三段论的推理过程。其中，法律规范是大前提，案件的事实情况是小前提，最后的定性是结论。在司法实践中应当把法定的构成要件作为大前提，把具体的事实作为小前提，然后推导出正确结论。

三、犯罪构成的意义

犯罪构成的意义主要体现在三个方面：

（一）区分罪与非罪

犯罪构成是犯罪成立条件的总和，一种行为是否构成犯罪，只能以犯罪构成为标准来判断。行为符合犯罪构成的构成犯罪，不符合犯罪构成的则不构成犯罪。犯罪构成为罪与非罪的区分提供了明确而具体的法律标准。因此，犯罪构成对于区分罪与非罪具有重要意义。

（二）区分此罪与彼罪

每个不同的犯罪都具有不同的构成要件，因此，我们要根据不同的犯罪构成来区分不同的犯罪。有些犯罪之间非常相似，因此区分起来就比较困难，在这种情况下就要严格按照犯罪构成来对不同的犯罪进行科学的区分，例如盗窃与诈骗的区别。

（三）区分轻罪与重罪

同一个犯罪，有轻罪和重罪之分。轻罪的构成要件不同于重罪的构成要件。只有掌握了犯罪构成要件，才能对轻罪和重罪进行区分，从而保证量刑的准确性。

第二节 犯罪构成体系

一、三阶层犯罪构成体系

大陆法系的犯罪构成体系主要是由三个要件（阶层）构成的，即构成要件该当性、违法性和有责性，在这三个要件之间存在着递进关系，也就是位阶关系，即要进行逐个判断，只有在前一个要件具备的基础上，才能进入下个要件的判断，如果前一个要件不具备，这种判断就中断，行为人的行为也就不构成犯罪。

（一）构成要件该当性

这里的"构成要件"，是指刑法分则规定的某一犯罪成立的特殊条件。"该当性"指的是"符合性"，即行为符合某个罪的构成要件。构成要件要素表明行为违法，也就是符合构成要件的行为通常就具有违法性。构成要件该当性是大陆法系犯罪构成体系中的一个事实要件，是判断犯罪成立的第一要件。

（二）违法性

违法性是法律的判断，是指行为对刑法所保护法益的实质侵害性。一般情况下，具备构成要件该当性，就可以推定行为具有违法性。但在某些特殊情况下，行为虽然具有了构成要件该当性，但是如果存在着违法阻却事由，同样应该排除犯罪。因此，在违法性里面主要是要排除那些具备构成要件该当性但是不具有违法性的行为。例如正当防卫，虽然具有构成要件该当性，但却是一种违法阻却事由，所以不具有违法性，因此要从犯罪中排除出去。

（三）有责性

有责性是对行为人的犯罪行为进行谴责的可能性。有责性主要是研究责任要素，包括：刑事责任能力、刑事责任年龄、是否具有精神病，另外还包括违法性认识和期待可能性等要素。

一个人的行为，只有同时具备构成要件该当性、违法性和有责性，才能构成犯罪。如果只具备构成要件的该当性而不具备违法性，就不构成犯罪，或者只具备构成要件该当性、违法性，但不具备有责性，也不构成犯罪，因此，这三个要件之间形成一种递进关系。

二、四要件犯罪构成体系

以苏联和我国刑法理论为代表的犯罪构成体系，由四个部分构成：犯罪客体、犯罪客观方面、犯罪主体和犯罪主观方面，也称为平面式的犯罪构成体系。

（一）犯罪客体

犯罪客体，是指刑法所保护而为犯罪所侵害的社会主义社会关系。犯罪客体决定某种犯罪的性质，马克思在《关于林木盗窃法的辩论》中，认为盗窃林木这种犯罪行为，侵害的不是林木本身，而是侵害了林木背后的国家所有权的神经。苏联学者根据这段话形成了犯罪客体理论，并把犯罪客体和犯罪对象加以区分，认为盗窃罪盗窃的财物是犯罪对象，但是财物并不决定犯罪性质，决定犯罪性质的是财物背后所体现出来的所有权。同理，杀人的犯罪对象是人，但是侵害的客体是人的生命权。

（二）犯罪客观方面

犯罪客观方面是指危害行为、危害结果、危害行为和危害结果之间的因果关系。在某些具体犯罪中，还包括犯罪的时间和地方。其中，危害行为是所有犯罪的构成要件，而危害结果以及犯罪的时间和地点是某些犯罪的构成要件。

（三）犯罪主体

犯罪主体是指达到法定刑事责任年龄，具有刑事责任能力，实施了危害行为的自然人或者单位。犯罪主体主要研究刑事责任年龄和刑事责任能力。

（四）犯罪主观方面

犯罪主观方面是指行为人对危害社会的后果的主观心理状态，主要是指犯罪的故意、犯罪的过失，以及犯罪的动机和犯罪的目的。其中，故意和过失是所有犯罪的要件，而动机和目的是有些犯罪的要件。

这四个要件同时具备，某种犯罪就成立，只要其中的一个要件不具备则不能构成犯罪。犯罪客体和犯罪的客观方面就是客观危害，犯罪主体和犯罪的主观方面就是主观恶性。所以，四要件犯罪构成体系认为，犯罪构成其实就是客观危害和主观恶性的相加。把客观危害和主观恶性加起来就是社会危害性，当社会危害性达到一定的程度，就成立犯罪。

三、双层次犯罪构成体系

英美法系的犯罪构成体系是双层结构，即把刑事责任的条件分为两个层次：

第一个层次是犯罪的本体要件。本体要件包括客观行为和主观意图，即一个人只要具备犯罪的行为和意图，控方就可以起诉。

第二个层次是辩护要件。辩方在诉讼中可以提出各种抗辩事由，例如正当防卫、认识错误、精神病、被胁迫、警察圈套（诱惑侦查），或者其他的抗辩事由。如果抗辩事由能成立，犯罪就被推翻；如果抗辩事由不成立，犯罪才能成立。

四、三种犯罪构成体系简评

（一）三阶层犯罪构成体系

根据三阶层犯罪论体系，一个人的行为，只有同时具备构成要件该当性、违法性和有责性，才能构成犯罪。这三个要件之间形成递进关系。

根据三阶层犯罪论体系认定犯罪，是一个层层限缩、不断把非罪行为从犯罪模型中排除出去的过程。非罪行为有不同层次：（1）不具备构成要件而非罪；（2）具备构成要件，因不具备违法性而非罪；（3）具备构成要件、违法性，因不具备有责性而非罪。认定犯罪的过程是一个构成犯罪的范围层层缩小的过程，从而为辩护留下了广阔的空间，不具备任何一个要件的行为都可以从犯罪中予以排除。

（二）四要件犯罪构成体系

根据四要件犯罪构成体系，四个要件同时具备，某种犯罪就成立，只要其中一个要件不具备则不能构成犯罪。这种犯罪构成体系有以下特点：（1）主、客观要件相统一。这主要表现在，犯罪构成的四个要件中客体与主体、客观方面与主观方面呈现出一种对偶的关系。（2）强调社会危害性。这主要表现为，把犯罪客体作为犯罪构成的一个要件。（3）从逻辑上来说，这四个要件没有严格的位阶关系，因此，这些要件存在一有俱有、一无俱无的逻辑关系。在四要件犯罪构成体系中，犯罪客体、犯罪主体和犯罪主观方面都是以犯罪客观方面为前提的。反之，犯罪客观方面也是以其他犯罪构成要件的存在为前提的。

（三）双层次犯罪构成体系

双层次犯罪构成体系是一种入罪与出罪的二元对抗模式，其最突出的特点就是充分利用民间资源对抗国家的刑罚权，发挥被告人及其辩护人的积极性，在动态中实现国家权力和个人自由的平衡。控诉方对本体要件要承担两种证明责任。首先，控诉方必须对本体要件的每个要素提出相应的证据；其次，为了达到对被告人定罪的目的，其证明标准还应达到超出合理怀疑的程度。被告方须先行提出存在辩护理由，并提供相应的证据。当然，被告方所提及的证据只要让人相信控诉方关于本体要件的证明存在合理疑点即可。如果不提出相应的证据而仅提出申请，法官就不会将此主张提交陪审团裁决。

犯罪构成理论问题是刑法学界研究的热点问题，讨论的主要焦点是维持四要件的犯罪构成还是引入三阶层的犯罪构成。对此，存在着三种观点。部分学者对我国从苏俄引进的四要件犯罪构成体系持批判态度，认为该体系存在重大缺陷，应当予以摒弃，同时，三阶层的犯罪构成体系具有逻辑性和实用性，应当积极采用。[1]另一部分学者则对四要件的犯罪构成体系持一种肯定态度，认为该体系简单易懂，在我国的司法实践中发挥着重要作

---

[1] 周光权：《犯罪体系的改造》，北京：中国法制出版社，2009年版，第41—54页。

用，所以应当维持。① 还有学者提出对四要件犯罪构成体系进行必要的改良的观点，反对全盘引进大陆法系三阶层犯罪构成体系。②

第三节　犯罪构成分类

一、犯罪构成的分类

犯罪构成是一个总括性的概念，可以按照不同的标准和角度，对犯罪构成进行分类。

（一）基本的犯罪构成与修正的犯罪构成

这是以刑法所规定的犯罪构成形态为标准进行的分类。

1. **基本的犯罪构成**

基本的犯罪构成，是指刑法分则条文就某一犯罪既遂形态所规定的犯罪构成。刑法分则的绝大部分罪名是以"一个人犯一个既遂罪"为标准设置的犯罪构成，也有少部分是二人以上必要共同犯罪的构成形态。所谓基本的犯罪构成，指的是刑法分则所规定的标准的犯罪构成。

2. **修正的犯罪构成**

修正犯罪构成，也称为扩张的犯罪构成，即以刑法分则所规定的犯罪作为标准，对基本构成要件内容进行修改或者补充的犯罪构成。例如，任意共同犯罪的犯罪构成，未完成犯罪的预备、未遂和中止的犯罪构成，就是修正的犯罪构成，修正的犯罪构成由刑法总则条文规定。

（二）普通的犯罪构成和派生的犯罪构成

这是以危害行为的危害程度为标准进行的分类。

1. **普通的犯罪构成**

普通的犯罪构成，也称为原始构成或独立构成，是指刑法分则条文对

---

① 高铭暄：《论四要件犯罪构成理论的合法性暨对中国法学体系的坚持》，《中国法学》2009年第2期，第5—11页。

② 曲新久主编：《刑法学》，北京：中国政法大学出版社，2009年版，第75页；黎宏：《刑法学总论》，北京：法律出版社，2016年版，第66—68页。

刑法总论：理论与实务

具有通常法益侵害程度的犯罪行为所规定的犯罪构成。这种构成是相对于具有严重或者较轻危害程度的构成而言的，是犯罪构成的基本形态。

2. 派生的犯罪构成

派生的犯罪构成，是指以普通的犯罪构成为基础，因具有较轻或者较重的情节或数额，而加重或者减轻的犯罪构成。派生的犯罪构成可以分为加重的犯罪构成和减轻的犯罪构成。

我国刑法分则条文中，有些犯罪刑法只规定了一个罪刑单位，在这种情况下，只有一个单一的犯罪构成。但是绝大部分犯罪都有两个甚至三个罪刑单位。在这种情况下，其中一个罪刑单位是基本的犯罪构成，还有一个罪刑单位是加重的或者减轻的犯罪构成，有的甚至有两个加重的犯罪构成，就存在三个罪刑单位。

（1）加重的犯罪构成。派生的犯罪构成当中，加重构成的表现种类最多。加重的犯罪构成根据加重的事由不同，又可分为不同的加重，例如情节加重、数额加重、结果加重以及行为的方式加重等。

（2）减轻的构成。减轻的构成是指具有某种较轻的情节而构成的犯罪，如《刑法》第232条把故意杀人罪的法定刑分为两个档次，从而形成两个罪刑单位。第一个罪刑单位是普通的犯罪构成，只要犯故意杀人罪就要处死刑、无期徒刑或者十年以上有期徒刑；后半段规定的"情节较轻的、处三年以上十年以下有期徒刑"，就是减轻的构成。

在我国刑法分则中，有些犯罪构成既规定了普通的犯罪构成，又规定了加重的犯罪构成，同时还规定了减轻的犯罪构成。也就是这三种犯罪构成在一条文中同时具备，因此加重的构成、减轻的构成等犯罪构成的类型，对于我们理解刑法分则的内容具有重要意义。

（三）简单的犯罪构成与复杂的犯罪构成

这是以犯罪构成内部结构的状态为标准进行的分类。

1. 简单的犯罪构成

简单的犯罪构成又称为单纯的犯罪构成，是指刑法条文所规定的犯罪构成属于单一性质的犯罪构成，这里所谓的单一是指一个行为、一个罪过而造成一个结果。这是比较单纯的犯罪构成，我国刑法中的犯罪构成绝大部分都是单一的。

2. 复杂的犯罪构成

复杂的犯罪构成，是指刑法条文所规定的犯罪构成要件具有选择或者复合的性质。复杂的犯罪构成又可以分为两种：

（1）选择的犯罪构成，即要求具体事实只要符合可供选择性要件的其中之一就构成犯罪。选择构成要件可分为手段可供选择、对象可供选择、主体可供选择、目的可供选择、时间可供选择、地点可供选择，等等。选择的犯罪构成的特点是，当行为人实施其中一个行为、针对一个对象，可以构成一个罪；如果实施两个行为，针对一个对象，同样构成一个罪。

（2）复合的犯罪构成，是指构成要件的内容虽然复杂，但是具体事实必须同时符合所要求的条件的犯罪构成。这里的复合包括既行为复合，也包括罪过复合。例如，在抢劫罪的行为当中，包含了手段行为和目的行为。手段行为是"暴力、胁迫或其他方法"，目的行为是"夺取公私财物"，所以抢劫罪的行为是复合行为。还有一些犯罪的罪过既有故意又有过失。例如，行为人在实施故意伤害当中，过失地造成了他人死亡结果。在这种情况下，行为人对于伤害行为是故意，对于死亡结果是过失，因此是罪过复合。

（四）叙述的犯罪构成与空白的犯罪构成

这是以刑法条文对犯罪构成要件内容表述是否完整为标准进行的分类。

1. 叙述的犯罪构成

叙述的犯罪构成，是指刑法分则条文对于犯罪构成要件内容做了简单或者比较详细的规定，能够比较完整地表现出构成内容的犯罪构成。叙述的犯罪构成的罪状在刑法理论上称为叙明罪状。如《刑法》第138条教育设施重大安全事故罪的条款中比较详细地规定了该罪主观和客观要件的内容，即属于叙述的犯罪构成。

2. 空白的犯罪构成

空白的犯罪构成，是指刑法分则条文对于犯罪构成要件没有具体地加以规定，需要通过援引其他法律、法规才能对某个犯罪的构成要件予以明确。空白的犯罪构成在刑法理论上称为空白罪状。例如，《刑法》第133条关于交通肇事罪的规定中，对交通肇事的行为没有具体描述。那么对交通肇事行为的认定，就要参照交通管理法规的规定确定。

（五）封闭的犯罪构成和开放的犯罪构成

这是以构成要件内容是否完整为标准进行的分类。

1. 封闭（完全）的犯罪构成

封闭（完全）的犯罪构成，是指某一犯罪的构成特征在刑法分则条文当中做了完整的规定，只要按照刑法条文的规定就可以对本罪的犯罪构成加以正确的认定，而不需要其他的法律、法规对构成要件内容进行补充。因此，这是一种封闭的犯罪构成。

2. 开放（待补充、敞开）的犯罪构成

开放（待补充、敞开）的犯罪构成，是指某一犯罪构成特征在刑法分则条文中只做了抽象的或者概括的规定，在适用时法官必须根据相关的法律、法规，对尚不明确的内容进行必要的补充。如《刑法》第114条（危险犯）和第115条（实害犯），规定了放火、决水、爆炸、投放危险物质或者采取其他危险方法危害公共安全罪，立法者认为前面的列举还不能穷尽所有的以危险方法危害公共安全犯罪，所以又做了个盖然性的规定，加上了"以其他危险方法危害公共安全罪"。以其他危险方法危害公共安全罪的犯罪构成就是开放的犯罪构成。

这里所谓的开放，也就是刑法对某个犯罪行为的特征没有加以明确列举，要由法官根据具体的犯罪情况来加以判断。这里的其他危险方法，是和前面所列举的放火、爆炸、决水、投放危险物质的行为在性质上相当的方法，才能构成以危险方法危害公共安全罪（同等条款原则）。因此，以危险方法危害公共安全罪，不仅结果是危害公共安全的，而且方法本身就危害公共安全。

肖永灵案

被告人肖永灵（男、27岁），系上海市金山区东泾镇人，曾在1995年7月因犯盗窃罪判处有期徒刑一年六个月。2001年10月18日，肖永灵因为被单位开除，就将两封装有虚假炭疽杆菌的邮件，分别投寄到上海市有关部门及新闻单位，后来被鉴定为石灰粉。当时美国"9·11"事件刚发生不久，上海市民陷入恐慌。法院审理认为，肖永灵故意制造恐怖气氛，危害社会稳定，已构成以危险方法危害公共安全罪，且系原犯盗窃罪在刑罚执行完毕后五年内再次犯罪，系累犯，依法应当从重处罚。为惩治和防范恐怖犯罪活动，保障国家安全、社会公共安全和公民人身财产安全，维护社会稳定，依照《刑法》第 114 条和第 65 条第 1 款的规定，判决肖永灵犯以危险方法危害公共安全罪，判处有期徒刑四年。

在本案中，肖永灵投寄虚假的炭疽杆菌，并不是与放火、决水、爆炸、投放危险物质相当的行为，不具有以危险方法危害公共安全的实行行为性。2001 年 12 月 29 日，全国人大常委会通过《刑法修正案（三）》，第 8 条增设"投放虚假危险物质罪"（《刑法》妨害社会管理秩序罪中的第 291 条之一第 1 款），实际上否定了法院对肖某案判决的正确性，否则就没有必要针对类似行为设立新罪。

二、犯罪构成要件的要素分类

构成要件的要素，是指组成构成要件内容的特点，或者说构成内容所包含成分的属性。从构成要件必须具备的基本要件的内容（要素）看，理论上对这些要件的内容可以根据不同的标准进行多种划分。

（一）客观构成要素和主观构成要素

这是以要件要素是属于外部客观事实还是内部主观事实为标准进行的分类。

1. 客观构成要素

是指要素所记述的是表现于外界的事实，是不以人的意志为转移，能够被行为人辨识内容的要素。例如，在客观上能够被识别的对象、年龄、身份、客观行为、结果、因果关系、时间、地点等要素，均属于客观构成要素。客观要素在一般情况下，可以根据社会的一般观念加以确定。

2. 主观构成要素

是指要素的内容是记述行为人自身的状况和心理状态的内容，例如，责任能力、精神状态、故意、过失、犯罪目的、犯罪动机等。主观要素属于对行为人自身的状态所规定的构成要素，客观事实是否能够印证构成要件要素的要求，有的可以依据客观事实认定，有的主观要素必须依据客观事实认定或者推定。例如，主观上是故意罪过还是过失罪过，有时可以依据客观事实认定，有时就需要根据客观事实的揭示，推定具有故意或者是过失的心理态度。

（二）记叙的构成要件要素与规范的构成要件要素

这是以构成要件要素是否需要经过价值判断为标准进行的分类。

1. 记叙的构成要件要素

是指审判人员通常依据社会对事物的认识，或者相关解释即能够确认的构成要素，即对符合这种构成要件事实的确认不需要经过价值判断，只需要依据事实即可确认。例如，是否属于未成年人，窝藏、销售赃物罪中的"赃物"、破坏易燃易爆设备罪的"易燃易爆设备"等构成要素，这种要素通常不需要解释即可明了。但不排除也有需要以相关标准来确认的情况，如是否是未成年人需要依据《刑法》第17条规定来确认；刑法规定的所有涉及毒品的犯罪的"毒品"，要依据《刑法》第357条解释的"毒品"来确定。

2. 规范的构成要件要素

是指需要审判人员根据一定的社会道德、文化和其他法律规定进行一定价值评价后才能确定的要件。如《刑法》第237条猥亵妇女、儿童罪的"猥亵"，第260条虐待罪的"虐待"，第363条制作、复制、出版、贩卖、传播淫秽物品牟利罪的"淫秽物品"，以及过失犯罪要求的"注意义务"、不作为犯罪要求的"作为义务"等，均属于规范的要件要素。

正是因为记叙的构成要素并非完全脱离规范的评价，因此，记叙的构成要素与规范的构成要素的区别是相对的，二者的差异不是质的差异。[①]

（三）共同要素与非共同要素

这是根据构成要件要素是否为每一犯罪构成要件的内容而进行的分类。

1. 共同要素

是指所有的构成要件都需要具备的要素，如行为人的要素、行为的要素和法益要素是每一个犯罪构成都必须具备的要素。任何犯罪都是由行为实施的，不可设想没有行为的犯罪，因此，符合适格条件的行为是所有犯罪都必须具备的共同要素。

2. 非共同要素

是指不是所有的构成要件都需要具备的要素。这种要素就是"选择要

[①] 张明楷：《刑法学》（上），北京：法律出版社，2021年版，第158页。

素",如特殊身份的要素,在有的构成要件中并不需要这样的要素。例如,故意杀人罪的"行为人"要件中,就不需要特殊身份要素,"时间、地点"也不是故意杀人的构成要素,这也就意味着符合适格主体条件的任何自然人都可以成为故意杀人罪的主体,意味着在任何时间、任何地点实施杀人行为都不影响犯罪的成立。

(四)积极的构成要素与消极的构成要素

这是根据构成要素在认定犯罪中的意义而进行的分类。

1. 积极的构成要素

是指从正面肯定犯罪成立必须具备的要素,通常的构成要素都属于积极的构成要素。

2. 消极的构成要素

是指刑法中少数条款规定的构成要素,是否定犯罪成立的要素。如《刑法》第389条第3款规定:"因被勒索给予国家工作人员以财物,没有获得不正当利益的,不是行贿。"因"被勒索""没有获得不正当利益"的构成要素,是出罪的条件,因此属于消极的构成要素。

──── 法考真题 ────

1. 关于构成要件要素,下列哪一选项是错误的?(2014/2/4-单)

    A. 传播淫秽物品罪中的"淫秽物品"是规范的构成要件要素、客观的构成要件要素。

    B. 签订、履行合同失职被骗罪中的"签订、履行"是记叙的构成要件要素、积极的构成要件要素。

    C. "被害人基于认识错误处分财产"是诈骗罪中的客观的构成要件要素、不成文的构成要件要素。

    D. "国家工作人员"是受贿罪的主体要素、规范的构成要件要素、主观的构成要件要素。

    [答案] D

2. 《刑法》第246条规定:"以暴力或者其他方法公然侮辱他人或者捏造事实诽谤他人,情节严重的,处三年以下有期徒刑、拘役、管制或者剥夺政治权利。"关于本条的理解,下列哪些选项是正确的?
(2012/2/51-多)

A. "以暴力或者其他方法"属于客观的构成要件要素。

B. "他人"属于记述的构成要件要素。

C. "侮辱""诽谤"属于规范的构成要件要素。

D. "三年以下有期徒刑、拘役、管制或者剥夺政治权利"属于相对确定的法定刑。

[答案] ABCD

3. 关于构成要件要素的分类,下列哪些选项是正确的?(2008/2/51-多)

A. 贩卖淫秽物品牟利罪中的"贩卖"是记述的构成要件要素,"淫秽物品"是规范的构成要件要素。

B. 贩卖毒品罪中的"贩卖"是记述的构成要件要素,"毒品"是规范的构成要件要素。

C. 强制猥亵妇女罪中的"妇女"是记述的构成要件要素,"猥亵"是规范的构成要件要素。

D. 抢劫罪的客观构成要件要素是成文的构成要件要素,"非法占有目的"是不成文的构成要件要素。

[答案] ACD

——— 思考题 ———

1. 犯罪构成的概念和特征是什么?
2. 如何理解大陆法系三阶层犯罪构成和我国四要件犯罪构成?
3. 犯罪构成如何分类?

第六章 犯罪客体

第一节 犯罪客体概述

一、犯罪客体的概念

犯罪客体是刑法所保护的、犯罪行为所侵害的社会关系。犯罪客体是构成犯罪的必备要件之一。

刑法学意义上的犯罪客体是主体的犯罪行为所侵害的社会关系。任何一种行为如果不侵害或者不可能侵害刑法所保护的客体，则构成犯罪无从谈起。因此，犯罪客体是决定犯罪行为之社会危害程度的重要甚至首要条件。

二、犯罪客体的特征

（一）犯罪客体是一种社会关系

社会关系以人的生产活动为基础，在人的共同活动中形成。人类社会存在和发展的基础是物质资料的生产，而人在社会生产中相互发生的关系叫作社会关系，它是社会经济的基础，在这种基础上发生的政治、法律、道德、宗教等关系即社会的上层建筑。社会的经济基础和上层建筑都属于国家利益，行为人侵害这些利益并达到一定的严重程度就可能构成犯罪。此外，社会关系作为犯罪客体的前提是其被授予刑法意义上的法律关系，也就是要在刑法意义上用法律形式为其设定权利义务关系，从而使其能够进入刑法的调整、规制领域。

（二）犯罪客体是受我国刑法所保护的社会关系

社会关系是具体的，且内容广泛丰富，充斥于社会存在的各方面。无论是经济基础还是上层建筑的社会关系，其具体内容就其在整个社会关系体系的地位来说具有不同位置，对统治阶级来说亦具有不同意义，因此，不是所有的社会关系均能构成犯罪客体。对社会关系的调整与规制，不仅是刑法的任务，其他法律乃至道德等等社会规则，都有调整、规制社会关系之责任。当其他手段无法有效调整、规制时，才亟须刑法出手。此时侵害的社会关系的性质极其重要，必须要由刑法加以保护，它就具有了犯罪客体性质，同时刑法也体现出它的调整方法即惩罚犯罪。

（三）犯罪客体是犯罪行为所侵犯的社会关系

犯罪客体是犯罪行为所指向的社会关系，只有受犯罪行为侵害或以侵害相威胁时，这个社会关系才表现出犯罪客体的性质。未遭受侵害或被以侵害相威胁时，不能直接称其为犯罪客体。犯罪行为与犯罪客体关系密切，犯罪客体由犯罪行为所指向，有行为才有客体存在的可能性，无行为必然无客体。

三、犯罪客体的表现方式

犯罪客体的内容一般由法律所规定，其表现方式相比其他犯罪构成的要件有自己的特色，具体而言如下：

（一）刑法分则条文明确规定犯罪客体内容

在刑法分则中，有的犯罪客体内容在条文中被明确规定。如《刑法》第103条规定的分裂国家罪及煽动分裂国家罪，从规定中即可知晓客体为国家的统一；《刑法》第293条规定的寻衅滋事罪也明确了客体为社会秩序。这类刑法分则在条文中直接规定犯罪客体具体内容的情况一般不存在争议，因其具备法律意义上的明确性质，故而也是犯罪客体规定的类型中最明晰的一种。

（二）通过刑法分则规定客体具体表现明确犯罪客体

这种方式不通过刑法分则直接规定客体内容，而是通过明确犯罪客体的具体表现进而推定出犯罪客体。如《刑法》第342条规定的非法占用农用地罪，明确了该罪的客体表现为农用地，进而可以推定犯罪客体为国家的土地管理制度；《刑法》第344条规定的危害国家重点保护植物罪，明确该罪客体具体表现为珍贵树木、国家重点保护的植物及其制品，进而可推定犯罪客体为国家对重点植物的保护制度。

（三）通过刑法分则规定被害人表现犯罪客体

这种方式直接通过规定犯罪被害人，进而明确刑法保护的、犯罪行为所侵害的社会关系内容即客体内容。如《刑法》第262条之一组织残疾人、儿童乞讨罪，条文规定犯罪被害人为残疾人、儿童，进而表明犯罪客体为残疾人、儿童的人格尊严；《刑法》第308条打击报复证人罪规定犯罪被害人为证人，从而表明犯罪客体为司法机关的正常活动和证人依法作证的权利。

（四）通过刑法分则规定犯罪行为表现犯罪客体

这种方式也不直接规定犯罪客体内容，而是规定犯罪行为，通过对行为的表述进而表现犯罪客体具体内容。如《刑法》第248条虐待被监管人罪，就直接规定犯罪客体是被监管人的人身权利及监管活动的正常秩序；《刑法》第236条之一的负有照顾职责人员性侵罪，也指明了犯罪客体是14至16岁女性的性自主决定权利。这类通过犯罪行为表现犯罪客体的内容，主要集中在刑法分则第四章侵犯公民人身权利、民主权利罪与第五章侵犯财产罪中。

（五）通过刑法分则指出违反的法律规定表现犯罪客体

法律规定不是犯罪客体，但是法律规定会调整某种社会关系，通过规定违反的相关法律就可知犯罪行为所侵害的社会关系，进而表现客体内容。如《刑法》第330条妨害传染病防治罪规定了要件为违反传染病防治法的规定，进而可知犯罪客体为国家关于传染病防治的管理制度。

（六）通过规定同类客体表明犯罪客体

刑法分则根据不同类别的犯罪客体分为十章，在每章下又分为不同小节。因此，具体犯罪的犯罪客体内容的确定往往需要依据同类客体。如《刑法》分则第六章第二节为妨害司法罪，说明本节罪名皆为妨害司法机关正常活动的犯罪。其犯罪客体一方面是司法活动某个方面的秩序，另一方面是司法活动的具体行为方式。总之，依据分则规定的各章节明确的同类客体也是确定犯罪客体的重要依据。

三、犯罪客体的意义

（一）有助于确定犯罪的性质

通过明确犯罪客体可以明确犯罪性质，分清此罪与彼罪。罪与罪根本的区别是犯罪客体的不同，司法实践中区分相近罪名也经常借助犯罪客体进行辨别，毕竟任何犯罪都必然侵犯刑法所保护的社会关系，侵犯了不同客体决定了犯罪性质不同，进而区分此罪与彼罪。

（二）有助于刑法体系科学化

犯罪客体广度大、层次深、架构复杂。某一社会关系常常能细化为更为具体的社会关系。我国刑法分则正是根据犯罪侵害的社会关系来划分具体章节的，在十章分则的基础上，第三章细分为八节，第六章细分为九节。在全分则及每章节中，又根据社会关系的重要程度进行排列，如分则第一章为危害国家安全罪，第四章侵犯公民人身权利、民主权利罪将故意杀人罪置于章节首位，建立起了科学的刑法分则体系。

（三）有助于准确地进行量刑

同种性质的犯罪对社会的危害程度可能不同，而客体的被害程度是重要依据。因此要秉持罪刑均衡原则，具体分析犯罪行为所侵害的社会关系的程度。犯罪对社会的危害程度和社会关系所遭受的犯罪危害程度呈正比，通过对犯罪的社会危害程度进行分析，能为量刑提供科学依据，保证量刑质量。

第二节 犯罪客体的分类

通过对犯罪客体进行分类，进一步揭示不同类别犯罪客体的属性，正确认识犯罪客体在刑法中的作用，以解决刑事司法实践中诸如定罪量刑等各种难题，从而制定更准确的刑事政策以指导刑事立法、刑事司法。

一、一般客体

犯罪一般客体，指一切犯罪所共同侵犯的客体，即我国刑法所保护的社会主义制度下的社会关系的整体。犯罪的一般客体反映了一切犯罪客体的共性，是研究犯罪基本特征与属性的根据，也是研究其他层次犯罪客体的基础。

我国刑法总则部分第2条、第13条说明了一般客体的主要内容。对一般客体进行研究，能够揭示一切犯罪的共同属性，理解犯罪的社会危害性，了解我国刑法与犯罪做斗争的深层次意义。

二、同类客体

同类客体，即某一类犯罪行为所共同侵害的，为我国刑法所保护的某一部分或某一方面的社会关系。同类客体根据犯罪行为所侵害的、刑法所保护的社会关系不同方向进行科学分类，作为同类客体的社会关系往往具有相同或相近的社会性质。刑法分则根据同类客体将犯罪分为十大类，分则每章各对应一类。随着社会的不断发展，立法也会不断完善，法定的同类客体也可能会随之增减，刑法分则中的分类情况也会相应发生变化。

三、直接客体

（一）直接客体的概念

直接客体，即犯罪行为直接侵害的我国刑法所保护的社会关系，即我国刑法所保护的、为犯罪行为所侵害的某一具体的社会关系。犯罪的直接客体直接揭示了犯罪行为所侵害的社会关系的性质以及该犯罪的社会危害程度，因此犯罪的直接客体是整个犯罪客体体系研究的重要部分。

（二）犯罪客体的分类

按照不同角度、不同层次和不同标准，犯罪客体可以进行如下分类：

1. 简单客体与复杂客体

根据犯罪行为侵犯直接客体内容的数量，可以将直接客体分为简单客体与复杂客体。

简单客体，也称单一客体，是指某种犯罪行为只侵害一种具体的社会关系，即只有一个直接客体。例如，收买被拐卖的妇女、儿童罪直接侵害的是人身不受买卖的权利；分裂国家罪直接侵害的是国家的统一。

复杂客体，也称多重客体，是指某些犯罪行为直接侵害两种或两种以上具体的社会关系。例如，抢劫罪直接侵害他人的人身权和财产所有权；私分国有资产罪，既侵害了国家工作人员的职务廉洁性，又侵害了国有资产的管理制度及其所有权。

2. 主要客体、次要客体与随机客体

根据在犯罪中受危害的程度、概率及刑法对其的保护状况，可以将复杂客体分为主要客体、次要客体与随机客体。

（1）主要客体

主要客体，是指某一具体犯罪行为所侵害的复杂客体中程度较为严重的、刑法予以重点保护的社会关系。这决定了该具体犯罪的性质，进而决定了该具体犯罪在刑法分则中的具体归属地位。

（2）次要客体

次要客体，又称辅助客体，是指某一具体犯罪行为所侵害的复杂客体中程度较轻的、刑法同时予以保护的社会关系。次要客体虽然不决定犯罪的性质，但是也对部分犯罪性质及其主要特征产生重要影响，是具有复杂客体的犯罪构成的必要要件，对区分此罪与彼罪及定罪量刑起到重要的支撑作用。

（3）随机客体

随机客体，也称随意客体、选择客体，指某一具体犯罪行为所侵害的复杂客体中由于某种机遇而出现的客体，即构成要件客体之外的犯罪客体。其往往与刑法的裁量相联系，作为加重刑事处罚的依据。如《刑法》第236条规定的强奸罪，其客体为女性的性自由权利和幼女的身心健康权利，如果出现强奸致使被害人重伤、死亡或造成其他严重后果的，并不构成独立的犯罪，仍旧属于强奸罪，只是加重法定刑，这种情况下被害人的生命权和健康权就是本罪的随机客体。

3. 物质性客体与非物质性客体

以具体犯罪侵害的社会关系是否具有物质体现为标准，可将直接客体区分为物质性客体与非物质性客体。

物质性犯罪客体体现为物质性的犯罪结果，即能成为物质性犯罪客体的社会关系受到犯罪侵害时，会出现物质性的损害或威胁，例如，国家统一、财产关系、公民的生命健康权利等。

非物质性犯罪客体，犯罪造成的损害往往难以测定，即能成为非物质性犯罪客体的社会关系受到侵害时，会出现不具有直接的物质损害的情形，例如，政治制度、社会秩序、公民的人格权利等。

第三节 犯罪客体与犯罪对象

一、犯罪对象的概念与特征

（一）犯罪对象的概念

犯罪对象，又称犯罪标的，是指为犯罪行为所作用的、客观存在的现象范畴，即分则条文规定的犯罪行为所具体作用的客观存在的人或物。

每一种具体的犯罪行为都会直接或者间接地作用于一定的对象，使刑法所保护的社会关系受到侵害，进而对社会造成危害。人们对某种行为是否构成犯罪的第一感知往往起源于对犯罪对象的感知，通过对犯罪对象遭受犯罪行为之作用情况的具体分析，进而认识到犯罪对象所代表的为刑法所保护的社会关系遭受侵害的情况，从而确定该行为构成犯罪与否及构成犯罪的性质。

（二）犯罪对象的特征

1. 客观性

犯罪对象具有客观实在性，一经犯罪行为作用即表现为客观存在，不以人的意志为转移。犯罪对象是犯罪行为的真实记录，任何犯罪行为作用于犯罪对象都会留下其作用的痕迹与影响，从而真实准确地反映犯罪对象受其作用时的实际情况。这一特点使得犯罪对象在刑事诉讼活动中具有提供证据和检验证据的双重功能。[1]

2. 可知性

犯罪对象具有可知性，尽管其纷繁复杂，人们还是能通过实践对其进行认识。犯罪对象独立于人的意志之外，由于刑事司法理论研究和刑事司法实务工作的需求，人们必须对其进行全面准确的认识。对犯罪对象的正确认识离不开实践，对犯罪对象的初步认识需要刑事司法实践和刑事理论科研实践的检验，只有正确的认识才能经得住实践的检验并被实践接受和认可。

---

[1] 高铭暄、马克昌主编：《刑法学》，北京：北京大学出版社、高等教育出版社，2022年版，第54页。

3. 物质性

犯罪对象具有物质性，受犯罪行为作用的程度往往可以估量。物质形态的犯罪对象包括人和物两个方面，这也是传统刑法理论认为的犯罪对象。但是有学者认为犯罪对象是一定的人及其行为、一定的物及其位置状态，有的学者认为除了人和物还包括信息等。[①] 本书认为，应当以刑法条文的规定为基础来认定犯罪对象，以利于刑事司法实践中认定犯罪为宗旨，因为传统的刑法理论是切实可行的。

二、犯罪对象与犯罪客体的异同

从一定的哲学意义上讲，对象就是客体，客体就是对象。[②] 但是在刑法学领域，犯罪对象与犯罪客体表明的事物性质不同，因此，犯罪客体与犯罪对象既有区别又有联系。

（一）犯罪客体与犯罪对象的区别

第一，犯罪客体决定犯罪性质，犯罪对象则不一定。从犯罪对象的角度出发分析案情，不一定能辨明犯罪性质，只有通过犯罪对象体现的社会关系即犯罪客体，才能确定犯罪性质。例如，盗窃仓库中的通信光缆与盗窃正在使用的通信光缆，前者可能构成盗窃罪，后者可能构成破坏公用电信设施罪。

第二，犯罪客体是犯罪构成的必要要件，犯罪对象则不一定。例如盗掘古人类化石、古脊椎动物化石罪的犯罪对象只能是古人类化石与古脊椎动物化石，非法猎捕、收购、运输、出售陆地野生动物罪的犯罪对象只能是陆地野生动物，否则不会构成上述犯罪，但是妨害传染病防治罪、寻衅滋事罪、组织淫秽表演罪很难明确犯罪对象。但是这些犯罪行为均有共同的客体，即社会管理秩序，犯罪无疑会侵害一定的社会关系即犯罪客体。

第三，犯罪一定会侵害犯罪客体，但不一定损害犯罪对象。例如，抢劫、抢夺、盗窃、诈骗、侵占等侵犯财产类犯罪可能会使他人的财产所有权这一犯罪客体受到侵害，但是不一定会损害犯罪对象即财产本身。犯罪

[①] 高铭暄主编：《刑法学原理》，北京：中国人民大学出版社，1993年版，第499—501页。
[②] 高清海主编：《马克思主义哲学基础》，北京：人民出版社，1985年版，第207页。

行为人为了满足自己的非法利益，往往会保护好相应非法得到的财产以发挥其价值或使用价值。

第四，犯罪客体是犯罪分类的基础，犯罪对象则不是。犯罪客体是犯罪的必要构成要件，其性质和范围是确定的，因而可以以它为基础对犯罪进行分类，刑法分则的十章就是以犯罪的同类客体为标准进行划分编撰的。而犯罪对象不具有这种功能，犯罪对象并非是犯罪的必要构成要件，其变化不能说明犯罪行为的社会危害性质与程度，因而犯罪对象不能成为犯罪分类的基础。

（二）犯罪客体与犯罪对象之间的联系

犯罪客体作为一种社会关系，不可能受到犯罪行为的直接作用。犯罪客体受侵害的情况只有通过犯罪对象才能表现出来，犯罪对象在犯罪行为与犯罪客体之间发挥了桥梁与纽带的作用。犯罪行为作用于犯罪对象，犯罪对象以自己受作用所产生的变化对犯罪行为进行记录，通过对犯罪对象的变化的观察分析，可以认识到其上位关系即犯罪客体的受害情况，进而确定犯罪行为的性质。

犯罪对象揭示犯罪客体，犯罪客体揭示作用于犯罪对象的犯罪行为的性质。这个关系链要求刑事司法理论研究学者与刑事司法实务工作人员不能脱离犯罪对象凭空研究、认识犯罪客体，也不能只将认识停留在犯罪对象方面，要通过犯罪对象的种种表现来把握犯罪客体、揭示犯罪性质。对犯罪的认识是从犯罪行为到犯罪客体再回到犯罪行为的逻辑，这种认识也是不断完善、不断深化的过程。

———— **思考题** ————

1. 如何理解犯罪客体在犯罪构成中的地位和作用？
2. 犯罪对象与犯罪客体的联系与区别是什么？
3. 我国刑法分则的罪名分类是按照什么标准进行的？

第七章 犯罪客观要件

第一节 犯罪客观要件概述

一、犯罪客观要件的概念

犯罪客观要件，也称为犯罪客观方面、犯罪客观因素，是指刑法所规定的说明行为对刑法所保护的社会关系的侵犯性，行为成立犯罪所必须具备的客观事实特征。

二、犯罪客观要件的特征

犯罪的客观要件作为犯罪构成的要件之一，具有以下三个特征：

（一）法定性

犯罪客观要件作为犯罪的构成要件，是犯罪成立所必需的内容，是由刑法明文规定的，因而具有法定性，这也是体现罪刑法定原则的基本要求。我国刑法分则的条文中，一般都对犯罪客观要件的特征做出了明确、具体的规定。这种规定采取各种不同的方法：有的是叙明的规定，有的是概括的规定，有的是空白的规定，有的是间接的规定，等等。犯罪客观要件都需要根据刑法分则的具体规定来加以认定。

（二）客观性

犯罪客观要件是犯罪的客观外在表现，表现为某一种犯罪的外在形态，即将犯意表现于外的现象，因而具有客观性。犯罪客观要件以行为事实为其表现形态，对于犯罪客观性的把握具有统摄作用。此外，在犯罪客观要件的内容——犯罪客观要素当中，行为、对象、结果、因果关系等等，都具有客观外在的表现方式。因此，犯罪客观要件的客观性也为认定犯罪提供了客观的根据。

（三）侵害性

犯罪客观要件表明行为的法益侵害性，从而成为犯罪成立所必须具备的构成要件之一。犯罪对法益的侵害性主要通过犯罪的客观要件体现出来，如诈骗罪是对他人财产权的侵害，主要通过诈骗行为反映出来，如果没有诈骗行为，他人的财产权也就不会受到侵害。因此，犯罪客观要件为判断犯罪的侵害性及其程度提供了客观的依据。侵害性是对行为事实的实质评价，如果行为具备了犯罪的客观要件，但不具有法益侵害性，就不构成犯罪。

三、犯罪客观要件的分类

（一）必要要件

必要要件是指构成任何犯罪都必须具备的犯罪客观要件的事实情况。例如，在任何犯罪当中，必须要有危害行为，所以危害行为就是必要要件。在间接故意犯罪和过失犯罪当中，要求有危害结果的发生，而在直接故意犯罪当中，不需要危害结果的发生，所以危害结果、行为和结果之间的因果关系在间接故意犯罪和过失犯罪中，是必要要件，而在直接故意犯罪中就是选择要件。

（二）选择要件

选择要件是指构成部分犯罪要求具备的客观方面的事实情况。选择要件的特点是只有部分犯罪将其作为成立犯罪的构成要件，而其他犯罪的成立不以其作为构成要件。例如，犯罪的时间、地点、方法只是部分犯罪的构成要件，影响罪名的成立。在大部分犯罪当中，犯罪的时间、地点、方法不影响犯罪的成立，只可能影响量刑，所以是选择要件。

第二节 危害行为

一、危害行为概述

危害行为,是指行为主体基于意志自由而实施的,具有一定法益侵害性的身体动作。

危害行为是犯罪构成理论的核心问题,犯罪构成理论就建立在危害行为的基础之上。危害行为在犯罪构成中具有至高无上的地位,也是犯罪构成体系的基石范畴。任何犯罪都必须要有危害行为,如果没有危害行为就不是犯罪。一个人的思想再邪恶,但只要没有变成危害行为,就不应该进行惩罚。

二、危害行为的学说

(一)因果行为论

因果行为论又称为自然主义行为论或者有意行为论、机械行为论,代表人物是李斯特、贝林。因果行为论属于客观主义的行为理论,强调行为的客观性。该理论认为,行为是行为人从内心意思到客观外在变动之间的因果历程,首先要有一定的内心意思,在内心意思的支配下实施了一定的身体动作,从而造成了客观外界的某种变动,由此构成了一个行为。因果行为论把行为看成一个物理过程,和行为人的身体的举止相联系。行为包含了心素(行为人的主观心理)和体素(行为人身体的动静)。体素具有有形性,行为就是看得见、摸得着的,具有可靠的外在形状。

因果行为论能比较好地说明作为,作为有一定的身体外部动作,按照因果行为论可以加以描述。但是,该学说的最大不足是不能说明不作为,尤其是忘却犯(即无认识过失的不作为犯)的行为性。

(二)目的行为论

目的行为论由德国刑法学家威尔泽尔在20世纪30年代提出。该理论强调目的对人的行为的支配性,认为行为是人有意识地支配自然因果过程,为达到设定目标而进行的有目的的活动。目的行为论强调的是行为的主观层面,认为行为人的外在行为受主观目的支配,是目的的一种外化,对于行为来说,更重要的是内心的、主观的层面。

目的行为论用来说明有目的的、故意的行为比较有说服力,因为大部分犯罪都是有目的的犯罪。但以该学说解释过失行为的行为性就遇到了难题,过失行为没有目的,所以就无法根据目的行为论来解释过失行为。

(三)社会行为论

社会行为论也是在20世纪30年代由德国法学家施密特提出的。该理论重视人的行为所引起的价值关系,在行为的概念里引入了社会规范要素。认为人的行为并不是自在的存在,而是和评价有关,法律只关注那些对社会有意义的举动,凡是具有重要社会意义的身体举止才能被评价为行为。社会行为论从社会规范和社会价值的意义上界定行为,因此,也有学者称其为"规范行为论"。

社会行为论引入了社会规范的评价要素,对某些行为现象就可以做出比较合理的解释。例如,关于不作为是不是行为的问题,社会行为论认为不作为虽然在物理意义上是一种"无",是"什么也没做",但是这种"什么也不做"是以法律上要求行为人实施一定的作为为前提,因此,不作为在规范的意义上是"有"。所以,社会行为论就能比较好地解决不作为的行为性的问题。

三、危害行为的特征

(一)行为的举止性

行为举止也就是指身体的动静,是行为的体素,刑法理论上称其为"有体性",是危害行为客观外在表现出的特征。

(二)行为的自愿性

行为的自愿性是指行为人的主观意思表示,是行为的心素,即行为的主观要素,刑法理论上称其为"有意性"。只有在意志自由的情况下所实施的危害行为,才可以归因于行为人。那些不具有主观意思的身体动作,包括反射动作、机械动作、本能动作等等,就不属于刑法中的危害行为。

(三)行为的有害性

如果某种行为不会对社会造成危害后果,也就不是刑法意义上的危害行为。因此，危害行为必须是违反刑法规范的危害社会的行为，如自动化行为、冲动行为、精神胁迫行为、忘却行为、原因自由行为等，就属于刑法中的危害行为。

四、危害行为的分类

（一）实行行为

实行行为，是指刑法分则条款所规定的某一具体犯罪构成客观方面的行为，也就是正犯行为，从而区别于其他非实行行为。在刑法的行为当中，实行行为是基础行为，也是前提行为。实行行为是刑法惩罚的基本对象，而非实行行为是刑罚扩张的事由。实行行为是整个犯罪构成的核心问题，离开了实行行为，就不存在犯罪。

实行行为具有以下几个特点：

1. 实行行为是一切犯罪的犯罪构成所必备的行为，由刑法分则各条规定的基本构成要件所确定。刑法分则所规定的实行行为都是以抽象性行为的形式来表示的，如故意杀人罪中的"杀人"行为、抢夺罪中的"抢夺"行为等，但符合该种实行行为的构成事实行为都是具体性行为。

2. 实行行为是具有侵害社会关系紧迫危险性的行为，仅具有危险性但没有紧迫性的行为不是实行行为。如投毒杀人中的"买毒药"行为，就不是杀人的实行行为而是预备行为。

3. 实行行为是类型性的社会关系侵害行为，不包括偶然地导致结果发生的情况。如甲希望乙死亡，就劝说乙乘坐飞机，认为如果飞机失事则乙必然死亡，在这种情况下，即使后来乙确实死于飞机失事，也不能认为甲的行为具有实行行为性。

（二）非实行行为

非实行行为，是指由刑法总则规定的对刑法分则的实行行为起指使、唆使、帮助、补充作用的危害行为，包括犯罪的预备行为以及共同犯罪中的组织行为、教唆行为和帮助行为。非实行行为具有以下特点：

1. 非实行行为必须是刑法分则规定的实行行为以外的行为。例如，刑法中规定的帮助伪造证据罪，虽然表面上看有帮助行为等非实行行为的表现形式，但由于刑法分则已经将其规定为某种犯罪的构成要件行为，因此属于实行行为。

2. 非实行行为是由刑法总则规定的修正的构成要件所规定的。

3. 非实行行为尚未对刑法所保护的社会关系造成现实侵害，它本身并不能使犯罪达到既遂状态，而只能对实行行为予以加功，只有通过实行行为才能对法定结果的发生起到作用。

五、危害行为的形式

（一）作为

作为是表现为身体外部动作的行为，是行为人以积极的身体活动实施刑法上所禁止的行为，即"不应为而为"，作为违反的是禁止性规范。我们讲的行为主要是指作为。在刑法当中，绝大部分犯罪都由作为构成。作为最基本的特征是"有形性"，通常表现为一定的身体外部动作。

1. 作为的表现形式

（1）利用自身的身体动作实施的作为。（2）利用机械力实施的作为。（3）利用自然力实施的作为。（4）利用动物所实施的行为。（5）利用他人实施的作为，利用他人实施犯罪实际上就是刑法理论上的间接正犯。

2. 作为的分类

（1）纯正的作为。是指单纯地违反禁止性法律规定而构成的犯罪。例如《刑法》第385条第1款规定的受贿罪就是纯正的作为，它违反了国家工作人员职务行为的廉洁性。在刑法当中，绝大部分作为都是纯正的作为。

（2）不纯正的作为。是指以作为的形式而犯不作为之罪，形式上违反禁止性法律规范，而实质上违反命令性法律规范而构成的犯罪。例如，《刑法》第202条规定的抗税罪，从形式上来看违反的是禁止性的规定，但实质上行为人是通过抗税的方法达到不缴税的目的，不缴税是某种义务的不履行，所以违反的是命令性规范。

（二）不作为

不作为，是指行为人负有履行、实施某种特定积极行为的法律义务，并且行为人能够履行而不履行的行为，即"应为而不为"。不作为违反的是命令性规范，不作为与作为在逻辑上是相反的关系，刑法以处罚作为为原则，以处罚不作为为例外。

1. 不作为的构成要件

不作为构成犯罪需要以下三个条件：

（1）行为人具有作为义务（应为）

具有一定的作为义务是不作为成立的逻辑前提。不作为从物理上来看是"无"，之所以从法律上来看是"有"，原因就在于行为人负有某种作为的义务。法律规定应当做的内容就是作为义务，如果违反法律规定没有履行作为义务，就构成不作为。所以，是否存在一定的作为义务，是认定不作为是否存在的关键。在某些情况下，几个行为人都是没有做什么，但是根据一定的作为义务，就可以对行为人的行为加以法律上或者道德上的不同评价。

不作为的作为义务是法定的义务，而不是道德上的义务，道德上的义务不履行并不构成法律上的不作为。另外，不作为的作为义务还应当是特定的义务，不是一般的义务，必须与具体的情况相联系。

不作为的义务来源主要有以下四种情况：

一是法律明文规定的作为义务。这里的"法律"，是指国家以强制力保证实施的一切行为规范。这种义务的法律渊源，不仅指刑法的规定，还包括诸如民法、行政法等规定的义务。例如，父母、监护人有义务制止年幼子女、被监护人的违法行为。如果年幼的小孩盗窃他人手机，父母在一边放任不管，父母就构成盗窃罪。同样，如果未达到刑事责任年龄或者无责任能力的人杀人，父母当时在场能制止而不制止的，也构成故意杀人罪。

二是职务上或者业务上所需要的作为义务。这种作为义务是和行为主体所担任的某种职务或者所从事的某种业务紧密相连，基于这种职务和业务而产生了作为义务。例如，警察看到路人掉入粪坑嫌臭不救，警察的职责有救助义务，故构成犯罪。当然，只有在执行从事职务或业务活动时，行为人才负有作为义务，如果不在此期间，则不发生要求履行义务的问题。

三是法律行为产生的作为义务。这里的法律行为指的是民事法律行为，民事法律行为设定的作为义务如果不履行，也会产生刑法上的不作为的问题。例如，出租车司机发现乘客突发疾病后将其遗弃在路边，导致乘客死亡。司机和乘客有合同关系，司机就有救助义务，有救助义务而不救助，其行为就会构成犯罪。

四是先行行为产生的作为义务。行为人先前的行为使合法权益处于可能遭受严重损害的危险状态，行为人就产生了积极阻止损害结果发生的义务。先行行为既可以是合法行为，如甲因为开玩笑误将乙推到河中，但后者迅速陷入漩涡中，甲就有救助乙的义务；先行行为也可以是违法行为，如司机由于交通肇事将行人撞成重伤，司机就产生了救助义务。如果司机不救助而致使伤员死亡，同样有刑法上的不作为问题。

（2）能够履行而没有履行（能为）

能够履行是指行为人具有履行特定义务的实际可能性，也就是履行的能力和条件。只有在当时的条件下，行为人具有履行的可能性而不履行，才能构成刑法上的不作为。如果行为人虽然负有履行作为义务，但是在当时特定的条件下，不具有履行的可能性，也就是不具有履行的能力，则不能构成不作为。例如，消防员冲入火场救援，但是被坍塌的木梁砸中，眼看着火场深处的群众被大火吞噬却动弹不得。虽然消防员具有救助他人的作为义务，但是因为他不具备作为的可能性，所以不成立不作为犯罪。

（3）已经或可能造成一定的法益侵害结果

这是不作为犯罪成立的决定性条件，也是作为与不作为区别的外在标准。犯罪可以分为行为犯和结果犯。行为犯是实行一定的行为就可以构成犯罪，而结果犯不仅要求有实行行为，还要求行为导致发生结果才能构成犯罪。因此，作为既可能是行为犯，也可能是结果犯。但是不作为构成的犯罪一般来说都是结果犯，客观上要存在避免结果发生的可能性。如果行为人履行了义务也是无用功，那没有履行义务就不能被评价为不作为犯，因为刑法不会强制人们做没有意义的事情。

2. 不作为的分类

（1）纯正的不作为。是指刑法规定的以不作为为构成要件的犯罪，即危害行为在形式上只能是纯粹的不作为，作为不能构成此种犯罪。纯正的不作为由刑法分则明文规定，刑法专门为纯正的不作为设立了构成要件，对纯正的不作为可以根据刑法分则的规定加以认定。

（2）不纯正的不作为。是指以不作为行为构成刑法上规定的通常是以积极作为为构成要件的犯罪。如故意杀人罪可以由作为来构成，如用刀、用枪杀人；也可以由不作为构成，如母亲不喂养婴儿导致婴儿死亡。当杀人是由不作为构成的时候，就是不纯正的不作为。所以，不纯正的不作为也称为"不作为的作为"。

（三）持有

持有，是指行为主体对法律所禁止的物品具有在事实上或者法律上的实际控制、支配关系。

我国刑法中规定了持有型犯罪，有些犯罪明确地使用了"持有"这个词，如《刑法》第128条规定的非法持有枪支、弹药罪，第172条规定的持有假币罪，第282条规定的非法持有国家绝密、机密文件、资料、物品罪，第348条规定的非法持有毒品罪。另外，《刑法》还规定了以"携带"方式构成的犯罪，如第130条规定的非法携带枪支、弹药、管制刀具、危险物品危及公共安全罪，第297条规定的非法携带武器、管制刀具、爆炸物参加集会、游行、示威罪等等。这些犯罪中的"携带"，通常也认为是持有型犯罪，此外，《刑法》第395条规定了巨额财产来源不明罪，也就是国家工作人员拥有巨额财产但不能说明来源或者拒不说明来源，这个犯罪也认为是一种持有型犯罪。由此可见，持有型犯罪是我国刑法所规定的一种犯罪类型。

持有型犯罪实际上是立法者把对某种法律关系的保护提前了。当持有型犯罪在法律里规定以后，就扩大了惩罚的范围，加强了对特定法律关系的保护。

第三节 危害结果

一、危害结果的概念

所谓结果，是指客观事物在外力作用下所发生的变化。行为作用于一定的对象，从而导致发生一定的结果。在刑法中，危害结果指的是行为对刑法所保护的法益造成的现实侵害事实和现实危险状态。

二、危害结果的特点

（一）危害结果具有因果性

结果必须由行为造成，行为是原因，结果是原因引起的后果。这里的行为特指构成要件行为，而不是泛指任何行为。在某些情况下，尤其是在构成要件行为没有类型性、涉及范围比较广的情况下，就要联系结果的内容来判断引起结果的行为是不是构成要件行为，以及是哪一个犯罪的构成要件行为。例如，丈夫计划毒杀妻子，于是调配了毒汽水放在自己的书房中，准备等妻子下班回家后端出去给她喝。结果妻子早下班回家后发现丈夫的书房中有汽水，自己端起来喝了以后导致了死亡结果。在这种情况下，丈夫并没有实施杀人行为，也就不存在故意杀人罪的构成要件行为，妻子死亡的结果只能归责于丈夫的过失行为。因此，丈夫的行为不能成立故意杀人罪既遂，只能成立故意杀人罪预备和过失致人死亡罪。

（二）危害结果具有侵害性和危险性

危害结果是表明刑法所保护的法益遭受侵害或者威胁的事实，这个事实可以分为现实侵害结果和现实危险状态。或者说，可以把结果分为侵害结果和危险结果。如果某种事实现象并不反映行为对法益的侵害与威胁，即使由行为所引起，也不是结果。

（三）危害结果具有法定性

作为构成要素的结果，必须具有法定性，也就是刑法分则条文所规定的结果，而不是泛指任何造成侵害、导致危险的结果。例如，行为人把公共汽车的玻璃打碎，这种行为虽然会给车上的人员造成严重的心理恐惧，但却不能被认定为具备破坏交通工具的构成要件结果要素。因为根据《刑法》第116条的规定，破坏交通工具的行为必须是"足以使火车、汽车、电车、船只、航空器发生颠覆、毁坏危险"。所以，如果破坏行为客观上不可能导致交通工具出现颠覆、毁坏的危险，就不能认定为出现了破坏交通工具罪的结果，只能认定为故意毁坏财物罪的结果。

三、危害结果的分类

刑法理论根据危害结果的不同表现状态，将危害结果划分为多种形式：

(一) 构成要件的危害结果与非构成要件的危害结果

这是以危害结果是否属于具体犯罪构成要件的要素为标准进行的分类。

1. 构成要件的危害结果

构成要件的危害结果，是指成立或者完成某一犯罪所必须具备的危害结果。该危害结果是具体犯罪客观要件的必要内容，没有造成这种结果，就不能成立犯罪。过失犯罪、间接故意犯罪都要求只有出现危害结果时，危害行为才能构成犯罪。

2. 非构成要件的危害结果

非构成要件的危害结果，是指不是为成立犯罪所必需的处在构成要件之外的危害结果。这种犯罪结果发生与否及轻重程度，不影响犯罪的成立，但影响量刑的轻重。对于直接故意犯罪而言，危害结果就不是犯罪构成的必要内容，危害结果是否出现，不影响犯罪的成立，仅仅影响犯罪既遂的成立。

(二) 物质性危害结果与非物质性危害结果

这是根据危害结果的存在形态进行的分类。

1. 物质性危害结果

物质性危害结果，是指结果状态表现为以物质性的内容为要求的危害结果。物质性危害结果具有直观性，人的感官可以直接感知，可以具体认定和测量。如杀人的结果是把人杀死，人的死亡一般是指心脏停止跳动，这是一种物理性的结果，可以通过科学的鉴定方法来判断。

2. 非物质性危害结果

非物质性危害结果，是指结果状态表现为非物质性的内容，是抽象的、不能或难以具体认定和测量。例如，侮辱、诽谤造成的他人人格的损害、名誉的毁损，强制猥亵、侮辱他人造成被害人身心损害等。非物质性结果的判断要比物质性结果的判断困难得多。非物质性结果的判定在很大程度上具有被害人的主观感受性。同样的行为针对不同的对象，主体的感受完全不一样。正因为如此，刑法对侮辱罪规定"告诉才处理"，即根据被侮辱人的主观感受来决定是否追究行为人的刑事责任。

(三) 直接危害结果与间接危害结果

这是根据危害行为与危害结果之间的联系程度进行的分类。

1. 直接危害结果

直接危害结果，是指由危害行为作用于危害对象时所直接造成的客观状态。结果与危害行为之间具有内在的直接因果关系，即二者之间没有独立的另一现象作为联系的中介。例如，甲故意用刀砍乙的头部，导致乙死亡。甲的行为同乙死亡之间存在内在的直接联系，乙死亡即为直接结果。直接危害结果可以表现为物质性的结果，也可以表现为非物质性的结果。

2. 间接危害结果

间接损害结果，是指通过其他介入因素，间接引起的其他损害事实。由危害行为在作用于对象的过程中所间接造成的其他客观变化状态，在它与危害行为之间存在着另一个现象。例如，甲侮辱乙后，乙因羞愤自杀，乙的死亡结果就是甲侮辱行为的间接结果。

四、危害结果的意义

危害结果作为犯罪客观方面的一个重要因素，具有重要意义。

（一）区分罪与非罪的标准之一

当危害结果是犯罪构成要件要素时，如果行为没有造成法定的危害结果，就不成立犯罪，间接故意犯罪和过失犯罪便是如此。但由于危害结果并非一切犯罪的构成要件要素，因此，当危害结果不是构成要件要素时，危害结果是否发生便不影响犯罪的成立。

（二）区分犯罪形态的标准之一

不管以什么标准区分犯罪的既遂与未遂，在通常情况下，只有发生了危害结果时，才可能成立犯罪既遂。如果没有发生危害结果，就不可能成立犯罪既遂。例如，在故意杀人罪中，如果没有发生死亡结果，就不可能成立故意杀人既遂。

（三）影响量刑轻重的因素之一

在一切犯罪中，危害结果对量刑都起影响作用。因为危害结果是反映社会危害性的事实现象，刑罚必须与犯罪的社会危害性相适应，所以，危害结果的发生与否、轻重如何，必然影响量刑。危害结果对量刑的影响作用表现为三种情况：

1. 作为选择法定刑的根据。如《刑法》第234条规定的故意伤害罪，根据伤害行为造成的结果不同，规定了三个幅度的法定刑。据此，故意伤害造成他人轻伤的，司法机关应选择3年以下有期徒刑、拘役或者管制这一法定刑；造成重伤的，应选择3年以上、10年以下有期徒刑这一法定刑；如此等等。

2. 作为法定的量刑情节。例如，刑法的从重、从轻、减轻和免除刑事责任的法定量刑情节中，危害结果的程度，是确定适用法定量刑幅度以及量刑轻重的重要内容，如对中止犯，防止结果发生的，就是免除处罚的法定情节。

3. 作为酌定的量刑情节。当刑法没有将危害结果规定为法定刑升格的条件和法定量刑情节时，危害结果的情况便是酌定量刑情节。

第四节　刑法上的因果关系

一、因果关系的概念

因果关系，是指危害行为与危害结果间决定和被决定、引起和被引起的关系。引起发生的现象称为"原因"，被引起发生的现象称为"结果"，二者之间的关系即为"因果关系"。因果关系，是客观事物之间存在的关系，且一旦发生，就不以任何人的意志为转移。

二、大陆法系因果关系学说[①]

（一）条件说

条件说，又称为全条件同价值说，认为一定的前行事实（行为）与一定的后行事实（结果）之间，如果存在"如无前者，即无后者"的条件关系时，则其行为即为结果的原因，两者之间具有因果关系。例如，甲开枪击中乙的心脏导致乙死亡，就可以得出"如果没有甲的射击行为，乙就不会死亡"的结论，进一步肯定甲的射击行为和乙的死亡之间具有因果关系。

---

① 以下学说观点，主要内容参考马克昌《比较刑法原理——外国刑法学总论》，武汉：武汉大学出版社，2002年版。

如果没有条件关系，就肯定不存在因果关系。例如，甲以杀人的故意向丙的食物中投放足以致死的毒药，丙虽然吃了食物，但在毒药还没起作用的时候，乙就开枪打死了丙。在这种情况下，乙开枪的行为造成了丙的死亡，两者之间具有因果关系；而甲的投毒行为和丙的死亡之间不存在"没有前者就没有后者"的条件关系，所以甲投毒的行为和丙的死亡之间没有因果关系。

条件说的特点在于：在因果关系上不区分条件与原因，引起结果发生的所有的条件是同价值的，都是结果发生的原因，所以该学说又被称为全条件同价值说。条件说坚持因果关系的客观性，为因果关系的判断确定了客观标准。

但是条件说在确定因果关系的范围上显然过于宽泛，会导致无限制地扩大刑事责任的范围。例如，杀人犯的父母也是被害人死亡结果的原因，甚至于出售杀人者使用刀具的商人也要与杀人者共同承担谋杀的责任，这显然违背刑法的基本精神。

（二）因果关系中断说

由于条件说确定的因果关系范围比较宽泛，因此，在主张条件说的学者中，德国法学家冯·巴尔提出了"因果关系中断说"，来限制因果关系的范围。巴尔认为，在因果关系发展过程中，介入一定的自然事件，或者介入他人的故意或者过失行为，可使原有的因果关系中断，即前行为人的条件行为与结果之间的因果关系中断。在介入的自然事件或者他人的行为对因果关系起了支配作用时，是后行为人的行为与结果之间发生因果关系，或者后行事实折断原有的因果关系，使前行为与后行结果之间断绝了因果关系。例如，甲把乙打成重伤，乙在送医院的过程中又被丙交通肇事给撞死。如果根据条件说，甲把乙打伤，乙才会被送医院，也才会被丙撞死。因此，甲对乙的死亡结果承担责任。而根据因果关系中断说，因为第三者行为的介入而中断了因果关系，所以，甲只对乙的伤害结果承担责任，而不对乙的死亡结果承担责任。可见，因果关系中断说对条件说的范围加以限制，因此该学说具有一定的合理性。

判断因果关系的中断，需要从一般人的常识来看介入因素与前行为是否具有伴随关系，如果前行为会高概率导致介入因素，而介入因素又引起

刑法总论：理论与实务

了最后的结果，那么前行为就与结果具有刑法上的因果关系。例如，甲在乙身上泼油点火，乙为了灭火跳入深井而死，死亡结果可以归责于甲的点火行为。但若介入因素的出现与前行为并无伴随关系，那么就不能将结果归责于前行为。例如，乙被甲泼油点火，痛苦万分，丙为免乙的痛苦而开枪将其击毙，这种介入因素就太过异常，与前面甲的点火行为没有伴随关系。

（三）原因说

原因说，又称原因与条件区别说，该学说主张把原因与条件予以区分，根据"如无前者，即无后者"的公式确定范围，在这范围里面再来区分原因与条件。并不是所有的条件都是原因，条件分为原因条件和单纯条件，只有原因条件才是结果发生的原因，而单纯条件就不是结果发生的原因。

原因说以条件说为前提，条件说根据"如无前者，即无后者"的逻辑关系来确定，而且是全条件同价值说，只要和结果之间具有"如无前者，即无后者"关系，所有的条件都是原因。因此，根据条件说所确定的因果关系的范围比较宽泛。为了限制条件说，就产生了原因说，认为根据"如无前者，即无后者"这样的逻辑关系所确定的条件当中，应当根据一定的标准做区分，只有原因条件和结果之间，才认为具有因果关系，单纯条件和结果条件之间不具有因果条件。

（四）相当因果关系说

相当因果关系说，也称为相当性理论、相当条件说，也是对条件说加以限制的学说，但相当因果关系说对条件说限制的方法和原因说不同。原因说主要从客观性质上对条件进行限制，而相当因果关系说在原因和条件的区分当中引入社会规范的要素，根据社会相当性来区分单纯条件和原因条件，如果具有社会相当性，就存在因果关系；如果不具有社会相当性，就不存在因果关系。

在大陆法系理论中，对是否具有"社会相当性"的判断标准，有以下三种观点：

1. 主观的相当因果关系说

该观点由德国学者科莱斯所主张。认为应当以行为人在行为时所认识或所能认识的事实为标准，来确定行为和结果之间是否存在因果关系。"所认识"是指已经认识，在这种情况下，行为人把自己的行为当作追求某种结果发生的手段来采用，应当认为存在刑法上的因果关系。而"所能认识"指的是行为人虽然没有认识，但根据当时的情况来判断，行为人具有认识的可能性。在这种情况下，同样认为行为和结果之间存在因果关系。这种"所认识"或"所能认识"是行为人主观的一种要素，此即根据这种主观的要素来确定是否具有刑法上的因果关系。

2. 客观的相当因果关系说

该观点是德国学者鲁梅林所倡导。认为刑法中的因果关系是否存在，应当做出客观的判断，即根据社会一般人所认识或所能认识的来衡量，而不是根据行为人的标准来衡量。如果在当时的情况下，社会一般人能够认识，就存在刑法中的因果关系；如果社会一般人不能认识，那么就不存在刑法中的因果关系。由此可见，客观说对判断标准做出了某种替换。刑法当中因果关系的判断应当确立一般的、客观的标准，不能完全以行为人为标准，而应以社会一般人能否认识作为判断标准。

3. 折中的相当因果关系说

该观点由德国学者特拉格尔所倡导。认为以行为时一般人所预见或可能预见的事实，或者一般人不能预见的情况下以行为人所认识或所能认识的特别事实为基础，来判断刑法中的因果关系是否存在。这种观点基本上是以客观说为主，以客观说一般人所认识或所能认识的为标准，但是在某些特定的情况下，社会一般人不能认识，但行为人能够认识的，就应当以行为人的认识为判断标准。因此，这种观点是以客观说为主、以主观说为辅来判断是否具有刑法因果关系。

根据相当因果关系说所确定的因果关系，不是纯事实的因果关系，而是法律的因果关系，能够为刑事责任提供根据的因果关系。因此，相当性的判断是法律的判断而不是纯事实的判断。根据条件说所确定的因果关系是一种纯事实的判断，只要存在着"若无前者，即无后者"的关系，就具有了事实的因果关系，但是具有事实的因果关系还不等于就具有法律因果关系，是否具有法律因果关系还要根据是否具有社会相当性来进一步地加以判断。通过对社会相当性的判断，如果行为当然或盖然性地，也就是行为高概率会导致结果发生，就使事实的因果关系认定为具备法律上的因果关系，从而为刑法责任的追究提供某种客观根据。也就是说，只有对结果的发生具有重要促进作用的条件才能认为与结果具有刑法上的因果关系。

三、因果关系的特征

（一）因果关系的客观性

因果关系是行为和结果之间的客观联系，独立于人们的主观认识而客观存在，不以人们的主观设想和推测为转移。因果关系并不涉及行为人的主观内容，即使人们没有认识到，因果关系还是客观存在，只是由于目前的科学手段还没有达到可以认识的程度。在司法实践中，司法人员要对危害行为和危害结果进行详细的调查分析，按照客观事物本身的规律性判断是否存在因果关系。

（二）因果关系的相对性

各种客观的事物处在普遍的联系中，形成彼此制约和普遍联系的因果链条，一种现象的结果可能又是另一种现象的原因，或者一种现象的原因可能又是另一种现象的结果，甚至存在着互为因果的情况。为了确定刑法中的因果关系，就必须采取简化的原则，从因果链条中抽取出具有相对确定性的原因和结果作为判断对象，从事物的普遍联系中抽取出具有刑法意义的因果链条来进行判断，确定刑法的因果关系。

（三）因果关系的顺序性

从时间上看，因果关系具有原因在先、结果在后的严格顺序关系，二者的顺序不能颠倒。在刑事司法过程中，一般都是由果溯因，从危害结果发生之前的危害行为中去寻找原因。如果一个行为是在结果发生以后实施的，那肯定不是该结果发生的原因。当然，先于危害结果出现的危害行为，也不一定就是该结果的原因。在结果之前的行为只有起了引起和决定结果发生的作用，才能证明是结果发生的原因。

（四）因果关系的特定性

因果关系是原因和结果间决定和被决定、引起和被引起的关系，这种决定和被决定、引起和被引起是抽象的理论模型。现实生活中的因果关系，不是抽象的而是具体的，在特定的条件下发生的。因此，在讨论因果关系的时候，不能脱离一定的条件，要从危害行为实施时的时间、地点等具体情况出发进行考虑。

（五）因果关系的复杂性

世界上的事物都是在普遍联系中存在的，其存在和发展受多种因素的制约和影响。在现实生活中，因果关系呈现出复杂状态：既有多因一果，即某一危害结果由多个原因造成；也有一因多果，即一个危害行为可以引起多种结果的发生；以及多因多果。另外还有因果链条的延长，即间接的因果关系。在因果链条延长的情况下，就不能简单地只抽取其中一段，因为每一段都对定罪量刑有意义，要把它们结合起来加以考察。

第五节　犯罪客观方面其他要件

客观方面其他要件主要是指犯罪的时间、地点和方法。在通常情况下，犯罪的时间、地点、方法并不是犯罪客观要件的组成部分。但是在某些特殊的犯罪当中，刑法的特殊规定使得时间、地点、方法成为某些犯罪构成的必备条件。是否具备这样的条件就成为区分罪与非罪、此罪与彼罪的界限。

一、犯罪时间

犯罪时间，是指行为只有发生在一定的时间才能构成犯罪，在这种情况下犯罪时间就成为定罪的根据。如《刑法》分则第十章规定的军人违反职责罪里面，有些犯罪是战时犯罪，平时实施这种行为不构成犯罪，只有当战时实施这种行为才构成犯罪。这种犯罪就是以特定的时间——战时作为它的构成要件。对于"战时"的概念，刑法当中都有明确规定。

二、犯罪地点

犯罪地点，是指行为只有发生在一定的地点才能构成犯罪，在这种情况下犯罪地点就成为定罪的根据。例如，我国刑法规定的非法捕捞水产品罪、非法狩猎罪，这个行为本身是一个捕捞行为、狩猎行为，行为本身当然不构成犯罪，但是在某些特定的时间、特点的地点进行捕捞或者狩猎，可能就要构成犯罪。刑法把"禁渔期""禁渔区""禁猎区"等规定为构成这些犯罪必备的条件，因而实施的行为是否具备这些因素，就成为这些案件里区分罪与非罪的重要条件。

三、犯罪方法

犯罪方法，是指在特定犯罪中，要求行为采取该种方法实施，危害才能达到犯罪程度的特别要件。例如，《刑法》第340条非法捕捞水产品罪规定，违反保护水产资源法规……使用禁用的工具、方法捕捞水产品，情节严重的，构成犯罪；第341条第2款非法狩猎罪规定，违反狩猎法规……使用禁用的工具、方法进行狩猎，破坏野生动物资源，情节严重的，构成犯罪。这里"禁用的工具、方法"就是成立犯罪必不可少的方法要件。

法考真题

---

1. 关于不作为犯罪，下列哪些选项是正确的？（2015/2/52-多）
   A. 儿童在公共游泳池溺水时，其父甲、救生员乙均故意不救助，甲、乙均构成不作为犯罪。
   B. 在离婚诉讼期间，丈夫误认为自己无义务救助落水的妻子，致妻子溺水身亡的，成立过失的不作为犯罪。
   C. 甲在火灾之际，能救出母亲，但为救出女友而未救出母亲。如无排除犯罪的事由，甲构成不作为犯罪。
   D. 甲向乙的咖啡投毒，看到乙喝了几口后将咖啡递给丙，因担心罪行败露，甲未阻止丙喝咖啡，导致乙、丙均死亡。甲对乙是作为犯罪，对丙是不作为犯罪。

   [答案] ACD

2. 关于不作为犯罪的判断，下列哪一选项是错误的？（2014/2/5-单）
   A. 小偷翻墙入院行窃，被护院的藏獒围攻。主人甲认为小偷活该，任凭藏獒撕咬，小偷被咬死。甲成立不作为犯罪。
   B. 乙杀丙，见丙痛苦不堪，心生悔意，欲将丙送医。路人甲劝阻乙救助丙，乙遂离开，丙死亡。甲成立不作为犯罪的教唆犯。
   C. 甲看见儿子乙（7周岁）正掐住丙（3周岁）的脖子，因忙于炒菜，便未理会。等炒完菜，甲发现丙已窒息死亡。甲不成立不作为犯罪。

D. 甲见有人掉入偏僻之地的深井，找来绳子救人，将绳子的一头扔至井底后，发现井下的是仇人乙，便放弃拉绳子，乙因无人救助死亡。甲不成立不作为犯罪。

[答案] C

3. 关于因果关系的判断，下列哪一选项是正确的？（2014/2/6- 单）

   A. 甲伤害乙后，警察赶到。在警察将乙送医途中，车辆出现故障，致乙长时间得不到救助而亡。甲的行为与乙的死亡具有因果关系。
   B. 甲违规将行人丙撞成轻伤，丙昏倒在路中央，甲驾车逃窜。1分钟后，超速驾驶的乙发现丙时已来不及刹车，将丙轧死。甲的行为与丙的死亡没有因果关系。
   C. 甲以杀人故意向乙开枪，但由于不可预见的原因导致丙中弹身亡。甲的行为与丙的死亡没有因果关系。
   D. 甲向乙的茶水投毒，重病的乙喝了茶水后感觉更加难受，自杀身亡。甲的行为与乙的死亡没有因果关系。

[答案] D

4. 关于不作为犯罪，下列哪些选项是正确的？（2013/2/51- 多）

   A. 船工甲见乙落水，救其上船后发现其是仇人，又将其推到水中，致其溺亡。甲的行为成立不作为犯罪。
   B. 甲为县公安局局长，妻子乙为县税务局副局长。乙在家收受贿赂时，甲知情却不予制止。甲的行为不属于不作为的帮助，不成立受贿罪共犯。
   C. 甲意外将6岁幼童撞入河中。甲欲施救，乙劝阻，甲便未救助，致幼童溺亡。因只有甲有救助义务，乙的行为不成立犯罪。
   D. 甲将弃婴乙抱回家中，抚养多日后感觉麻烦，便于夜间将乙放到菜市场门口，期待次日晨被人抱走抚养，但乙被冻死。甲成立不作为犯罪。

[答案] BD

5. 关于因果关系，下列哪些选项是正确的？（2017/2/52- 多）

   A. 甲以杀人故意用铁棒将刘某打昏后，以为刘某已死亡，为隐藏尸体将刘某埋入雪沟，致其被冻死。甲的前行为与刘某的死亡有因果关系。

B. 乙夜间驾车撞倒李某后逃逸,李某被随后驶过的多辆汽车碾压,但不能查明是哪辆车造成李某死亡。乙的行为与李某的死亡有因果关系。

C. 丙将海洛因送给13周岁的王某吸食,造成王某吸毒过量死亡,丙的行为与王某的死亡有因果关系。

D. 丁以杀害故意开车撞向周某,周某为避免被撞跳入河中,不幸溺亡。丁的行为与周某的死亡有因果关系。

[答案] ABCD

―――― **思考题** ――――

1. 如何理解"无行为则无犯罪"？怎样区分刑法中的危害行为与违法行为？
2. 如何理解不作为的行为性？不作为的成立条件和义务来源是什么？
3. 我国刑法对危害结果有哪些不同的规定方式？
4. 如何区分刑法上的因果关系的原因与条件？

第八章 犯罪主体

第一节 犯罪主体概述

一、犯罪主体概念

犯罪主体，是指实施危害社会的行为，并且依法应当负刑事责任的自然人和单位。犯罪主体是承担刑事责任的主体，而行为主体是实施危害行为的自然人和单位。

根据刑法规定，自然人主体分为一般主体和特殊主体。一般主体是指刑法对行为人没有身份上特殊要求的主体，所有的自然人都可以成为一般主体。特殊主体是指刑法对行为人具有身份上的特殊要求的主体。因此，如果没有特殊身份，就不能成为某一犯罪的主体，特殊主体和行为人的一定身份相联系。

二、犯罪主体的特征

（一）犯罪主体必须是自然人或单位

所谓自然人，是指人类中有生命存在的独立个体。其法律上的人格始于出生，终于死亡，其基本特征表现为生命存在。一切动植物和死亡的人，都不能成为自然人犯罪主体。在我国刑法中，自然人主体是最基本、具有普遍意义的犯罪主体，实施任何犯罪的主体首先都是自然人。

所谓单位，是法律上人格化了的组织，其特征表现为必须依法成立，包括公司、企事业单位、机关、团体。假借单位名义犯罪的人，不能成为单位犯罪的主体。

（二）犯罪主体是具备刑事责任能力的自然人或者单位

刑事责任能力对确定犯罪主体具有重要意义，在犯罪主体要件中居于核心地位。没有刑事责任能力，就不能成为犯罪主体，更不能追究行为人的刑事责任。对于自然人犯罪主体来说，刑事责任能力的有无受个体年龄和精神状况等多种因素的影响和制约，行为人只有当达到一定年龄、具备正常精神状态时，才具备刑事责任能力，才可以成为犯罪主体。单位犯罪主体的刑事责任能力通过单位意志表现出来，单位的活动体现了作为单位自己的价值判断。

（三）犯罪主体是实施了刑法所禁止行为的自然人或单位

犯罪是刑法所禁止的危害社会的行为，任何行为都有实施者，只有实施刑法所禁止的危害行为的自然人或单位，才有可能成为犯罪主体。没有实施刑法所禁止的危害行为的自然人或单位，就不可能成为犯罪的主体。所以，犯罪主体与危害行为密不可分。

三、研究犯罪主体的意义

犯罪主体是犯罪成立必不可少的条件，研究犯罪主体，对于定罪量刑具有重要意义。

（一）正确区分罪与非罪

犯罪是行为人应负刑事责任的行为，犯罪主体也是行为人对犯罪行为负刑事责任所必须具备的条件。行为主体是否是刑法规定的犯罪主体必须具备的条件，是其行为是否构成犯罪的前提和基础。任何不具备犯罪主体要件的自然人或单位实施的行为，都不可能成为主体应负刑事责任的犯罪行为。因此，行为人是否符合刑法所规定的犯罪主体要件，是正确区分罪与非罪的标准之一。

（二）正确区分此罪与彼罪

当刑法为某一种犯罪的主体规定了具体的条件时，行为主体是否符合该种犯罪的特殊主体要件，就可能成为区分该罪与其他犯罪的标准。对于某些危害行为，一般身份的行为人和具有特殊身份的行为人均可以实施，但是，在某些情况下，具有特殊身份的行为人和一般身份的行为人虽然实施相同的危害行为，但反映出不同的性质，因而构成不同的犯罪。例如，同是利用职务上的便利收受他人财物的行为，如果行为人是非国有公司、企业的工作人员，其行为构成《刑法》第163条规定的非国家工作人员受贿罪；如果是国家工作人员，其行为则构成《刑法》第385条规定的受贿罪。

（三）有利于准确量刑

在具备犯罪主体要件的同样情况下，犯罪主体的具体情况不同会影响到刑事责任的大小或刑罚的轻重。例如《刑法》第17条第4款规定，已满14周岁、不满18周岁的人犯罪，应当从轻或者减轻处罚。第18条第3款规定，尚未完全丧失辨认或者控制自己行为能力的精神病人犯罪的，可以从轻或者减轻处罚。又如《刑法》第307条第1款、第2款分别规定了妨害作证罪与帮助毁灭、伪造证据罪，其第3款规定，司法工作人员犯前两款罪的，从重处罚。这些都说明了犯罪主体的不同情况对量刑的重要影响。

第二节　自然人犯罪主体

自然人犯罪主体，是指具备刑事责任能力、实施了严重危害社会行为的人，包括刑事责任能力和刑事责任年龄两方面内容。

一、刑事责任能力概述

（一）刑事责任能力定义

刑事责任能力，是指行为人对自己实施的犯罪行为的辨认能力和控制能力，是一切犯罪主体都必须具备的条件。责任能力是法律责任的基础前提，是行为人犯罪的能力和承担刑事责任能力的统一。

（二）刑事责任能力内容

刑事责任能力的内容，包括行为人所具备的刑法意义上的对自己行为的辨认能力和控制能力。

1. 辨认能力

辨认能力，是指行为人具备对自己的行为在刑法意义上的性质、后果、作用的分辨、认识能力，也就是行为人对自己的行为是对社会有害的、还是对社会无害的认识能力。

2. 控制能力

控制能力，是指行为人在对行为性质有了认识的基础上，选择和决定自己是否实施刑法中禁止的行为的能力。例如，达到法律所规定的一定年龄的自然人，在精神正常的情况下都有能力认识到自己如果实施杀人、放火、抢劫等行为，对社会有危害性，而且都有能力选择和决定自己是否实施这些法律禁止的行为。那么，这个自然人就具有刑事责任能力中的控制能力。

二、刑事责任年龄

刑事责任年龄，是指刑法所规定的行为人对自己实施的刑法所禁止的危害社会行为负刑事责任而必须达到的年龄。我国刑法将刑事责任年龄分为以下四个年龄阶段：

（一）完全不负刑事责任年龄阶段

根据《刑法》第17条规定，不满12周岁是无刑事责任能力的阶段。如果行为人不满12周岁，不管实施何种侵害行为都不负刑事责任。如果这一年龄段的自然人实施了危害社会的行为，按照刑法规定，可依法责令其家长或监护人加以管教，在必要的时候，依法进行专门矫治教育。

（二）最低负刑事责任年龄阶段

《刑法》第17条第3款规定："已满十二周岁不满十四周岁的人，犯故意杀人、故意伤害罪，致人死亡或者以特别残忍手段致人重伤造成严重残疾，情节恶劣，经最高人民检察院核准追诉的，应当负刑事责任。"因此，已满12周岁是最低负刑事责任能力的阶段。

根据这一规定，行为人承担刑事责任必须满足以下条件：第一，对行为人所实施的行为最终能够定故意杀人罪、故意伤害罪。例如，已满12周岁、不满14周岁的人在强奸、抢劫等严重暴力犯罪过程中故意杀人、伤害的，也可以依法适用故意杀人罪、故意伤害罪。第二，危害结果是致人死亡，或者以特别残忍手段致人重伤造成严重残疾。第三，主客观方面综合评价为情节恶劣。第四，在程序上要求经最高人民检察院核准追诉，再由人民法院根据事实和法律依法做出判决。

（三）相对负刑事责任的年龄阶段

《刑法》第17条第2款规定："已满十四周岁不满十六周岁的人，犯故意杀人、故意伤害致人重伤或者死亡、强奸、抢劫、贩卖毒品、放火、爆炸、投放危险物质罪的，应当负刑事责任。"

根据该款规定，已满14周岁、不满16周岁的人，要对《刑法》第17条第2款规定的8种犯罪负刑事责任。这一年龄段的行为人虽然不具备对刑法禁止的所有危害行为的辨认和控制能力，但已经具备了辨别大是大非和控制重大行为的能力。但由于他们的辨认能力和控制能力还比较弱，且这样统一划定标准也便于实践和操作，所以如果他们实施了这8种犯罪以外的行为，就不构成犯罪。

《刑法》第17条第2款所规定的8种犯罪，到底是8个罪名还是8种犯罪行为，在理论上曾存有争议。2002年7月24日，全国人大常委会法制工作委员会专门出具了《关于已满十四周岁不满十六周岁的人承担刑事责任范围问题的答复意见》，意见明确指出：第17条第2款所规定的是8种行为而不是8个罪名。因此，对于司法实践中所出现的已满14周岁、不满16周岁的人绑架人质后杀害被绑架人，拐卖妇女、儿童而故意造成被拐卖妇女、儿童重伤或死亡的行为，依据刑法规定应当追究其刑事责任。在其他犯罪当中，只要实施的行为包含《刑法》第17条第2款的8种犯罪行为，也应该承担刑事责任。

需要注意的是，行为人实施以上8种行为时，主观上必须是故意犯罪，如果是过失犯罪，则不承担刑事责任。

（四）完全负刑事责任年龄阶段

《刑法》第17条第1款规定："已满十六周岁的人犯罪，应当负刑事责任。"因此，已满16周岁是完全负刑事责任的年龄阶段。已满16周岁的自然人无论从身心发育还是社会经历的角度考虑，都已经具备了基本的刑法意义上辨认和控制自己行为的能力，如果实施了刑法所禁止的危害行为，就应该承担相应的刑事责任。

根据司法实践情况，认定刑事责任年龄，还应当明确以下三个问题：

1. 刑事责任年龄的计算问题

刑事责任年龄的计算应以周岁为标准，是指从过了周岁生日的第二天开始计算，而且是按照阳历而非阴历计算。

2. 刑事责任年龄的确定问题

刑事责任年龄的确定，应该以行为实施时的年龄为基准进行计算。但是，如果行为人在发生结果时有防止结果发生的义务，则可能根据不作为犯罪时的时间进行计算。例如，行为人在14周岁生日当天安装了一颗定时炸弹，炸弹于次日发生爆炸，导致多人伤亡。在这种情况下行为人应当承担刑事责任。

3. 跨刑事责任年龄犯罪的认定问题

对跨刑事责任年龄的犯罪，应该区别不同的年龄阶段，分别予以认定。例如，甲15周岁时盗窃一辆宝马价值50万，年满16周岁时盗窃一辆摩托车价值1万元，甲的犯罪金额应该是1万，而不是51万。

三、精神障碍

行为人达到一定的年龄，就具有了刑事责任能力，但是刑事责任能力可能会由于精神障碍而丧失或者减弱，这里的精神障碍是指由于精神疾患而导致的精神异常状态。精神障碍者是否有责任能力不是一个单纯的医学问题，还要根据各种情况进行综合判断。

邱兴华案

2006年6月18日至7月2日，邱兴华与其妻先后两次到汉阴县铁瓦殿道观抽签还愿。其间，因邱兴华擅自移动道观内两块石碑而与道观管理人员宋道成发生争执，加之邱兴华认为道观主持熊万成有调戏其妻的行为，遂产生杀人灭庙的念头。2006年7月14日晚，邱兴华将主持熊万成及其他9名人员杀死。次日天亮后，放火燃烧后逃离现场。邱兴华在逃亡过程中，又实施抢劫行为并杀死1人重伤3人，2006年8月19日被公安机关抓获归案。10月19日，安康中院以故意杀人罪判处邱兴华死刑。

该案引发了犯罪学界与精神病学家的激烈争论。争论的焦点之一就是：邱兴华是否有精神病？一审判决后，著名精神病专家——无锡市精神卫生中心的刘锡伟认为依据其"返祖兽性化症状群"断定邱兴华患有精神分裂症，无刑事责任能力，并紧急上书有关部门要求"枪下留人"，另两名精神病学权威刘协和、纪术茂也出来响应，"初步判断邱兴华患有'嫉妒妄想'，属于偏执型的精神分裂症的一种表现"。何兵等五位法律专家以公开信的形式，吁请审理邱兴华一案的相关司法部门立即对邱进行精神病司法鉴定，但未被采纳。2006年12月28日，陕西省高级人民法院宣判维持安康中院对此案的一审判决，邱兴华被执行死刑。

根据我国刑法的规定，关于精神障碍者的刑事责任问题，可以分为三种情况：

（一）完全不负刑事责任的精神病人

《刑法》第18条第1款规定："精神病人在不能辨认或者不能控制自己行为的时候造成危害结果，经法定程序鉴定确认的，不负刑事责任，但是应当责令他的家属或者监护人严加看管和医疗；在必要的时候，由政府强制医疗。"

根据该规定，精神病人在丧失了辨认能力或者控制能力的情况下实施的行为，完全不负刑事责任。但是这并非意味着对他们的危害社会行为可以放任不管，而是应当责令其家属或者监护人严加看管和医疗；在必要的时候，由政府强制医疗。

（二）限制刑事责任的精神病人

限制刑事责任的精神病人，又称为减轻刑事责任或者部分刑事责任的精神病人。《刑法》第18条第3款规定："尚未完全丧失辨认或者控制自己行为能力的精神病人犯罪的，应当负刑事责任，但是可以从轻或者减轻处罚。"限制刑事责任的精神病人由于精神障碍而使得他们的辨认能力和控制能力有所减弱，但没有完全丧失。在这些情况下实施了危害行为，仍然要负刑事责任，但是根据法律规定可以从轻或者减轻处罚。

（三）完全负刑事责任的精神病人

《刑法》第18条第2款规定："间歇性的精神病人在精神正常的时候犯罪，应当负刑事责任。"根据刑法规定，精神病人是否负刑事责任，关键还是要看是否具有辨认和控制能力，如果在实施危害行为的时候具有辨认能力和控制能力，仍然应当负刑事责任。有些精神病人属于间歇性的精神病人，在精神病发作的时候实施危害社会的行为，不负刑事责任，但是在精神正常期间实施危害社会的行为，由于具有辨认和控制能力，根据法律规定应当负刑事责任。

间歇性精神病人在精神正常的情况下准备并着手实行犯罪，在实行过程中精神病发作丧失责任能力的，应当如何处理？本书认为，行为人只要开始实行行为时具有责任能力，主观上也有故意或过失，在丧失责任能力后所实施的行为性质与前行为的性质相同，而且结果与其行为之间具有因果关系，即使结果是在其丧失责任能力的情况下发生的，行为人也应负刑事责任。

四、生理性醉酒

醉酒是酒精中毒的别称，可以分为病理性醉酒和生理性醉酒两类情况。病理性醉酒实际上是一种精神病，如果实施危害行为，其刑事责任问题按照精神病处理。

《刑法》第18条第4款规定："醉酒的人犯罪，应当负刑事责任。"该款所规定的"醉酒"是生理性醉酒。在生理性醉酒的情况下，行为人的辨认和控制能力有所减弱，在某些情况下甚至完全丧失了辨认能力和控制能力，但是刑法仍然规定醉酒的人应当负刑事责任。法律这样规定主要是避免有些人故意使自己陷入醉酒状态，实行危害社会的行为，逃避法律制裁。因此，如果由于醉酒而完全丧失了辨认能力和控制能力，实施危害社会的行为，在刑法理论上被称为原因上的自由行为，行为人仍然应当负刑事责任。

五、生理功能丧失

生理功能丧失主要是指听能、语能和视能的丧失三种情形。《刑法》第19条规定："又聋又哑的人或者盲人犯罪，可以从轻、减轻或者免除处罚。"这一规定意味着聋哑人、盲人实施刑法禁止的危害行为构成犯罪，应当负刑事责任。如果是盲人犯罪，可以从轻、减轻或者是免除处罚。但是对于聋人和哑人来说，必须是又聋又哑的犯罪，才能从轻、减轻或者是免除处罚。

六、犯罪主体的特殊身份

在刑法理论上，身份是指对定罪量刑具有影响的个人要素，这里所谓的个人要素是指依附于个人而存在的某种情状。根据身份的来源，身份可以分为自然身份和法定身份。

（一）自然身份

自然身份是指个人因自然的赋予而具有的某种个人要素，如性别、年龄等等。刑法当中某些犯罪，只能由某种特定性别的人才能构成。如《刑法》第236条规定的强奸罪，它的行为主体是男性，只有男性才能实施强奸女性的行为。还有一些犯罪，要求行为人与被害人之间具有某种特殊的血缘关系，如《刑法》第260条规定的虐待罪的主体，应当和虐待罪的对象同处于一个家庭关系之内。因此，虐待罪的主体也是特殊主体。

（二）法定身份

除了自然身份外，身份根据其来源还有法定身份。法定身份是指个人因法律的规定而赋予的要素，例如职务、职责等等。刑法分则当中大部分特殊主体的身份都是法定身份。在刑法理论上，把由特殊主体而构成的犯罪称为身份犯，而把由一般主体构成的犯罪称为非身份犯。身份犯又可以分为两种：

1. 纯正的身份犯

纯正的身份犯的身份是指对定罪有影响的身份，简称为定罪身份。具有这种身份才能构成某种犯罪，如果不具有这种身份就不能构成犯罪。如《刑法》第385条规定的受贿罪就是纯正的身份犯，不具有特定的身份则可能构成《刑法》第163条规定的公司、企业、事业单位人员受贿罪。

2. 不纯正的身份犯

不纯正的身份犯所具有的身份是指对量刑有影响的身份，简称为量刑身份。如果行为人没有特殊身份，仍然可以构成本罪，但如果具有特殊身份，就加重或者减轻其刑罚。如《刑法》第243条规定的诬告陷害罪，该罪的犯罪主体是一般主体，所有自然人都可以构成诬告陷害罪，但刑法规定国家机关工作人员诬告陷害他人的要从重处罚，由国家机关工作人员所构成的诬告陷害罪就是不纯正的身份犯。

七、特殊身份群体的刑事处遇

（一）未成年人犯罪的刑事处遇

刑法意义上的未成年人，是指已满12周岁、不满18周岁的自然人。

刑法总论：理论与实务

刑法在刑事责任年龄制度之外，还对未成年人犯罪规定了以下特殊处遇原则和措施：

1. 从宽处罚原则

《刑法》第17条第4款规定："对依照前三款规定追究刑事责任的不满十八周岁的人，应当从轻或者减轻处罚。"这是刑法对未成年人犯罪从轻或者减轻处罚的一个法定情节。这一原则是基于未成年犯罪人责任能力不完备的特点而确立的，反映了刑罚与罪责相适应的原则以及刑罚目的的要求。

2. 不适用死刑原则

《刑法》第49条规定犯罪时不满18周岁的人不适用死刑。这里所说的"不适用死刑"是指不允许判处死刑，包括不允许判处死刑立即执行，也不允许判处死刑并宣告缓期两年执行，而不仅仅是说"不执行死刑"，也不是说等满18周岁再判决、执行死刑。

3. 不成立累犯的原则

《刑法》第65条第1款规定，被判处有期徒刑以上刑罚的犯罪分子，刑罚执行完毕或者赦免以后，在5年以内再犯应当判处有期徒刑以上刑罚之罪的，是累犯，应当从重处罚，但是过失犯罪和不满18周岁的人犯罪的除外。这里的"不满18周岁的人"，既可以是犯前后两个罪时都不满18周岁，也可以是犯前罪时不满18周岁但犯后罪时已满18周岁。

4. 从宽适用缓刑的原则

缓刑是一种非监禁化的处遇措施。被适用缓刑的犯罪分子，不需要关押，可以放在社会上进行改造，因此缓刑也被视为一种宽缓的刑罚制度。《刑法》第72条规定，对于被判处拘役、3年以下有期徒刑的犯罪分子，如果犯罪情节较轻、有悔罪表现、没有再犯罪的危险并且宣告缓刑对所居住社区没有重大不良影响的，可以宣告缓刑，对其中不满18周岁的人，应当宣告缓刑。

5. 免除前科报告义务原则

《刑法》第100条规定了前科报告制度，是指依法受过刑事处罚的人，在入伍、就业的时候，应当如实向有关单位报告自己受到的刑事处罚，不得隐瞒。《刑法修正案（八）》在《刑法》第100条后增加一款规定，犯罪的时候不满 18 周岁，被判处 5 年有期徒刑以下刑罚的，免除前款规定的前科报告义务。

6.《刑法》第 17 条第 5 款规定："因不满十六周岁不予刑事处罚的，责令其家长或者其他监护人加以管教；在必要的时候，依法进行专门矫治教育。"

（二）老年人犯罪的刑事处遇

1. 从宽处理的原则

《刑法》第 17 条之一规定，已满 75 周岁的人故意犯罪的，可以从轻或者减轻处罚；过失犯罪的，应当从轻或者减轻处罚。对犯罪时已满 75 周岁的老年人予以从宽处理，体现了我国刑法对老年人的特殊保护和人道对待。

2. 原则上不适用死刑

《刑法》第 49 条第 2 款规定，审判的时候已满 75 周岁的人，不适用死刑，但以特别残忍手段致人死亡的除外。

3. 从宽适用缓刑的原则

《刑法》第 72 条规定，对于被判处拘役、3 年以下有期徒刑的犯罪分子，如果犯罪情节较轻、有悔罪表现、没有再犯罪的危险并且宣告缓刑对所居住社区没有重大不良影响的，可以宣告缓刑，对其中已满 75 周岁的人，应当宣告缓刑，这与不满 18 周岁的人适用缓刑的规定相类似。

（三）孕妇犯罪的刑事处遇

1. 不适用死刑的原则

《刑法》第 49 条规定，审判的时候怀孕的妇女，不适用死刑。与未成年人不适用死刑一样，这里的"不适用死刑"，是指既不适用死刑立即执行，也不适用死刑缓期两年执行。"审判的时候怀孕的妇女"，是指在人民法院审判的时候被告人是怀孕的妇女，也包括审判前在羁押时已经怀孕的妇女。对于怀孕的妇女，在被羁押或者受审期间，无论其怀孕是否违反国家计划生育政策、是否人工流产，都应视同审判时怀孕的妇女，不能适用死刑。

2. 从宽适用缓刑的原则

《刑法》第 72 条规定，对于被判处拘役、3 年以下有期徒刑的犯罪分子，如果犯罪情节较轻、有悔罪表现、没有再犯罪的危险并且宣告缓刑对所居住社区没有重大不良影响的，可以宣告缓刑，对其中怀孕的妇女，应当宣告缓刑。根据这一规定，对符合缓刑条件的怀孕妇女，不是"可以宣告缓刑"，而是"应当宣告缓刑"。这有利于保护怀孕妇女的身心健康和胎儿的健康发育。

第三节　单位犯罪

一、单位犯罪概述

（一）单位犯罪的概念

单位犯罪，是指公司、企业、事业单位、机关、团体为本单位谋取非法利益，或者以单位名义为本单位全体成员或多数成员谋取非法利益，经单位集体研究决定或者由负责人员决定，故意或者过失实施的犯罪。

我国1979年《刑法》没有规定单位犯罪。1987年1月22日全国人大常委会通过的《海关法》第47条第4款中，首次规定了国有公司、企业、事业单位可以成为走私罪犯罪的主体。1988年全国人大常委会《关于惩治走私犯罪的补充规定》当中，吸纳了《海关法》关于走私罪的规定，对单位实施的走私行为如何定罪处罚又做了专门规定。自此以后，单位犯罪逐渐在我国刑法中得到确认。到1997年《刑法》修订，采用总则与分则相结合的方式确立了单位犯罪及其刑事责任，其中总则第二章第四节用两个条文规定了单位犯罪定罪处罚的基本原则。

（二）单位犯罪的分类

根据刑法对单位犯罪的规定，单位犯罪可分为两种类型：

1. 纯正的单位犯罪

纯正的单位犯罪，是指只能由单位构成而不能由自然人构成的犯罪。有些犯罪是专门为单位而设立的，只有单位才能构成犯罪主体，而个人不能构成犯罪主体，例如《刑法》第327条非法出售、私赠文物藏品罪，明确规定该罪的主体是国有博物馆、图书馆等单位，因此该罪就是纯正的单位犯罪。

2. 不纯正的单位犯罪

不纯正的单位犯罪，是指既可以由单位构成又可以由个人构成的犯罪，在它由单位构成的情况下，这种犯罪就是不纯正的单位犯罪。在刑法分则中，对不纯正的单位犯罪的规定有两种情况：

（1）对某一个犯罪的法律规定分两款，第一款规定的是自然人犯罪，第二款规定"单位犯前款之罪的，判处罚金，对主管人员和直接责任人员按照前款罪的规定来处罚"。例如，《刑法》第153条规定的走私普通货物、物品罪。

（2）规定在某一节的最后，在某一节具体犯罪的规定中并没有涉及单位犯罪，但是在这一节的最后一个条款，对单位犯本节之罪有另外统一的规定。例如，刑法第三章第五节关于金融诈骗犯罪的规定当中，专门有一条（第200条）规定金融诈骗犯罪可以由单位构成，但不是全部的金融诈骗罪都可以由单位构成，刑法列举了一些金融诈骗罪可以由单位来构成。

二、单位犯罪的认定

（一）主体

单位犯罪的主体，就是《刑法》第30条列举的五种单位：公司、企业、事业单位、机关、团体。在单位犯罪主体中，有以下几个问题需要讨论：

1. 一人公司能否成为单位犯罪的主体

与其他单位一样，一人公司的行为能否构成单位犯罪的标准同样在于其是否具有独立人格。一人公司的特殊性仅仅在于其只有一名股东，该股东持有公司的全部出资。由于只有一位出资人，出资人与公司之间容易产生关联交易而导致人格混同，一人公司的人格因为其股东的单一性而具有不稳定性。因此，具体犯罪行为中的一人公司是否具有独立人格，应当根据以下五项标准进行判断：第一，是否具有独立的财产利益。公司的财产和出资人的财产必须能够分离，公司的财产状况必须是独立的。第二，是否具有独立的意志。第三，是否具有公司法所要求的法人治理结构。第四，是否依照章程规定的宗旨运转。第五，是否依照法定的条件和程序成立。如果符合这五项标准，就意味着具有独立人格。

2. 单位的内设机构或者分支机构能否成为单位犯罪的主体

单位内设机构是单位的内部工作机构，不具备法人资格，不能单独用本机构的名义对外行使职权。单位分支机构是指总部之下的不具有独立的法人地位的派出机构。根据有关司法解释的规定，内设机构和分支机构都可以成为单位犯罪的主体。以内设机构或分支机构的名义实施犯罪，尽管内设机构或分支机构没有法人资格，但是符合单位犯罪的特征，就应该按照单位犯罪来处理。

3. 实施单位犯罪的主体发生变更后如何处理

单位犯罪后，发生分立、合并或者其他资产重组情形，以及被依法注销、被宣告破产等情况的，无论承受该单位权利义务的单位是否存在，均应追究原单位直接负责主管人员和其他责任人员的刑事责任。原单位名称发生更改，仍以原单位作为被告单位，承受原单位权利义务的单位法定代表人或者负责人为诉讼代表人。如果单位因为注销、破产等原因不存在，对单位可以不追究刑事责任，但是对其中的个人要追究刑事责任。

4. 单位犯罪主体的限制

1999年6月25日，最高人民法院颁布了《关于审理单位犯罪案件具体应用法律有关问题的解释》，对单位犯罪的主体做了限制性的规定：一是个人为进行违法犯罪活动而设立的公司、企业、事业单位实施犯罪的，或者公司、企业、事业单位设立后，以实施犯罪为主要活动的，不以单位犯罪论处。二是盗用单位名义实施犯罪，违法所得由实施犯罪的个人私分的，依照刑法有关自然人犯罪的规定定罪处罚。

（二）单位犯罪客观要件

1. 行为内容

《刑法》第30条规定"法律规定为单位犯罪的，应当负刑事责任"。因此，对单位犯罪的认定要严格实刑罪刑法定原则，只有在刑法规定为单位犯罪的情况下才能追究刑事责任。在司法实践中，有些罪名刑法没有规定单位可以构成犯罪，而在现实生活中这些犯罪却可能由单位实施，该如何处理就存在争议。2014年4月24日，全国人大常委会通过的《关于〈中华人民共和国刑法〉第三十条的解释》中，对该问题做出了立法解释，规定："公司、企业、事业单位、机关、团体等单位实施刑法规定的危害社会的行为，刑法分则和其他法律未规定追究单位的刑事责任的，对组织、策划、实施该危害社会行为的人依法追究刑事责任。"根据该规定，刑法没有规定单位犯罪，就不能追究单位的刑事责任，但可以追究单位中直接负责的主管人员或者其他直接责任人员的刑事责任。

2. 单位犯罪决定行为的认定

单位犯罪的决定行为分为两种情形：第一种是集体研究决定，第二种是负责人员决定。负责人员包括直接负责的主管人员和其他责任人员。负责人员决定，是指由个人决定。个人决定之所以被看作是单位行为，主要是在于行为人的主观目的是否为了单位的利益。只有在为了单位利益的情况下，个人决定才能被看作职务行为，因而认定为单位犯罪；如果不是为了单位利益而是为了个人利益，则个人决定不能被看作职务行为而被看作个人行为。因此，主观目的是否为了单位的利益，对于区分单位犯罪和个人犯罪非常重要。

（三）单位犯罪的主观要件

单位犯罪的主观方面既包括故意，也包括过失。

单位意志来自自然人意志，而自然人犯罪的罪过形式有故意和过失两种，相应的反映到单位犯罪的意志也就具备了两种形态。在现实生活中，随着社会组织社会化程度不断提高，因单位的过失行为给社会造成的危害性也大大增强，故单位在社会生活中理应负更高的注意义务。单位过失犯罪在《刑法》分则中有具体的规定，如《刑法》第135条规定的重大劳动安全事故罪、第137条规定的工程重大安全事故罪、第338条重大环境污染事故罪等均可由过失构成。

三、单位犯罪的处罚原则

《刑法》第31条规定："单位犯罪的，对单位判处罚金，并对其直接负责的主管人员和其他直接责任人员判处刑罚。本法分则和其他法律另有规定的，依照规定。"根据这一规定，我国刑法关于单位犯罪的处罚采取以双罚制为主、单罚制为辅的原则。

1. 双罚制

双罚制，即单位犯罪的，既处罚单位，又处罚单位直接负责的主管人员和其他直接责任人员。在大多数情况下对单位犯罪实行双罚制，主要是由单位犯罪的性质所决定的。

2. 单罚制

单罚制，即单位犯罪的，只处罚单位中的直接负责的主管人员和其他直接责任人员，而不处罚单位。例如，根据《刑法》第162条规定，妨害清算罪的主体是公司、企业，主体是单位，但是刑法对妨害清算罪的处罚，只规定了对直接负责的主管人员和其他责任人员追究刑事责任，并没有规定对单位追究刑事责任。

―――― **法考真题** ――――

1. 已满14周岁、不满16周岁的人实施下列哪些行为应当承担刑事责任？（2006/2/51-多）

   A. 参与运送他人偷越国（边）境，造成被运送人死亡的。

   B. 参与绑架他人，致使被绑架人死亡的。

   C. 参与强迫卖淫集团，为迫使妇女卖淫，对妇女实施了强奸行为的。

   D. 参与走私，并在走私过程中暴力抗拒缉私，造成缉私人员重伤的。

   [答案] CD

2. 关于刑事责任能力，下列哪一选项是正确的？（2016/2/3-单）

   A. 甲第一次吸毒产生幻觉，误以为吴某在追杀自己，于是用木棒将吴某打成重伤。甲的行为成立过失致人重伤罪。

   B. 乙以杀人故意砍陆某时突发精神病，继续猛砍致陆某死亡。不管采取何种学说，乙都成立故意杀人罪未遂。

   C. 丙因实施爆炸被抓，相关证据足以证明丙已满15周岁，但无法查明具体出生日期。不能追究丙的刑事责任。

   D. 丁在14周岁生日当晚十一点故意砍杀张某，后心生悔意将其送往医院抢救，张某仍于次日死亡，应追究丁的刑事责任。

   [答案] A

3. 关于单位犯罪，下列哪些选项是错误的？（2010/2/53-多）

   A. 单位只能成为故意犯罪的主体，不能成为过失犯罪的主体。

B. 单位犯罪时，单位本身与直接负责的主管人员、直接责任人员构成共同犯罪。

C. 对单位犯罪一般实行双罚制，但在实行单罚制时，只对单位处以罚金，不处罚直接负责的主管人员与直接责任人员。

D. 对单位犯罪只能适用财产刑，既可能判处罚金，也可能判处没收财产。

[答案] ABCD

4. 关于单位犯罪，下列哪些选项是正确的？（2015/2/54-多）

A. 就同一犯罪而言，单位犯罪与自然人犯罪的既遂标准完全相同。

B. 《刑法》第170条未将单位规定为伪造货币罪的主体，故单位伪造货币的，相关自然人不构成犯罪。

C. 经理赵某为维护公司利益，召集单位员工殴打法院执行工作人员，拒不执行生效判决的，成立单位犯罪。

D. 公司被吊销营业执照后，发现其曾销售伪劣产品20万元。对此，应追究相关自然人销售伪劣产品罪的刑事责任。

[答案] ACD

—————— 思考题 ——————

1. 如何理解刑事责任能力？
2. 我国刑法中刑事责任年龄阶段是如何划分的？
3. 怎样理解和掌握精神障碍人的刑事责任能力问题？
4. 犯罪主体的特殊身份有什么意义？
5. 怎么理解单位犯罪及双罚制？

第九章 犯罪主观要件

第一节 犯罪主观要件概述

(一) 犯罪主观要件的概念

犯罪主观要件,是指犯罪主体对自己实施的行为及其危害社会的结果所持的主观心理态度,反映行为人在怎样的心理状态支配下实施了危害社会的行为,是行为人构成犯罪并承担刑事责任的主观基础。

犯罪主观要件包括犯罪故意和犯罪过失、犯罪目的和犯罪动机等因素。犯罪故意和犯罪过失统称为罪过,是犯罪构成的必备要素,也是犯罪主观要件的核心内容。犯罪目的和犯罪动机只存在于某些故意犯罪之中,犯罪目的属于犯罪构成的选择要素;犯罪动机本身不是独立的犯罪构成要素,它一般不影响定罪,但影响量刑。

(二) 犯罪主观要件的形式

1. 单一罪过

单一罪过也称为简单罪过,是指行为人实施危害行为时,主观上罪过的表现形式为单纯一个故意或单纯一个过失。例如,故意杀人罪、抢劫罪、诈骗罪等,罪过形式就属于单一罪过。

2. 复杂罪过

复杂罪过也称为混合罪过,是指行为人实施危害行为时,主观上具有两种罪过形式的情形。行为人实施一个犯罪行为,主观上却具有两种罪过形式。通说认为复杂罪过仅指罪过一为故意罪过、一为过失罪过的情况。例如，故意伤害致人死亡的情形，伤害行为必须是故意，而对死亡结果就只能是过失。

第二节 犯罪故意

一、犯罪故意的概念

犯罪故意，是指行为人明知自己的行为会发生危害社会的结果，而希望或放任这种结果发生的主观心理态度。犯罪故意是故意犯罪的主观心理态度，也是最为常见的行为人的主观心理状态。

二、犯罪故意的构成要素

犯罪故意的心理态度由两方面的要素构成：认识因素和意志因素。根据认识因素和意志因素的不同，形成了犯罪故意的不同类型。

（一）认识因素

认识因素是故意成立的前提条件，即"明知自己的行为会造成危害社会的结果"，这里的"明知"就是认识因素。

1. 认识因素的内容

认识因素的内容，指的就是"明知"的内容。在刑法中，故意的认识要素主要包括以下内容：

（1）对主体的认识

对主体的认识就是对自身是人的认识。主体分为一般主体与特殊主体，在特殊主体的情况下，法律要求主体具有一定的身份，对于身份犯来说，就要求行为人具有对定罪身份的认识。

（2）对危害行为的认识

对"行为的认识"，指对行为性质的认识，也就是对行为的自然属性和社会属性的认识，行为人对自己在做什么要有正确的认识。例如，用匕首捅人，就要求明知自己的行为是在"杀人"（或者"伤害"），只有在明知这种行为的社会属性时，才能评价为"明知自己的行为"。

（3）对犯罪对象的认识

对犯罪对象的认识，是指对客观自然属性或者社会属性的认识。对故意来说，对行为对象的认识非常重要。例如，掩饰、隐瞒犯罪所得罪要求行为人认识到行为对象，即明知自己掩饰、隐瞒的是犯罪所得，如果没有这个认识，行为人就不构成犯罪。

（4）对结果的认识

对结果的认识，是指行为人对自己的行为会造成何种结果有认识，这种认识表现为对自己行为的预见或者期待，也就是行为人知道如果这样做会发生的后果。正因为行为人预见到自己的行为将会造成什么结果，他还要实施该行为，表明行为人心理上对结果的发生是容忍的态度。

（5）对行为和结果之间因果关系的认识

对因果关系的认识，是指行为人预见到某种结果是本人的行为引起的，或者行为人采取某种手段以达到预期的结果。在这种情况下，行为人对行为和结果之间的因果关系就有某种认识。

（6）对其他法定事实的认识

在某些犯罪当中，犯罪的时间、地点是必要条件，就要求行为人对特定的时间、地点有认识，如果没有认识，就不具有犯罪故意。

（7）对规范的构成要件要素的认识

对规范的构成要件要素的认识，需要根据法律法规、社会经验，甚至一般人的价值观念来判断。如果行为人的价值观不同于法律法规，甚至不同于一般人的价值取向，就可能得出不同的结论。比如，对于某幅书画，一般人都认为是淫秽物品，行为人却不这样认为，在这种情况下，如果说只要行为人具有对单纯事实的认识（认识到自己在贩卖书画）就成立故意犯罪，显然不合适。

2. 认识程度

认识程度，即行为人对犯罪构成要件的客观事实发生的概率认识到何种程度，就符合"明知"的要求。认识程度包含两方面内容：认识到结果可能发生和认识到结果必然发生。

(二) 意志因素

意志因素，是指行为人在认识到结果会发生的基础上，对结果发生的主观心理态度。从意识对行为结果的支配关系，可以把意志分为希望和放任两种形态。

1. 希望

希望，是指行为人对结果的发生持有积极追求的心理态度，以结果的发生作为自己行为的直接目的，行为人企图通过一系列活动，利用各种有利的条件来促使危害结果的发生。希望和目的相联系，都具有目的性。在通常情况下，故意的意志都是由希望构成的。希望是具体的、能动的主观心理，反映了行为人的主观能动性。

2. 放任

放任，是指行为人对发生的结果，虽然不是希望追求危害结果发生，但不反对发生，也不阻止危害结果发生，对危害结果发生采取自觉容忍、听之任之的心理态度。在放任的情况下，行为人不是希望而是纵容，即纵容其结果发生。

三、犯罪故意的法定类型

根据故意的认识因素和意志因素的不同，刑法理论上把犯罪故意分为直接故意和间接故意两种类型。

（一）直接故意

1. 直接故意的概念

直接故意，是指明知自己的行为会发生危害社会的结果，并且希望这种结果发生的心理态度。

2. 直接故意的表现形式

按照认识因素的不同内容，可以把犯罪的直接故意区分为两种表现形式：

（1）行为人明知自己的行为必然发生危害社会的结果，并且希望这种结果发生的心理态度。用公式表示即为"必然发生＋希望发生"。

（2）行为人明知自己的行为可能发生危害社会的结果，并且希望这种结果发生的心理态度。用公式表示即为"可能发生＋希望发生"。

（二）间接故意

1. 间接故意的概念

间接故意，是指行为人明知自己的行为可能发生危害社会的结果，并且放任这种结果发生的心理态度。

间接故意的最大特征是对结果持放任的态度。间接故意和直接故意的区分不仅在意志因素上有所不同,在认识程度上也有所不同。直接故意的认识包括了认识到结果可能发生和认识到结果必然发生;而间接故意只能是认识到结果可能发生,不包括认识到结果必然发生。

2. 间接故意发生的场合

(1)行为人追求一个犯罪目的而放任另外一个危害结果发生。例如,甲因为有了第三者就想杀害妻子,其妻子有一岁多的幼儿在抚养。甲就把毒药放在妻子的食物当中,他也认识到妻子会给小孩喂饭,小孩有可能会被毒死,但是甲杀妻心切,仍然在妻子的食物中投放毒药。结果不仅妻子被毒死,小孩也被毒死。在这种情况下,甲杀妻是直接故意,对小孩死亡是间接故意。

(2)行为人追求一个非犯罪的目的而放任另外一个危害结果发生。例如,甲在打猎,距离猎物不远有一个小孩子在玩耍。甲也知道自己枪法不太准,开枪不一定能打中猎物,而有可能打中小孩。但是甲仍向猎物开了这一枪,结果把猎物旁边的小孩打死了。在这种情况下,甲对小孩的死亡是一种间接故意,他在追求打猎这个非犯罪的目的的时候,放任了小孩死亡结果的发生。

(3)行为人对同一个标的的结果程度持放任态度。例如,行为人对他人捅刀子,既可能把他人捅死也可能是捅伤。如果行为人不计后果,放任严重结果发生,捅伤、捅死都在容忍范围之内。如果捅死,死亡结果发生,这是放任的结果,是间接故意杀人。如果捅伤,只能认定为故意伤害,而不能定故意杀人未遂,因为行为人并没有追求对方死亡的结果。在司法实践中,冲动型犯罪不计后果,一般都认定为间接故意。

崔英杰案

2006年8月11日下午,26岁的退伍军人崔英杰在北京海龙大厦附近摆烧烤摊,当天海淀区城管分队去执法,副队长李志强要没收崔英杰的违法工具。崔英杰跪倒在地,希望能够放他一条生路。但李志强严格执法,崔英杰掏出自己随身携带的切香肠的小刀,直接刺向李志强,致其流血过多死亡。8天之后,崔英杰投案自首。2007年4月10日,北京市第一中级人民法院对海淀城管大队海淀分队副分队长李志强被杀案一审宣判，以故意杀人罪判处被告人崔英杰死刑，缓期两年执行，剥夺政治权利终身。

（三）直接故意和间接故意的区别

1. 认识因素不同

直接故意既可以是行为人认识到危害结果可能发生，也可以是行为人认识到危害结果必然发生。不论是认识到危害结果可能发生，还是认识到危害结果必然发生，只要希望危害结果发生就是直接故意。而间接故意只能是行为人认识到危害结果可能发生。

2. 意志因素不同

直接故意的意志因素是希望即积极追求危害结果的发生，间接故意的意志因素是放任结果的发生。"放任"就是对结果的发生与否采取听之任之、无所谓的态度。

第三节　犯罪过失

一、犯罪过失的概念

犯罪过失，是指行为人应当预见自己的行为会发生危害社会的结果，由于疏忽大意而没有预见，或者已经预见而轻信能够避免，以致结果发生的主观心理态度。

（一）犯罪过失的心理特征

1. 犯罪过失的认识特征

我国刑法把过失分为疏忽大意的过失和过于自信的过失，这两种过失的认识特征不同。

（1）疏忽大意过失的认识特征

疏忽大意过失，是无认识的过失，行为人处于无认识的状态，因为没有认识而陷入某种错误。判断行为人有没有认识因而是否存在过失的标准，关键在于行为人是否应当认识。只有在行为人应当认识的情况下没有认识，才可能成为刑法的非难对象。这里就涉及应当预见的问题。

应当预见的判断由两个内容组成：预见义务和预见能力。所谓预见义务，也称为注意义务，是指行为人在作为时，应当预见有无侵害某种法益，在不作为时，有无违反某种特定法律义务的责任。所谓预见能力，指的是结果预见能力，根据社会生活的一般经验，根据有关的法律、法规的规定，行为人应该有预见能力，但是如果根据当时的特定情况，行为人缺乏预见能力，也就是行为人无法履行预见义务，就不能认为行为人主观上有过失。

（2）过于自信过失的认识特征

过于自信的过失是有认识的过失，在过于自信过失的情况下，行为人已经预见到自己的行为可能发生危害社会的结果，行为人对于危害结果有认识。而且，行为人的预见性是具体的预见性，是一般人可以预见的，而不是抽象的畏惧感和不安感。

2. 犯罪过失的意志特征

（1）疏忽大意过失的意志特征

疏忽大意过失的意志特征主要表现在没有履行结果预见义务，没有履行结果预见义务是由行为人的疏忽造成的。疏忽大意过失的意志特征主要表现为行为人意志的疏忽状况，可以概括为"没有预见而应当预见"。

（2）过于自信过失的意志特征

过于自信过失的意志特征主要表现在没有履行结果回避义务。过于自信过失可以概括为"没有回避而应当回避"。这里"没有回避"是指在已经预见到结果可能发生的情况下没有能够回避结果发生，但没有能够避免结果发生的前提是应当避免。

二、犯罪过失的法定类型

《刑法》第15条第1款规定："应当预见自己的行为可能发生危害社会的结果，因为疏忽大意而没有预见，或者已经预见而轻信能够避免，以致发生这种结果的，是过失犯罪。"根据该规定，犯罪过失可以分为两种：

（一）疏忽大意的过失

疏忽大意的过失，是指行为人应当预见自己的行为可能发生危害社会的结果，因为疏忽大意而没有预见，以致发生危害结果的主观心理态度。疏忽大意过失具有两个特征：

1. 行为人没有预见其行为可能发生危害社会的结果

行为人在实施行为时对可能会引发的危害结果缺乏认识，行为人既不希望也没有放任危害结果的发生，危害结果的发生违背行为人意愿。如果行为人意识到会出现这一结果，就不会继续实施该行为，或者会采取及时有效的措施防止危害结果的发生。没有预见的原因是疏忽大意，也就是行为人缺乏必要的责任心和谨慎态度。因此，疏忽大意过失是无认识的过失。

2. 行为人应当预见自己的行为可能发生危害社会的结果

这里的"应当预见"，是预见义务和预见能力的统一。根据预见义务和预见能力，来判断行为人到底是否应当预见。行为人在应当预见的情况下没有预见，从而为追究行为人疏忽大意过失的刑事责任提供了主观心理根据。如果虽然行为人没有预见，但是根据具体情况也不可能预见，这就是意外事件，即使造成了危害社会的结果，行为人也不能承担刑事责任。

（二）过于自信的过失

过于自信的过失，是指行为人已经预见到自己的行为可能发生危害社会的结果，而轻信能够避免，以致发生危害结果的主观心理态度。过于轻信的过失有两个特征：

1. 行为人已经预见到自己的行为可能发生危害社会的结果

过于自信的过失是有认识的过失，认识到自己的行为可能发生危害社会的结果，这里的"可能"是一种抽象的可能性，它和间接故意认识到自己的行为可能发生危害社会的结果有所不同，间接故意的"可能"是一种现实的可能性。在间接故意情况下，行为人已经认识到结果可能发生，只要实施某个具体行为，现实可能性就会转化为现实性，距离危害结果发生很近。因此，两者在认识程度上有所不同。

2. 行为人轻信能够避免危害结果的发生

在过于自信的过失中，行为人对危害结果的发生持反对、排斥的态度，既不希望也不放任危害结果的发生。行为人之所以在对危害结果的发生有预见的情形下，仍继续实施具有危险性的行为而导致危害结果发生，是因为其"轻信能够避免"，这里的"轻信"是指行为人过高地估计了避免危害结果发生的自身条件或者主客观的有利因素。

三、过失犯罪的法律规定

对于过失犯罪，刑法规定，"法律有规定的才负刑事责任"。只要法律没有特别规定，就不处罚过失犯罪。关于"法律有规定"，有以下四种情况：

第一，分则条文使用"过失"这个词表述的，属于法律有规定的过失犯罪。如过失致人死亡罪、过失爆炸罪等都是非常明显的过失犯罪，都要处罚。

第二，分则条文使用"严重不负责任"这个词语表述的，一般应该确定是法律有规定的过失犯罪。如有关医疗事故罪的法条规定，"医务人员由于严重不负责任，造成就诊人死亡或者严重损害就诊人身体健康的，处三年以下有期徒刑或者拘役"。所以，这应该是过失犯罪，需要负法律责任。

第三，分则条文使用"发生某某事故"之类词语的表述，通常也能表明是法律有规定的过失犯罪。在日常用语中，"事故"就是指由过失或意外造成的事件，而且分则条文对"发生某某事故"的犯罪往往规定了较轻的法定刑。

第四，分则条文使用"玩忽职守"这个词表述的，也表明是法律有规定的过失犯罪。如《刑法》第397条规定的玩忽职守罪——国家工作人员玩忽职守，致使公共财产、国家和人民利益遭受重大损失的。

第四节 无罪过事件

根据《刑法》第16条的规定，"行为在客观上虽然造成了损害结果，但是不是出于故意或者过失，而是由于不能抗拒或者不能预见的原因所引起的，不是犯罪"。这就是刑法理论中的无罪过事件，包括意外事件、不可抗力以及期待可能性。

一、意外事件

刑法上的意外事件，是指行为人的行为虽然在客观上造成了损害结果，但不是出于故意或过失,而是由于无法预见的原因引起的,就不是犯罪,而是意外事件。意外事件有三个特征:一是行为人在客观上造成了损害结果;二是行为人在主观上没有故意和过失;三是损害结果由不能预见的原因引起。

二、不可抗力

刑法上的不可抗力,是指行为在客观上虽然造成了损害结果,但不是出于故意或者过失,而是由于不能抗拒的原因所引发。不可抗力具有以下特征:第一,行为人的行为客观上造成了损害结果。第二,对所造成的损害结果,行为人主观上既无故意,也无过失。第三,损害结果是由不能抗拒的原因引起的。所谓不能抗拒,是指行为人虽然认识到自己的行为可能发生损害结果,但由于行为当时的主观与客观条件的限制,而无力排除或阻止损害结果的发生。例如,司机驾驶车辆在正常行驶过程中,刹车突然失灵撞伤路人,司机虽然能够预见危害结果的发生,但却无法避免,这就属于不可抗力。

三、期待可能性

(一)期待可能性概念

期待可能性,是指在行为当时的具体情形下,能够期待行为人做出合法行为或者适法行为的可能性。也即在能够期待的情况下,如果背离这种期待而实施违法行为,其行为就应该受到谴责;如果不具有期待可能性,就不能对其进行非难。"法不强人所难",这是法律合理性的表现,只有在行为人具有期待可能性的情况下,能够期待他做出合法行为,如果他没有实施合法行为反而实施了违法行为,才能对行为人进行谴责。因此,没有期待可能性,也就欠缺谴责可能性。

期待可能性的理论来自德国的"癖马案"判例。德国帝国法院在判决中指出:确定被告人之违反义务的过失责任,不能仅凭被告人曾认识到驾驭癖马可能伤及行人,而同时必须考虑能否期待被告人不顾失去职业而拒绝驾驭癖马,此种期待对本案被告人来说是不可能的。在这个判决中,法官就提出了一个无罪理由——缺乏期待可能性。后来,在期待可能性理论的基础上形成了规范责任论，不仅要求被告人有心理意义上的故意或者过失，而且要具有可归责性。可归责性就建立在期待可能性的基础上，因为没有期待可能性就没有可归责性。

（二）期待可能性的判断标准

对于是否具有期待可能性，应该以行为人当时的能力状态来判断。具有刑事责任能力的人，基于故意或过失实施某一违法行为，通常就认为存在期待可能性。行为人有无期待可能性，在绝大多数案件中，都不需要特别予以考虑。具有责任能力的人在具有违法性认识的基础上实施某一行为，通常就可以推定期待可能性的存在。

但是，在某些特殊情况下，期待可能性的判断仍然有必要。例如，司法解释做过规定，有些已婚妇女因不堪虐待、外逃重婚的，或因遭受灾害或逃荒，为生活所迫流离失所，流落他乡，不得已而与他人重婚的，不应以重婚罪论处。在这种情况下，之所以不以重婚罪论处，主要就是因为行为人不具有期待可能性。由此可见，是否具有期待可能性是能否免除刑事责任的一个根据。

第五节　犯罪动机与犯罪目的

一、犯罪动机

（一）犯罪动机的概念

犯罪动机是刺激、促使犯罪人实施犯罪行为以达到某种犯罪目的的内心起因或思想活动。动机是一种心理事实，说明一个人为什么会去实施某一个行为。两个人实施的行为相同，但两者的动机可能不一样。犯罪也有不同的动机，例如杀人行为，行为人可能有各种不同的动机：有的是因为报复而杀人，有的是因为图财而杀人，有的是因为奸情而杀人。这里的报复、图财和奸情都是不同的杀人动机。

（二）犯罪动机对量刑的影响

犯罪动机对量刑的影响，主要表现在以下三个方面：

1. 犯罪动机的产生对量刑的影响

动机是内在需求和外在条件互相作用的结果，动机的产生在有些犯罪当中主要由行为人的内在需求所决定；在另外一些犯罪当中，外在的诱因可能起更大的作用。动机如何产生，就对量刑产生了作用。

2. 犯罪动机的性质对量刑的影响

犯罪动机的性质会影响量刑，如故意杀人，有各种动机引起，可能是图财，可能是奸情，可能是报复，也可能是被害人的过错，或者其他一些比较轻微的动机。动机的性质不同，在量刑上就应当根据不同情况进行处理。

3. 犯罪动机的强度对量刑的影响

在有些犯罪中，动机的强度不一样，有的动机比较强烈，有的动机比较微弱，动机的强弱也会影响到被告人的量刑。犯罪动机一般只存在于直接故意犯罪当中，间接故意和过失不存在动机。因为动机是促使行为人去实施犯罪行为的心理动因，只有在直接故意犯罪当中才会有犯罪动机。

二、犯罪目的

（一）犯罪目的的概念

犯罪目的，是指行为人实施犯罪行为所希望达成某种危害结果的心理态度。

目的是主体对自己的行为所指向对象的一种预见性的观念，与一定的结果相联系。结果是目的的现实化，而目的是结果的观念化，目的是一种预见性的观念。目的和结果具有紧密联系：目的是预想的结果，结果是目的的现实化。犯罪目的对于行为起着支配作用，所以目的存在于直接故意犯罪当中，对于间接故意和过失来说，都不存在目的。

（二）犯罪目的的分类

依据刑法对犯罪目的的规定以及犯罪目的的实际意义，犯罪目的可分为"法定目的"与"非法定目的"。

1. 法定目的

法定目的，是指刑法分则条款对犯罪主观要件中明确规定要具备特别目的的要件。有些犯罪，刑法明确规定只有具有特定的目的才能构成，如果没有这种目的犯罪就不能成立，刑法理论上称为目的犯。在一般情况下，目的犯都由法律所规定，通常包含三种情况：（1）以非法占有为目的，如《刑法》第192条规定的集资诈骗罪。（2）以营利为目的，如《刑法》第218条规定的销售侵权复制品罪。（3）以勒索财物为目的，如《刑法》第239条规定的绑架罪。

2. 非法定目的

非法定目的，是指虽然在刑法条款中没有明文规定，但依据条文构成要件的表述，认为该种类犯罪具有某种特定目的。非法定目的的犯罪，在实践中有两种情况：（1）该种犯罪除可以具有某种目的之外，还可以存在其他的罪过形式。例如，故意杀人罪，在条文中并没有规定法定目的，但主观上可以具有"以剥夺他人生命为目的"的直接故意杀人。（2）与法定目的为主观要件的犯罪一样，该种犯罪也只限于主观上只能是一种罪过形式，而不存在其他的罪过形式。如诈骗罪，就只能是直接故意罪过形式，不存在以放任结果发生构成诈骗罪。至于哪些犯罪属于该种情况，应从具体规定的构成要件以及司法实践中进行总结。

第六节　刑法上的认识错误

一、刑法认识错误的概念

认识错误，是指人的主观认识与客观事实之间不一致。刑法认识错误，是指行为人对自己行为的法律性质或事实情况的认识发生错误。认识错误会影响行为人的主观心理态度，从而影响行为人的刑事责任。刑法认识错误主要涉及罪责的阻却问题，也就是刑法认识错误成立，能否阻却犯罪故意。

二、刑法认识错误的判断标准

（一）具体符合说

具体符合说认为，行为人所认识的构成事实与实际发生的事实完全一致时，才构成故意的既遂。如果所认识的构成事实与实际发生的事实之间不相一致，就存在着认识错误。例如，甲想杀害张三，结果把李四误认为张三而杀死。根据具体符合说，甲有杀害张三的故意，但是没有杀害李四的故意，因此，甲杀害李四不是故意所杀，只能是过失。甲想杀张三又没有把张三杀死，属于杀人未遂。在这种情况下，对甲就要定两个罪：对张三的故意杀人未遂和对李四的过失致人死亡。

（二）抽象符合说

抽象符合说认为，行为人所预见的或者所认识的构成事实与实际发生的事实存在抽象一致时，即使在具体的内容上存在差异，也不认为存在认识错误。即使甲误把李四当张三杀死，因为杀的都是人，甲具有杀人的故意，因此构成故意杀人罪。这种观点认为，故意不是杀张三的故意或者杀李四的故意，而是杀人的故意。在杀人故意的支配下，行为人不管杀的是张三还是李四，只要杀的都是人，就定故意杀人罪。

（三）法定符合说

法定符合说又称为构成要件的符合说。该观点认为，在同一个构成要件之内的事实不存在认识错误问题，只有超出构成要件的事实才发生认识错误。比如，甲盗窃乙的提包，甲主观上是想要盗窃财物，结果打开包发现里面有一支手枪。按照抽象符合说，枪支也是财物，即使甲不知道包里面有枪而盗窃，甲仍然构成盗窃枪支罪。而按照法定符合说，盗窃罪与盗窃枪支罪是两个不同的罪名，盗窃枪支罪必须要有盗窃枪支的故意，行为人没有盗窃枪支的故意，只能构成盗窃罪。

本书赞成法定符合说。在同一个构成要件之内的事实并不要求具体认识，但是超出构成要件的事实就要求具体认识，这就是构成事实认识错误的判断标准问题。

三、法律认识错误

法律认识错误，即违法性认识错误，是指行为人对自己的行为在法律上是否构成犯罪、构成何种犯罪或者应当受到何种处罚的错误认识，这种错误一般是行为人不知法律和误解法律造成的。法律认识错误通常有三种情况：

（一）假想的犯罪

假想的犯罪，即行为人的行为在法律上不构成犯罪，而行为人误认为构成犯罪，刑法理论上称为"幻觉犯"。生活中一些人因为不懂法，而导致对行为法律性质的误认，如有的把正当防卫、紧急避险、意外事件等行为当成犯罪，有的把不具备刑事责任能力人实施的危害行为当成犯罪。根据罪刑法定原则的要求，只能依据法律来判断和认定行为的性质，对于法律不认为是犯罪的行为，不能以犯罪论处。

（二）假想的无罪

假想的无罪，即行为人的行为在法律上构成犯罪，而行为人误认为不构成犯罪。这种情况实际上涉及的是违法性认识是否为罪过成立的必要条件。例如，甲男明知乙女只有13周岁，误以为法律并不禁止征得幼女同意后的性行为，于是在征得乙女同意后与乙女发生了性行为，甲的行为就属于假想的无罪。对假想无罪的情形，由于行为人已经实施了触犯刑法的行为，因而应当依法追究其刑事责任，不懂法律原则上并不是可以免除刑事责任的理由。

（三）行为人对具体罪名及刑罚轻重的认识错误

行为人认识到自己的行为已经构成犯罪，但对自己的行为构成何种罪名，以及应当被处以什么样的刑罚，存在错误的理解。例如，行为人在公共场所引爆自制炸弹，将自己的情敌炸死，他以为自己构成故意杀人罪，但实际上因危及公共安全而构成爆炸罪。行为人的此类错误，既不影响定罪也不影响量刑，司法机关只能根据案件事实和法律规定定罪处刑，追究行为人的刑事责任。

四、事实认识错误

事实认识错误，是指行为人主观上对决定其行为性质及刑事责任的有关事实情况存在不正确认识。事实认识错误，是行为前的"事前错误"。事实认识错误主要有以下几种情况：

（一）客体认识错误

客体认识错误，是指行为人意图侵犯一种客体，而实际上侵犯了另一种客体。这种情况实际上是一种特殊的对象认识错误，也就是误把甲对象当成乙对象而实施某种危害行为，而甲对象与乙对象体现着不同的社会关系。例如，行为人意图盗窃财物而偷割正在使用中的电线电缆，行为人意图侵犯的客体是公私财产所有权，但实际上侵犯了公共安全。对客体认识错误的案件，应当按照行为人意图侵犯的客体定罪。

（二）对象认识错误

对象认识错误，是指行为人对侵害的人或物发生的错误认识，以致现实被侵害的不是意图所侵害的。其特点是，行为人对实际侵害对象及实害结果持（直接）故意心理，并且对实际侵害对象的身份存在认识错误。所以，对象认识错误是主观错误。

在对象认识错误的情况下，是否阻却行为人的犯罪故意，要看认识错误是否属于同一构成要件之内：如果是同一构成要件之内，即使认识错误，也不能阻却故意；如果超出同一构成要件，就阻却故意。对象认识错误有时候可以成立犯罪未遂，例如，行为人误把猪当作人来杀害，可以构成杀人未遂，但是如果行为人误把人当作猪来杀害，阻却犯罪故意，也就不能构成故意杀人罪。至于是否无罪，还要看行为人主观上有没有过失：如果有过失，按照过失来定过失致人死亡罪；如果没有过失，就是意外事件。

（三）手段认识错误

手段认识错误，是指行为人主观设想的手段可以导致结果发生，但实际上客观手段不能导致结果发生。比如，张三想采用投毒的方法杀害李四，结果误把白糖当作砒霜来投放，李四吃了白糖当然不会死，张三对犯罪的手段发生了认识的错误。在这种情况下，张三构成手段不能犯的杀人未遂。

手段认识错误又分为两种情况：一是手段的相对不能犯，指行为人采取的手段、工具在该种具体场合、条件下不能发生危害结果，但如果不是因为错误，换成另一具体场合和条件下，则完全能够发生危害结果。二是手段的绝对不能犯，指行为人所采取的手段、工具在正常情况下不能发生危害结果，例如将白糖误认为砒霜而杀人。

（四）打击错误

打击错误，又称为打击偏差、行为误差，是指行为人想要侵害某一对象，由于失误而导致对另一对象的侵害。其特点是，行为人对实际侵害对象及实害结果持过失心理或是意外事件，并且对实际侵害对象的身份不存在认识错误。所以，打击错误是客观错误，是着手后错误。例如现场有张三、李四两个人，甲要杀害张三，结果一刀捅过去把李四捅死了，这就是打击错误。

（五）行为性质认识错误

行为性质认识错误，是指行为人对自己行为的实际性质发生了错误的认识。假想防卫、假想避险等都属于此种情况。对于行为性质错误，一般可以排除故意犯罪的成立，行为或者不构成犯罪，或者构成过失犯罪。行为性质认识错误与法律认识错误有相似之处，都是行为人对自己行为的性质发生误解，但前者是对事实本身的误解，后者是对法律评价的误解，行为性质认识错误的行为人对法律并没有发生误解。

（六）因果关系认识错误

因果关系认识错误，是指行为人对自己所实施的行为和所造成的结果之间的因果关系实际发展进程有错误认识。因果关系错误包含以下三种情况：

1. 狭义的因果关系错误，指结果的发生不是按照行为人对因果流程的预设来实现的情况。狭义的因果关系错误通常并不阻却故意。

2. 结果的推迟发生。行为人误认为自己的行为已经发生了预期的侵害结果，为达到另一目的，又实施了另一行为，事实上行为人所预期的结果是后一行为造成的。该因果关系错误并不阻却故意。

3. 结果的提前实现。在行为人的计划中，有两个行为，其也希望通过第二个行为导致结果的发生，但事实上前一行为就导致结果发生。该因果关系错误并不阻却故意。

法考真题

1. 下列哪一行为构成故意犯罪？（2012/2/5-单）

　　A. 他人欲跳楼自杀，围观者大喊"怎么还不跳"，他人跳楼自杀。

　　B. 司机急于回家，行驶时闯红灯，把马路上的行人撞死。

　　C. 误将熟睡的孪生妻妹当成妻子，与其发生性关系。

　　　D. 做客的朋友在家中吸毒，主人装作没看见。

[答案] D

2. 关于故意的认识内容，下列哪一选项是错误的？（2011/2/5-单）

第九章 犯罪主观要件

A. 成立故意犯罪，不要求行为人认识到自己行为的违法性。

B. 成立贩卖淫秽物品牟利罪，要求行为人认识到物品的淫秽性。

C. 成立嫖宿幼女罪，要求行为人认识到卖淫的是幼女。

D. 成立为境外非法提供国家秘密罪，要求行为人认识到对方是境外的机构、组织或者个人，没有认识到而非法提供国家秘密的，不成立任何犯罪。

[答案] D

3. 关于事实认识错误，下列哪一选项是正确的？（2014/2/7-单）

A. 甲本欲电话诈骗乙，但拨错了号码，对接听电话的丙实施了诈骗，骗取丙大量财物。甲的行为属于对象错误，成立诈骗既遂。

B. 甲本欲枪杀乙，但由于未能瞄准，将乙身旁的丙杀死。无论根据什么学说，甲的行为都成立故意杀人既遂。

C. 事前的故意属于抽象的事实认识错误，按照法定符合说，应按犯罪既遂处理。

D. 甲将吴某的照片交给乙，让乙杀吴，但乙误将王某当成吴某予以杀害。乙是对象错误，按照教唆犯从属于实行犯的原理，甲也是对象错误。

[答案] A

4. 关于犯罪故意、过失与认识错误的认定，下列哪些选项是错误的？（2013/2/53-多）

A. 甲、乙是马戏团演员，甲表演飞刀精准，从未出错。某日甲表演时，乙突然移动身体位置，飞刀掷进乙胸部致其死亡。甲的行为属于意外事件。

B. 甲、乙在路边争执，甲推乙一掌，致其被路过车辆轧死。甲的行为构成故意伤害（致死）罪。

C. 甲见楼下没人，将家中一块木板扔下，不料砸死躲在楼下玩耍的小孩乙。甲的行为属于意外事件。

D. 甲本欲用斧子砍死乙，事实上却拿了铁锤砸死乙。甲的错误属于方法错误，根据法定符合说，应认定为故意杀人既遂。

[答案] BCD

143

5. 甲在乙骑摩托车必经的偏僻路段精心设置路障，欲让乙摔死。丙得知甲的杀人计划后，诱骗仇人丁骑车经过该路段，丁果真摔死。关于本案，下列哪些选项是正确的？（2015/2/56-多）

A. 甲的行为和丁的死亡之间有因果关系，甲有罪。

B. 甲的行为属于对象错误，构成故意杀人既遂。

C. 丙对自己的行为无认识错误，构成故意杀人既遂。

D. 丙利用甲的行为造成丁死亡，可能成立间接正犯。

[答案] ABCD

―――― 思考题 ――――

1. 什么是犯罪故意？犯罪故意有哪两种基本类型？

2. 什么是犯罪过失？犯罪过失有哪两种类型？

3. 什么是犯罪的动机和目的？两者的联系和区别是什么？

4. 如何处理事实认识错误？

第十章 正当化行为

第一节 正当化行为概述

一、正当化行为的概念

正当化行为，也称为排除社会危害性的行为，是指虽然在形式上符合某种犯罪的构成要件，客观上造成损害后果，但实质上既不具备社会危害性、也不具备刑事违法性的行为。

在不同的犯罪构成体系中，正当化行为在犯罪构成体系中的地位不一样。在大陆法系国家三阶层犯罪论体系当中，正当化行为被称为违法阻却事由，在违法性要件中讨论。

在苏联和我国的四要件犯罪构成体系中，正当化行为被称为排除社会危害性的行为，也称为排除犯罪性的行为。行为在形式上看好像具备了犯罪构成要件，但实际上不具有社会危害性，因而被从犯罪当中排除出去，是对犯罪构成进行实质审查的结果。因此，在四要件犯罪构成体系当中，排除社会危害性的行为是放在犯罪构成要件之外进行判断，而不是放在犯罪构成要件之内予以考虑的。

二、正当化行为的特征

正当化行为具有以下特征：

第一，正当化行为具有加害性，客观上造成一定的损害后果。如正当防卫行为对不法侵害人造成伤害或死亡，紧急避险行为造成公私财产的毁损。正因为正当化行为表面上看似乎构成了某种犯罪，且常会被误认为属于犯罪行为，刑法才对其予以特别规定，以便将其与真正的犯罪区别开来。

第二，正当化行为虽然在表象上符合刑法分则所规定的某罪的犯罪构成要件，但不具有社会危害性和刑事违法性，不能认定为犯罪。例如，防卫人为保护合法权益而对正在实施行凶行为的不法侵害人进行伤害，并造成轻伤的后果。该行为从形式上看，似乎符合刑法分则关于故意伤害罪构成要件的规定，但由于刑法总则有关于正当防卫的专门免责规定，故对该行为在认定上适用总则的特别规定，排除其表象的"犯罪性"。

第三，正当化行为的种类及成立条件原则上应由刑法明文规定。我国刑法并没有对生活中所有的排除社会危害性行为的种类及成立条件都加以规定，对一些人们在情理上理所当然地认为正当而司法也不妄加介入的行为、执行命令的行为、自救行为等，在刑法中没有明文规定。

三、正当化行为的种类

关于正当化行为，我国刑法明文规定了正当防卫、紧急避险两种，但是在现实生活中，正当化行为广泛地存在，虽然法律上没有规定，但属于道德生活普遍认可的出罪事由。正当防卫、紧急避险只是正当化行为的一部分，主要是一种紧急行为，是在非常紧迫的情况下所采取的一种防卫措施或者避险措施。

其他正当化行为主要包括：（1）正当职务行为；（2）正当业务行为，具体包括医疗行为和竞技行为；（3）被害人承诺的行为；（4）自救行为；（5）义务冲突。本书会在本章的第四节进行详细讲解。

第二节 正当防卫

一、正当防卫的概念

根据《刑法》第20条规定，正当防卫是为了使国家、公共利益、本人或者他人的人身、财产或者其他权利免受正在进行的不法侵害，而对不法侵害人实施的制止不法侵害且未明显超过必要限度的损害行为。

二、正当防卫成立的条件

根据刑法规定，正当防卫必须具备以下条件：

（一）目的条件

正当防卫目的必须是为了保护合法权益。正当防卫是和正在进行的不法侵害做斗争的行为，具有主观目的的正当性。根据《刑法》第20条第1款的规定，正当防卫行为人在主观上具有为了使国家公共利益、本人或他人的人身、财产和其他权利免受正在进行的不法侵害的意图。

正当防卫目的条件包括两个方面的内容：（1）认识因素。只有在行为人意识到不法侵害正在进行的前提下，才有可能产生防卫意图。如果行为人没有认识到不法侵害正在进行，尽管客观上实施了某种具有防卫性质的行为，也不能认为是正当防卫。（2）意志因素。在行为人认识到不法侵害正在进行的前提下，意图通过防卫行为来制止不法侵害，保护本人、他人的利益或者公共利益和国家利益。

根据正当防卫目的条件，以下三种情况不能成立正当防卫：

1. 防卫挑拨

所谓防卫挑拨，是指行为人出于侵害他人的目的，故意地引逗对方首先进行不法侵害，然后利用正当防卫来造成对方的重大人身、财产权益损害的行为。在防卫挑拨的情况下，存在着正在进行的不法侵害，行为人也对正在进行的不法侵害进行了所谓的防卫，但是这种正在进行的不法侵害是行为人故意挑逗起来的，实际上是利用正当防卫来加害对方，行为人主观上不具有防卫的目的，而是具有侵害的目的。对这种行为应当以故意犯罪来加以处罚。

2. 互相斗殴

互相斗殴也就是打架，是指双方都出于侵害对方的非法意图而发生的相互侵害行为。在互相斗殴的情况下，行为人双方在主观上都具有斗殴的意图而不具有防卫的意图，因而双方都不能认定为正当防卫，而应当按照违法或者犯罪来处理。我国《刑法》第292条还专门设立了聚众斗殴罪，在互相斗殴的情况下，双方的行为都是违法行为，是一种彼此俱罪的关系。

在互相斗殴当中，一般情况下双方都不得主张正当防卫。但是在某些特殊的条件下，在互相斗殴当中仍可存在防卫的问题。主要有两种情况：第一种情况是一开始互相斗殴的程度比较低，但是在斗殴当中，一方突然使用明显升级的暴力手段，且对另一方的人身构成严重威胁甚至危及其生命的，另外一方可以具有防卫权。第二种情况是在互相斗殴当中，一方试图放弃斗殴而逃避，但另一方穷追不舍，继续实施严重侵害对方身体行为的，在这种情况下，意欲放弃斗殴的一方在特定条件下为了保护自己的人身权利可以主张防卫权。

3. 偶然防卫

所谓偶然防卫，是指行为人故意对他人实施侵害行为时，偶遇对方正在进行不法侵害，其行为在客观上制止了他人的不法侵害的情况。由于行为人在主观上没有认识到不法侵害的存在，因而不具备防卫目的，所以偶然防卫也不得认为是正当防卫。例如，甲想开枪杀害乙，未发现乙也在准备开枪杀害丙，甲将乙打死，客观上使得丙避免了被乙伤害，甲的行为客观上具有防卫效果。但是甲是在没有认识到乙正在加害丙的情况下实施的杀死乙的行为，甲的杀人行为仍然是在杀人的犯罪故意支配之下实施的，其主观上没有防卫目的。因此，这种偶然防卫也不得认为是正当防卫。

（二）起因条件

正当防卫的起因条件是指必须存在不法侵害行为。不法侵害的存在是实施正当防卫的必要前提，如果不存在不法侵害行为，也就不可能产生正当防卫的问题。因此，是否存在不法侵害，对于认定某一行为是否属于正当防卫具有重要意义。

不法侵害作为防卫起因，具有以下两个特征：

1. 法益侵害性

不法侵害必须客观存在，而且要有对法益造成物质性损害结果的可能性。所谓"不法侵害"指的是对国家利益、公共利益、本人或者他人的利益造成重大损害的各种违法犯罪行为。不法侵害既包括犯罪行为，也包括违法行为。

2. 侵害紧迫性

不法侵害应具有侵害的急迫性，即造成的法益损害处于紧迫的危险之中，能够形成防卫紧迫感，也只有在这种情况下，才能使防卫成为保护法益的必要手段而具备实质的正当性。这种不法侵害，就是指具有暴力性、破坏性、法益损害发生较快的不法侵害，还要求具有一定的强度，才能形成防卫的紧迫感。对轻微的不法侵害，不宜以正当防卫来解决。

只有具备以上两个条件，才能认定为具备了防卫的起因条件，才能允许防卫人实行正当防卫。在某些情况下，由于行为人对客观事实发生了错误的认识，本来不存在不法侵害，但由于行为人的主观认识错误而误认为存在不法侵害，从而对想象中的不法侵害实行了所谓的防卫，这在刑法理论上称为假想防卫。对于假想防卫的处理主要有以下三个要点：

第一，假想防卫不能认定为是正当防卫。在假想防卫的情况下，并不存在客观上的不法侵害，也就是不存在防卫的起因条件，所谓的防卫只是行为人主观上的臆想，是主观认识错误的结果。

第二，假想防卫可以排除故意犯罪。在假象防卫的情况下，行为人尽管对所想象当中的不法侵害人实施了加害行为，但是这种加害行为是基于主观认识错误而实施的，不能认为是故意犯罪行为。因此，可以排除犯罪的故意。

第三，如果假想防卫行为人对于假想的造成主观上具有过失，应当按照过失犯罪来处理。如果假想防卫人主观上没有过失，就是意外事件，就不能追究行为人的刑事责任。

（三）对象条件

防卫行为针对的必须是不法侵害人本人实施，不能损害第三者（包括不法侵害人的亲属）的利益。正当防卫人只有对不法侵害人本人实行防卫，才能制止其继续实施不法行为，从而达到防卫的目的。在某些情况下，虽然存在着不法侵害，但行为人不是针对不法侵害人进行防卫，而是对第三者进行所谓的防卫，这在刑法理论上被称为防卫第三者。防卫第三者的行为不能认为是正当防卫。

（四）时间条件

正方防卫的时间条件是指不法侵害必须正在进行。《刑法》第 20 条关于正当防卫的规定当中明确指出,只有对正在进行的不法侵害才能实行防卫。因此,如果虽然存在不法侵害,但是不法侵害并非正在进行,而是尚未发生或者已经结束,就不能实行正当防卫。

在司法实践中,对于防卫时间的认定,应注意以下两方面的要求:

第一,不法侵害已经开始。通常而言,"不法侵害已经开始"是指侵害人已经着手并正在直接实行侵害行为。例如,杀人犯持刀砍向受害人,强奸犯对妇女实施暴力或以暴力相威胁,等等。第二,不法侵害尚未结束。是指不法侵害行为或其导致的对法益紧迫的危险状态尚在继续中,防卫人可以用防卫手段予以制止或排除。如果不法侵害已经结束,则不能行使正当防卫权。

如果不具备"不法侵害正在进行"的时间条件,所实施的所谓防卫行为就是防卫不适时。根据防卫不适时发生的时间,可以将其分为事前防卫和事后防卫。

1. 事前防卫

事前防卫,是指不法侵害尚处于犯意表示或者预备阶段,对于合法权益的威胁尚未着手实行时,行为人就对不法侵害人实施某种损害其权益的行为。在事前防卫的情况下,不法侵害尚未进入到实行阶段,因此不具备"不法侵害正在进行"这个时间条件,其行为也不能被认定为正当防卫。

2. 事后防卫

事后防卫,是指在不法侵害终止以后,法益不再处于现实的侵害、威胁之中,对不法侵害人所采取的防卫措施。在事后防卫的情况下,不法侵害已经结束,就不再具备防卫的时间条件,在这种情况下所采取的所谓防卫措施,也不应该认定为正当防卫。

在刑法理论上如何判断不法侵害是否已经结束,存在着比较大的争议。本书认为,在判定一个行为是否是正当防卫时,要采取事前一般人标准,而不是事后理性人标准来进行判断。确定不法侵害的终止时间不能简单地以不法侵害行为已经结束作为标准,还要分析侵害人对防卫人的现实危险有没有排除。如果危险没有排除,就不能认为不法侵害已终止,为了排除这种危险而采取的加害措施仍然具有防卫性质,应当认定为正当防卫。

（五）限度条件

正当防卫的限度条件是防卫行为不能明显超过必要限度而对不法侵害人造成重大损害。如果超过了必要限度，就构成我国刑法所规定的防卫过当，应承担相应的刑事责任。是否超过防卫限度，是正当防卫和防卫过当的主要区分之所在。

"没有明显超过"必要限度，其中"明显"属于规范的要素。如果只是轻微超过必要限度，不成立防卫过当。只有在造成重大损害的情况下，才存在明显超过必要限度的问题。防卫限度的认定，要根据案件的具体情况，根据不法侵害人实施行为的严重程度、手段的残忍程度、防卫人所处的环境、面临的危险程度、采取的制止暴力的手段等进行综合判断，从有利于防卫人的角度出发来进行分析，而不能用事后的客观立场来做机械的判断。

三、无过当防卫

鉴于严重危及人身安全的暴力犯罪的严重社会危害性，《刑法》第20条第3款规定："对正在进行的行凶、杀人、抢劫、强奸、绑架以及其他严重危及人身安全的暴力犯罪，采取防卫行为，造成不法侵害人伤亡的，不属于防卫过当，不负刑事责任。"对此规定，刑法理论上将它称为无过当防卫，也有学者称为特殊防卫或者无限防卫。

无过当防卫与一般正当防卫相比，主要对限度条件的要求有所不同，即无过当防卫没有防卫限度方面的限制，不存在过当的情形。无过当防卫是正当防卫的特殊情况，主要是为了鼓励公民大胆运用正当防卫的法律武器积极和不法侵害做斗争，以解除防卫人的后顾之忧。当然，无过当的防卫也是有条件的：它除了必须具备正当防卫的一般条件以外，刑法也对无过当防卫的防卫对象做了明确的限制。也就是说，只有对《刑法》第20条第3款所规定的行凶、杀人、抢劫、强奸、绑架以及其他严重危害及人身安全的暴力犯罪，才能采取无过当的防卫。如果不属于《刑法》第20条第3款所列举的暴力犯罪，尽管可以实行正当防卫，但是仍然受到必要限度的限制，如果超过必要限度，就构成防卫过当。

于海明致刘海龙死亡案

2018年8月27日21时30分许，江苏省昆山市震川路发生一起宝马轿车驾驶员持刀砍人反被杀案。公安机关查明，案发当晚刘海龙醉酒驾驶宝马轿车（经检测，血液酒精含量为87mg/100ml），载三人行至昆山市震川路，向右强行闯入非机动车道，与正常骑自行车的于海明险些碰擦，双方遂发生争执。经双方同行人员劝解，交通争执基本平息，但刘海龙突然下车，上前推搡、踢打于海明。虽经劝架，刘海龙仍持续追打，后返回宝马轿车拿出一把砍刀，连续用刀击打于海明身体。击打中砍刀甩脱，于海明抢到砍刀，并在争夺中捅刺、砍击刘海龙5刀，刺砍过程持续7秒。刘海龙后经送医抢救无效于当日死亡。于海明经人身检查，见左颈部条形挫伤1处，左胸季肋部条形挫伤1处。

根据本案事实及现有证据，检察机关认为于海明属于正当防卫，不负刑事责任。理由如下：

第一，刘海龙挑起事端、过错在先。从该案的起因看，刘海龙醉酒驾车，违规变道，主动滋事，挑起事端；从事态的发展看，刘海龙先是推搡，继而拳打脚踢，最后持刀击打，不法侵害步步升级。

第二，于海明正面临严重危及人身安全的现实危险。本案系"正在进行的行凶"，刘海龙使用的双刃尖角刀系国家禁止的管制刀具，属于刑法规定中的凶器；其持凶器击打他人颈部等要害部位，严重危及于海明人身安全；砍刀甩落在地后，其立即上前争夺，没有放弃迹象。刘海龙受伤起身后，立即跑向原放置砍刀的汽车——于海明无法排除其从车内取出其他"凶器"的可能性。砍刀虽然易手，危险并未消除，于海明的人身安全始终面临着紧迫而现实的危险。

第三，于海明抢刀反击的行为属于情急下的正常反应，符合特殊防卫要求。检察机关认为，于海明面对挥舞的长刀，所做出的抢刀反击行为，属于情急下的正常反应，不能苛求他精准控制捅刺的力量和部位。虽然造成不法侵害人的死亡，但符合特殊防卫要求，依法不需要承担刑事责任。

第四，从正当防卫的制度价值看，应当优先保护防卫者。"合法没有必要向不法让步。"正当防卫的实质在于"以正对不正"，是正义行为对不法侵害的反击，因此，应明确防卫者在刑法中的优先保护地位。本案是刘海龙交通违章在先，寻衅滋事在先，持刀攻击在先。于海明面对这样的不法侵害，根据法律规定有实施正当防卫的权利。

四、防卫过当及其刑事责任

（一）防卫过当的概念

根据刑法规定，防卫过当是指防卫明显超过必要限度造成重大损害，应当负刑事责任的行为。

根据我国刑法的规定，防卫过当是犯罪行为，应当按照犯罪来处理。1997年《刑法》修订当中，对防卫过当的条件做了修改，加了"明显"两字：不是一般的超过，而是明显超过。另一方面，必须造成重大的损害。这里的"重大损害"通常是指致人重伤或者死亡。只有在具备这些法律规定的情况下，才能构成防卫过当。

（二）防卫过当的刑事责任

在我国刑法中，防卫过当本身不是一个独立的罪名，不能将防卫过当的行为笼统地定为"防卫过当罪"，防卫过当是量刑的情节。构成防卫过当的，应当根据他所触犯的罪名来定故意（间接故意）犯罪或者过失犯罪。

根据《刑法》第20条第2款的规定，防卫过当的，"应当减轻或者免除处罚"。在防卫过当的情况下，行为人虽然应当依法承担刑事责任，但考虑到这种过当是在正当防卫的情况下发生的，其社会危害性较通常犯罪行为的社会危害性要小，因此对于行为人应当减轻或者免除处罚。在具体量刑时，一般应当优先考虑减轻处罚，当减轻处罚仍显处罚过重时，才应当考虑免除处罚。

第三节 紧急避险

一、紧急避险的概念

根据刑法规定，紧急避险是指为了使国家、公共利益、本人或者他人的人身、财产和其他权利免受正在发生的危险，不得已而采取的损害另一较小合法权益的行为。

二、紧急避险的成立条件

根据《刑法》第 21 条第 1 款的规定，紧急避险必须具备以下条件：

（一）起因条件

紧急避险的起因是必须发生了现实危险，即法益正处于可能遭受具体损害的危险之中。危险主要来自这几个方面：（1）人的不法侵害行为导致的危险，无论是有刑事责任能力的人实施的违法犯罪行为，还是无刑事责任能力的人实施的违法犯罪行为，都有可能使某种合法权益处于危险状态。（2）自然灾害造成的危险，例如突发的火灾、洪水、狂风、大浪、山崩、地震等等。（3）动物袭击造成的危险，例如牛马践踏、猛兽追扑等。（4）人的生理、病理疾患导致的危险。例如饥渴难耐的旅行者，在物主不在的情况下私自取走路边房屋中的饮食；为了抢救重伤员，强行拦截过往汽车送往医院等。

（二）时间条件

紧急避险的时间条件，是指正在发生的危险必须迫在眉睫，对国家、公共利益和其他合法权利已直接构成了威胁，实质上是法益正处于紧迫的威胁之中。对法益形成了紧迫的、直接的危害是认定紧急避险的重要条件，对尚未到来或已经过去的危险，都不能实行紧急避险，否则就是避险不适时。

（三）对象条件

紧急避险的对象是第三者的合法权益，即通过损害无辜者的合法权益来保护公共利益、本人或者他人的合法权益，而不是针对危险来源本身造成的损害。如果是与危险源的直接对抗，就不是紧急避险，如对不法侵害的直接对抗，成立正当防卫。

（四）主观条件

行为人主观上必须有避险的意图，只有在不得已即没有其他方法可以避免危险时，才允许实行紧急避险，这也是紧急避险和正当防卫的重要区别之一。因为紧急避险是通过损害一个合法权益而保全另一个合法权益，所以对于紧急避险的可行性要加以严格限制，只有当紧急避险成为唯一可以免遭危险的方法时,才允许实行。

(五)限度条件

紧急避险行为不能超过其必要限度造成不应有的损害,一般认为其标准是紧急避险行为所引起的损害应小于所避免的损害,原因就在于紧急避险所保护的权益同紧急避险所损害的第三者的权益都受法律保护,只有在两利保其大、两弊取其小的场合,紧急避险才是对社会有利的合法行为。所以,紧急避险所保全的权益,必须明显大于紧急避险所损害的权益。

还有一个问题,能不能以牺牲他人的人身权利来保护自己的人身权利?本书认为,紧急避险不允许以牺牲他人的人身权利来保护自己的人身权利。也就是说,不能以牺牲他人的生命或者健康来保护自己的生命或者健康,这是一条基本原则。

需要讨论的是,在何种情况下,以牺牲他人生命的方法保护更多生命的行为,也可能阻却违法?张明楷教授的观点是,在被牺牲者已经特定化,而且必然牺牲,客观上也不可能行使防卫权时,略微提请牺牲该特定人以保护多人生命的,可以认定为违法阻却事由。[①] 比如,恐怖分子劫持了一架飞机,即将撞上大楼,为了保护楼内更多数人的生命,国家安全机构的人员不得已击落了飞机。当然,对于这种极端案件,也有学者认为不是紧急避险,而是类似战争的法令行为。如果击落行为是国家基于正当程序所做出的合理命令,那么这可以视为一种正当行为。

(六)限制条件

《刑法》第21条第3款规定:"关于避免本人危险的规定,不适用于职务上、业务上负有特定责任的人。"职务上、业务上负有特定的责任是指某些人依法承担的职务或者所从事的业务活动,在其本人的职责范围内,就要求他们与一定的危险进行斗争,而不允许他们以紧急避险为由临阵脱逃、玩忽职守。例如,当罪犯对执勤的警察进行侵害时,警察的职责决定了他不能进行紧急避险。如果警察为了抓捕罪犯而拿起路边的财物进行攻击,造成财物毁坏,不是紧急避险,而是正当防卫或者合法的职务行为。

需要注意的是,这里强调的是"负有特定责任的人",而不是"具有职

[①] 张明楷:《刑法学》(上),北京:法律出版社,2021年版,第294—295页。

务或者从事业务的人"，因此，即使行为人具有一定的职务或者从事一定的业务，只要其不负有特定的责任，就可以为避免本人的危险进行紧急避险。

三、避险过当及其刑事责任

（一）避险过当的概念

根据《刑法》第21条的规定，避险过当是指避险行为超过必要限度造成不应有的损害，应当负刑事责任的行为。紧急避险的意义在于通过损害较小的合法权益以保护较大的合法权益，所以只能在必要限度内实施避险行为，如果避险人实际损害了较大的或者价值相等的权益，造成了不应有的损害，其避险行为便失去了意义。

（二）避险过当的刑事责任

根据刑法的规定，避险过当应当负刑事责任，但避险过当本身并不是独立的罪名。因此，在追究避险过当的刑事责任时，应当依据避险人的主观罪过形式以及客观上的行为性质和具体危害结果，按照刑法分则中的相应条款定罪，例如过失致人死亡罪、过失致人重伤罪等。根据《刑法》第21条第2款的规定，对于避险过当行为，量刑时"应当减轻或者免除处罚"。

四、正当防卫和紧急避险的区别

（一）正当防卫与紧急避险的相同点

1. 性质相同，两者都是法定的正当行为。
2. 目的相同，两者都是为了保护国家、公共利益、本人或者他人的人身、财产和其他权利。
3. 前提相同，两者都必须是合法权益正在受到侵害时才能实施。
4. 责任相同，两者超过法定的限度造成相应损害后果的，都应当负刑事责任，但应减轻或免除处罚。

（二）正当防卫与紧急避险的区别

1. 危险的来源不同。正当防卫的危险来源是人的不法侵害行为；而紧急避险的危险来源比较广泛，可以是不法侵害，也可以是自然灾害、动物的侵袭。在遭遇到人的不法侵害时，如果行为人是对不法侵害人进行反击，属于正当防卫；如果为了躲避不法侵害，而损害第三人（不法侵害之外的人）利益的，属于紧急避险。

2. 行为的限制不同。紧急避险必须是出于迫不得已，即只能在没有任何其他方法排除危险的情况下才能实施；而正当防卫无此要求，正当防卫的目的是鼓励公民积极与违法犯罪行为做斗争，公民只要面对正在进行的不法侵害就可以实施。

3. 主体的限定不同。紧急避险不适用于职务上、业务上有特定责任的人；而正当防卫没有这样的要求，任何人均有正当防卫的权利。

4. 行为的限度不同。正当防卫所造成的损害，既可以小于、也可以大于不法侵害行为可能造成的损害，其限度标准是要求为制止不法侵害所必须且损害不明显超过不法损害；紧急避险所保护的利益必须要大于避险行为所损害的第三者的利益，如果等于或者小于所损害的利益，避险就没有意义，法律也就没有保护的必要。

5. 实施的对象不同。正当防卫针对不法侵害者本人实施，损害的是不法侵害者的利益，是正与不正的关系；而紧急避险损害的是与造成危险无关的第三者的合法权益，是合法行为人对他人合法权益的损害，是正与正的关系。

第四节　其他正当化行为

除了正当防卫、紧急避险以外，在现实生活中，还存在着大量非法定的正当化行为，也具有排除犯罪性的功能。

一、正当职务行为

正当职务行为，又称为履行职务的行为，是指行为人根据有效的法律、法规或者上级组织、上级主管人员的命令而实施的合法行为。例如，警察逮捕嫌疑犯、纠正交通违法的行为，法警根据人民法院签发的合法有效的死刑执行令对死刑犯执行死刑的行为等。正当职务行为之所以排除犯罪性，是因为行为人履行正当职务是其应尽的职责，是国家机器和社会秩序得以正常运转的必要保障。

但是，正当职务行为排除犯罪性不是绝对的。如果行为人明知命令、职务行为明显违反法律，则不能排除罪责。在第二次世界大战结束后对战犯的审理当中，无论是德国战犯还是日本战犯，都是以服从命令来作为自己屠杀行为的辩护理由，但最后大部分战犯都被判决承担刑事责任。

二、正当业务行为

正当业务行为，是指虽然没有法律、法规的直接规定，但为维持必要社会生活而从事合法的行业等活动所实施的行为，例如医疗、新闻采访、体育竞技等。

正当业务行为阻却违法性，应符合一定的条件：（1）该行为不能超出业务范围；（2）必须遵守该业务的行为准则；（3）必须是在正当业务范围内、方法适当的行为。例如，医生根据治疗需要对高位瘫痪的病人进行截肢来保全病人的生命，就属于正当业务行为，但是非法摘取人体器官予以贩卖，则可构成组织出卖人体器官罪，或者故意杀人罪、故意伤害罪；出租车司机载客的行为即为业务行为，在遵守运送规则要求的前提下是合法行为，但是如果违反规则任意提高运送价格，则可能构成强迫交易罪、敲诈勒索罪等；新闻记者的采访报道是正当业务行为，但如果报道不遵守其职业行为准则，捏造虚假事实诽谤他人的，则可能构成诽谤罪；在体育竞技中只要遵守竞技规则，即使造成他人伤亡也不认为构成故意伤害罪，但是，如果行为人故意严重违反规则导致他人伤亡的，则要追究刑事责任。

三、被害人承诺的行为

被害人承诺，是指具体法益所有者对侵害自己能够支配的法益所做出的允诺。也就是说，在法益所有者允许或请求行为人侵犯其法益时，表明法益的所有者对该法益放弃了刑法的保护。因此，当行为人实施了某种行为时，也就并没有侵害该法益，阻却行为的实质违法性，就如同罗马法中的一句格言——"经承诺的行为不违法"。

被害人承诺可以分为两种：一般的承诺和推定的承诺。

（一）一般的承诺

被害人承诺在某些情况下使得危害行为变成不具有犯罪构成要件的行

为，这种承诺具有法定的效力。在被害人承诺同意的情况下，行为人对被害人的权利进行某种侵害就是正当化的。被害人承诺阻却违法的成立条件：

1. 承诺人对被侵害的法益有处分权限。被害人原则上只能承诺自己的个人法益，个人财产、名誉、自由、轻伤害、已满14周岁妇女的性权利可以承诺，但重伤害、生命的承诺则无效。例如，承诺对方毁坏自己的财物，但危及公共安全或者侵犯其他法益的，成立相应的其他犯罪。如果不是被害人有权处理的权益或者损害公共利益，则不排除犯罪性。

任何人对国家法益、社会公共法益与他人法益都不能承诺。例如，在刑事诉讼中，即使经过犯罪嫌疑人同意，帮助其毁灭无罪证据或者伪造不利于犯罪嫌疑人的证据，仍然妨害了刑事司法的客观公正性，成立帮助毁灭证据罪。

2. 承诺人必须对所承诺的事项的意义、范围具有理解能力。比如，17周岁的人承诺不要自己的电脑是有效的，行为人拿走他电脑的行为不构成犯罪。但是，17周岁的人承诺出卖自己的器官，应该认为他在这件事上不具有承诺能力。行为人经他同意后取走他的一个器官，就仍然构成故意伤害罪。

3. 承诺必须出于被害人的真实意志。如果被害人因为受到欺骗产生了错误认识，进而做出了承诺，那承诺就无效。

4. 得到承诺后实施的行为不得超出承诺的范围。比如，甲同意乙砍掉自己的一根小指头，而乙却砍掉了甲的大拇指，乙的行为超出了甲承诺的范围，构成故意伤害罪。

（二）推定的承诺

推定承诺的行为，是指被害人的某种权益面临紧急危险时，为了保护该权益，在未经被害人承诺的情况下推定被害人承诺，并损害其某一较小权益的行为。基于推定的承诺要阻却违法，必须满足以下几个条件：

1. 被害人没有现实的承诺。只要有可能通过各种途径询问被害人的意志，就不允许推定被害人承诺。

2. 推定被害人知道真相后一定会承诺。这种推定以一般人合理的价值观念为标准，而不以被害人的实际价值观念为标准。只有在无法确定被害人的价值观念时，才能按照一般人的价值观念推定。

3. 基于推定的承诺一般是为了保护被害人的一部分法益而牺牲其另一部分法益，因此牺牲的法益不得大于保护的法益。推定的承诺一般是为了保护被害人的某种法益而牺牲其另一种较小的法益。

4. 基于推定的承诺必须针对被害人有处分权限的个人法益。这和一般的被害人承诺的要求是一样的。

四、自救行为

自救行为，又称自助行为、自力救济，是指被害人在自己的财产权利受到侵害的紧迫情况下，为了避免自己的合法利益蒙受难以挽回的损失，在来不及寻求国家公权力救济的情况下，依靠自己的力量救济法益的行为。

自救行为是一种事后的自我救济，自救的手段通常也具有侵害性，因此要有一定的限制。自救行为具备以下条件：（1）侵害的现实性。是指对法益的侵害事实已经成立，通常是在侵害已经结束之后。（2）时不可待性。是指自我救助时机就在眼前，稍纵即逝而无暇等待法律救助，或者通过必要的法律程序仍然明显难以恢复受到侵害的法益。（3）方法的妥当性。是指自我救济的手段在造成损害时，必须与所救济的法益具有相当性。例如，对盗窃自己财物者，通过恐吓或轻微暴力将财物取回是可以的，但是采取将盗窃者捆绑的方式取回自己的财物，则可构成非法拘禁罪、故意伤害罪。

五、义务冲突

义务冲突是指同时存在两个以上互不相容的义务时，行为人为了履行其中一项义务，不得已不能履行其他义务的行为。义务冲突，通常情况下，在紧急状态下讨论才有意义。行为人只要做出了选择，法律就不可评论选择的不正当性。例如，一名医生在值夜班的时候，同时送来两名受伤者，甲是事故的被害人，乙是事故的制造者，在两个受伤者的受伤程度相同而医生只能抢救其中一人的情况下，医生没有义务考虑谁对紧急状态有过错，换言之，即使医生抢救事故的制造者，也阻却违法。之所以赋予义务冲突以正当化，主要是基于"优越利益原则"或"选择最小损害的原理"的考虑。

第十章 正当化行为

法考真题

1. 甲、乙共同对丙实施严重伤害行为时,甲误打中乙致乙重伤,丙乘机逃走。关于本案,下列哪些选项是正确的?(2016/2/52-多)

   A. 甲的行为属于打击错误,按照具体符合说,成立故意伤害罪既遂。

   B. 甲的行为属于对象错误,按照法定符合说,成立故意伤害罪既遂。

   C. 甲误打中乙属于偶然防卫,但对丙成立故意伤害罪未遂。

   D. 不管甲是打击错误、对象错误还是偶然防卫,乙都不可能成立故意伤害罪既遂。

   [答案] CD

2. 关于正当防卫的论述,下列哪一选项是正确的?(2012/2/7-单)

   A. 甲将罪犯顾某扭送派出所途中,在汽车后座上死死摁住激烈反抗的顾某头部,到派出所时发现其已窒息死亡。甲成立正当防卫。

   B. 乙发现齐某驾驶摩托车抢劫财物即驾车追赶,二车并行时摩托车撞到护栏,弹回与乙车碰撞后侧翻,齐某死亡。乙不成立正当防卫。

   C. 丙发现邻居刘某(女)正在家中卖淫,即将刘家价值6000元的防盗门砸坏,阻止其卖淫。丙成立正当防卫。

   D. 丁开枪将正在偷越国(边)境的何某打成重伤。丁成立正当防卫。

   [答案] B

3. 甲遭乙追杀,情急之下夺过丙的摩托车骑上就跑,丙被摔骨折。乙开车继续追杀,甲为逃命飞身跳下疾驶的摩托车奔入树林,丙1万元的摩托车被毁。关于甲行为的说法,下列哪一选项是正确的?(2009/2/4-单)

   A. 属于正当防卫。

   B. 属于紧急避险。

   C. 构成抢夺罪。

   D. 构成故意伤害罪、故意毁坏财物罪。

   [答案] B

4. 关于正当防卫与紧急避险,下列哪一选项是正确的?(2016/2/6-单)

   A. 为保护国家利益实施的防卫行为,只有当防卫人是国家工作人员时,才成立正当防卫。

B. 为制止正在发生的不法侵害，使用第三者的财物反击不法侵害人，导致该财物被毁坏的，对不法侵害人不可能成立正当防卫。

C. 为摆脱合法追捕而侵入他人住宅的，考虑到人性弱点，可认定为紧急避险。

D. 为保护个人利益免受正在发生的危险，不得已也可通过损害公共利益的方法进行紧急避险。

[答案] D

5. 关于被害人承诺，下列哪一选项是正确的？（2008/2/5- 单）

A. 儿童赵某生活在贫困家庭，甲征得赵某父母的同意，将赵某卖至富贵人家。甲的行为得到了赵某父母的有效承诺，并有利于儿童的成长，故不构成拐卖儿童罪。

B. 在钱某家发生火灾之际，乙独自闯入钱某的住宅搬出贵重物品。由于乙的行为事后并未得到钱某的认可，故应当成立非法侵入住宅罪。

C. 孙某为戒掉网瘾，让其妻子丙将其反锁在没有电脑的房间一星期。孙某对放弃自己人身自由的承诺是无效的，丙的行为依然成立非法拘禁罪。

D. 李某同意丁砍掉自己的一个小手指，而丁却砍掉了李某的大拇指。丁的行为成立故意伤害罪。

[答案] D

―――― 思考题 ――――

1. 成立正当防卫的条件是什么？
2. 紧急避险有哪些特征？
3. 正当防卫和紧急避险有什么区别？
4. 如何理解被害人承诺？

第十一章 故意犯罪的停止形态

第一节 故意犯罪停止形态概述

一、故意犯罪停止形态的概念

故意犯罪的停止形态，是指行为人在故意犯罪的实施过程中，由于主客观原因而停止下来的各种具体行为状态，包括犯罪的完成形态与未完成形态两种类型。

一个完整的犯罪过程，一般要经历预备犯罪、着手实行犯罪至最终完成犯罪这些步骤，但并不是所有故意犯罪活动都具有完整的步骤，许多犯罪会基于某些主客观原因而在完成以前就停止下来。故意犯罪在实施过程中会呈现出不同的结局，这些表现各异的终局性状态就是故意犯罪的停止形态。

二、故意犯罪停止形态的特征

1. 故意犯罪停止形态只能存在于某些直接故意犯罪中

故意犯罪停止形态只能存在于某些直接故意犯罪中，在过失犯罪中，如果没有出现法定的危害结果，过失犯罪就不能构成，所以过失犯罪没有犯罪停止形态的问题。同样，在间接故意犯罪中，只有发生危害结果才构成犯罪，在没有发生犯罪结果的情况下，不能认定行为人对危害结果的发生是否持放任态度即是否对犯罪存在间接故意，所以间接故意也没有犯罪停止形态的问题。

2. 故意犯罪停止形态只能发生在犯罪过程中

犯罪过程以开始进行犯罪预备活动为起点，以犯罪行为彻底完成为终点。在犯罪过程以外所出现的某种状态，不是故意犯罪停止形态。例如，行为人在盗窃行为完成之后又将所盗财物归还给失主的，因这时犯罪过程已经结束，属于犯罪既遂以后的表现，其行为也不能被认定为故意犯罪停止形态。

3. 故意犯罪停止形态是终局性的状态

故意犯罪停止形态是在犯罪过程中由于主客观原因而停止下来的静止状态，这种静止是结局性的彻底停止，当特定犯罪行为呈现出这种结局性的状态后，就不可能再形成另外一种形态。犯罪的停止形态之间是彼此相对独立而存在的，不具有前后的连接性。

三、故意犯罪停止形态与犯罪阶段

犯罪阶段，指的是根据犯罪的发展过程、不同的法律意义而划分的不同的时间段落。在认定犯罪的停止形态的时候，首先需要确定它处于什么阶段，然后再来认定这种犯罪的停止形态的性质。根据刑法规定，犯罪阶段可以分为两个阶段：

1. 预备阶段

犯罪的预备阶段，是指为了实施犯罪，行为人开始准备工具、制造条件的行为阶段。在这个阶段，行为人主观上具有犯罪的直接故意，即明知其预备行为是为侵害某种客体制造条件，并希望以此达到犯罪的既遂。

2. 实行阶段

犯罪的实行阶段，是指行为人实施刑法规定的各种犯罪行为。由犯罪预备进入实行，必须经过着手，着手与实行是一个组合行为，着手是行为的开始，实行是着手的延续。着手与实行还略有间隔，在着手以后未达实行状态的情况，形成着手未遂。在实行而没有得到结果的情况，形成实行未遂。在一般情况下，犯罪的预备阶段和犯罪的实行阶段前后衔接，犯罪的预备阶段终了，行为人马上就进入犯罪的实行阶段。因此，着手实行行为的时间点就把预备阶段和实行阶段划分开了。"着手"是预备阶段和实行阶段的分界点。

四、故意犯罪停止形态与犯罪构成的关系

作为主客观要件统一体的犯罪构成在我国是犯罪的标准，是判断某种行为是否成立犯罪的唯一根据，也是犯罪形态的基础，只有符合犯罪构成的行为才能被认定为犯罪。而故意犯罪停止形态是在行为成立犯罪的基础上某些故意犯罪呈现出的各种形态，所以应当以行为符合犯罪构成为前提。无论是犯罪既遂还是犯罪预备、未遂与中止，都必须要完全符合犯罪构成。对欠缺必须具备的犯罪构成要件的行为，则不能认为是犯罪。

第二节 犯罪既遂

一、犯罪既遂的概念

犯罪既遂，是指行为人实施的犯罪行为已经完全具备某一具体犯罪构成的全部要件的状态，也就是故意犯罪的完成状态。由于刑法对各种犯罪规定的构成要件不同，犯罪既遂的表现形式也不尽相同。

二、犯罪既遂的表现形式

根据犯罪行为构成要件的特征，犯罪既遂的形态主要有以下几种表现形式。

（一）阴谋犯

阴谋犯指的是以阴谋策划作为犯罪既遂要素的犯罪，通常规定在危害国家安全的犯罪中。例如，《刑法》第103条规定的分裂国家罪，就表述为组织、策划、实施分裂国家、破坏国家统一的行为，组织、策划、实施实际上是对该行为不同阶段的表述。阴谋是最低限度的行为，既然阴谋构成犯罪，阴谋以后再去实施当然更构成犯罪。阴谋本来是预备犯，通过刑法分则规定以后变成了实行犯。因此，阴谋犯不存在犯罪未完成形态的问题，只要进行阴谋行为，就构成犯罪既遂。

（二）举动犯

举动犯，是指只要行为人一经着手实施某种犯罪就构成既遂。举动犯不要求发生一定的结果，行为人在客观上只要实施一定的行为就构成犯罪既遂。举动犯的行为终了和结果发生之间没有时间间隔，或者说行为和结果同时发生。如《刑法》第305条规定的伪证罪，只要行为人实施做伪证的行为，就会发生妨害司法的侵害结果。

举动犯有两种情况：一种纯正的举动犯，即行为本身不可能有结果。另一种是不纯正的举动犯，也就是根据行为的自然性质，有可能发生一定的结果，但是法律不要求发生结果，即使结果没有发生，也不影响犯罪既遂的成立。

（三）程度犯

程度犯，是以行为人的行为实施到一定的程度作为既遂标准的犯罪。程度犯不要求发生结果，只要行为人实施犯罪行为就可以构成，但是要求犯罪行为实施到一定程度才达成既遂。如果没有实施到一定的程度，则成立犯罪未遂。例如《刑法》第316条规定的脱逃罪就是程度犯，行为人脱逃达到逃离监所的程度构成既遂，如果脱逃被抓回则是未遂。

（四）危险犯

危险犯，是以行为人实施的行为造成法律规定的发生某种危害结果的危险状态为既遂标准的犯罪。刑法理论上将危险犯分为以下两种：

1. 抽象危险犯

抽象危险犯，是指在司法上认定行为具有发生侵害结果的危险，不需要法官在个案中进行具体判定的危险犯类型。抽象危险犯实际上就是举动犯。抽象危险犯的危险是立法推定的危险，不需要司法人员根据具体情况对案件再做具体认定，只要认定行为人实施了具有刑法分则规定的某种犯罪构成要件的行为，危险就自在其中。如《刑法》第133条之一规定的危险驾驶罪，在道路上驾驶机动车追逐竞驶、情节恶劣的，或者在道路上醉酒驾驶机动车的，处拘役，并处罚金。但是危险驾驶罪的第四种方式（违规运输危险化学品）则是具体的危险犯。

2. 具体危险犯

具体危险犯，是指需要在司法上就具体个案"是否存在现实性的具体危险"进行判定的危险犯类型。具体危险犯的"危险",是司法认定的危险,法官不仅要查明行为人是否实施了具有刑法分则规定的某种构成要件的行为,还需要另外进行判断是否存在着某种危险的状态。行为人即使实施了具有某种构成要件的行为,如果不存在危险状态,仍然可能是犯罪未遂。因此,具体危险犯也称为危险状态犯。

具体危险犯的"危险"需要司法者专门加以判断,因此,危险是否存在就成为判断某些犯罪构成要素是否齐备的重要因素。在某些情况下,尽管行为人也实施了放火、决水、爆炸、投放危险物质等行为,但结果并没有发生,或者连造成结果发生的危险都没有,就是具体危险犯的未遂。所以,实行行为和预备行为、既遂行为与未遂行为的认定,应当根据刑法分则的具体规定进行判断。

(五)结果犯

结果犯又称为实害犯,是指以法定的犯罪结果发生作为既遂标准。结果犯的构成要件中,不仅要实施符合具体构成要件的行为,还要求发生法定的犯罪结果,并且行为和结果之间要有因果关系。结果犯的行为终了和结果发生之间有时间间隔,结果犯的结果需要独立判断,行为犯的结果则通过行为来判断。

在结果犯的情况下,犯罪构成要素既包括行为,也包括结果,还要求有因果关系,因此,结果犯的要素要求是最多的。在结果犯的情况下,就有犯罪的未完成形态问题:结果发生了就构成犯罪既遂,结果没有发生就是犯罪的未完成形态。

(六)结果加重犯

结果加重犯,是指行为人实施具备基本犯罪构成要件的行为,除了造成了一个本罪的结果外,还发生了法律规定的加重结果,刑法对此规定了较重刑罚的犯罪,即基本犯罪+加重结果=结果加重犯。如抢劫致人重伤或者死亡,就是典型的结果加重犯。

结果加重犯的成立条件:

第一,行为人实施了基本犯罪行为,并且对基本犯罪行为的对象造成了加重结果。比如,只有造成故意伤害的对象死亡,才属于故意伤害的加重结果。

第二，加重结果和基本犯罪行为之间具有"直接性关联"。只有当具有造成加重结果的高度危险的基本行为直接造成了加重结果时，才能将加重结果归属于基本行为，进而认定为结果加重犯。例如，行为人入户抢劫时把被害人捆在房间，劫取财物后逃走，被害人挣脱后外出呼救，不慎从二楼窗户掉下摔死。这种情况下，行为人不成立抢劫致人死亡，因为被害人摔死和行为人的捆绑行为没有直接关联性。但是，如果被害人因为被捆绑而饿死，行为人则成立抢劫致人死亡的结果加重犯。

第三，行为人对加重结果至少有过失。任何人只对自己负有过失或者故意的结果承担刑事责任，如果行为人连过失都没有，加重结果就不能由行为人来承担。

刑法对结果加重犯明确规定了加重的法定刑，所以，成立结果加重犯，应当根据规定适用加重的法定刑，不能实行数罪并罚。

三、既遂犯的刑事责任

对于既遂犯，我国刑法总则没有专门规定其处罚原则。因为刑法分则条文对具体犯罪法定刑的设置，所针对的都是具备了完备犯罪构成要件的犯罪。犯罪既遂形态是刑法分则配置法定刑时对应的标准，相关分则条文中的法定刑就是以犯罪既遂为基准设置的。因此，对既遂犯的处罚，可结合刑法总则的有关规定，直接按照刑法分则具体条文的规定追究其刑事责任。

第三节　犯罪预备

一、犯罪预备的概念

根据《刑法》第22条规定，犯罪预备，是指已经实施犯罪的预备行为，由于行为人意志以外的原因而未能着手实行犯罪的情形。

二、犯罪预备的特征

根据犯罪预备的概念，犯罪预备具有以下三个特征：

(一)行为人已经实施犯罪预备行为

犯罪预备行为,就是指《刑法》第22条第1款规定的"为了犯罪,准备工具、制造条件"。从这一概念可以看出,犯罪预备行为就是为犯罪创造各种便利条件的行为。犯罪预备行为可以从主观、客观两方面进行理解。

1. 主观方面

主观上,犯罪预备是为了犯罪,具有犯罪的目的性,也就是有实施犯罪的意图,因此,犯罪预备只存在于直接故意的犯罪当中。这里的"为了犯罪",是预备犯的主观违法要素。在预备行为的时候,行为人的行为是否是犯罪的预备行为,客观上还看不出来。因此,行为人主观上是为了犯罪,目的是进一步实施实行行为。

2. 客观方面

客观上,是行为人准备工具、制造条件。准备工具是具体的预备行为,很多犯罪都需要准备一定的工具,比如,购买毒药作为杀人工具,把菜刀磨锋利作为杀人工具,改装工具以适用犯罪需求,向别人借工具作为犯罪工具,盗窃他人物品作为犯罪工具,等等。因此,准备工具是绝大多数犯罪预备的另一种表现方式。

除了准备工具外,刑法还用了一个概念——制造条件。准备工具也是一种制造条件的行为,创造条件以便有利于犯罪的顺利进行,只要是能使犯罪顺利实施的所有准备工作都是在制造条件。

(二)未能着手实行犯罪

未能着手实行犯罪,是指行为人只是实施了犯罪的预备行为,还没有开始实施犯罪的实行行为。因此,"未能着手实行犯罪"是犯罪预备与犯罪未遂、犯罪既遂的主要区别。"着手"是实行行为的起点,着手前的行为是犯罪的预备阶段,着手后的行为就是犯罪的实行阶段。未能实行犯罪包括:(1)预备未终了。如甲为了抢劫将枪支零部件买回,正在安装但尚未安装完毕就被发现。(2)预备终了,但未着手实施。如乙准备投毒杀人,毒药已买回,但始终没有机会下手。

(三)未能着手实行犯罪是由于犯罪分子意志以外的原因

行为人开始实行犯罪的预备行为,但是在预备阶段由于意志以外的原因而使得犯罪被迫停顿下来。行为人主观上想着手犯罪实行行为，但客观因素阻碍了其犯罪行为的进一步发展。如甲为了抢劫而购买匕首和绳索，还没开始抢劫就被人告发。"犯罪分子意志以外的原因"是犯罪预备和犯罪预备阶段的犯罪中止区别的主要特征。

三、犯罪预备与犯意表示

（一）犯意表示的概念

犯意表示，是指具有犯罪意图的行为人，通过一定的方式将自己的犯罪意图表露出来的外部活动。犯意表示属于思想犯罪的范畴，行为人尚未实施任何行为。行为人主观上产生了某种犯意，有时候会把这种犯意表达出来，用口头语言或书面语言表达，说明该人具有犯罪的可能性、危险性。刑法评价的是具体犯罪行为，因此，犯意表示不能被认定为犯罪。

（二）犯罪预备与犯意表示的区别

犯意表示与犯罪预备都是一种行为，而且都流露和表现出"犯罪"的内容，因此，容易发生混淆。

二者的相同之处在于：（1）都是一种行为，犯意表示是一种言词行为，而犯罪预备则是为犯罪创造条件的行为；（2）都是一种有意识的行为，都反映了行为人的犯罪意图；（3）都不能对刑法所保护的法益造成直接的、现实的侵害或破坏。

二者的区别主要是：（1）犯意表示是通过口头的或书面的形式，单纯地流露犯罪意图；犯罪预备则是通过各种具体的活动为实行犯罪创造条件。（2）犯意表示停留在单纯表现犯罪的思想阶段，尚未通过实际的犯罪行为将犯罪意图的实现付诸行动；而犯罪预备则是将犯罪目的与犯罪行为有机地结合起来，开始实施犯罪的准备活动。

四、预备犯的刑事责任

《刑法》第22条第2款规定："对于预备犯，可以比照既遂犯从轻、减轻处罚或者免除处罚。"这就是我国刑法关于预备犯处罚的一般原则。

根据这一规定，对于预备犯可以比照既遂犯从轻、减轻处罚或者免除处罚。到底是从轻还是减轻处罚还是免除处罚，要根据犯罪预备的具体情况确定。

第四节　犯罪未遂

一、犯罪未遂的概念

根据《刑法》第 23 条规定，犯罪未遂，是指行为人已经着手实施犯罪，但由于其意志以外的原因而未得逞的故意犯罪形态。

二、犯罪未遂的特征

根据我国刑法规定，犯罪未遂具有以下三个特征：

（一）行为人已经着手实行犯罪

所谓已经着手实行犯罪，是指行为人已经开始实施某一犯罪的实行行为，即行为人开始实施刑法分则条文中规定的某一具体犯罪构成要件中的犯罪行为。"着手"标志着犯罪行为从"预备"向"实行"跨出了关键的一步，着手实行犯罪，是犯罪未遂区别于犯罪预备的主要特征。

关于"着手"的认定，应当从主观和客观两方面进行分析。从主观上看，着手实行犯罪说明行为人的犯罪意图已经开始直接支配实行行为并通过行为充分表现出来。实行行为是刑法分则所规定的构成要件行为，每一种犯罪都有自身特定的实行行为，只有在明确某一种具体犯罪的实行行为的基础之上，才能对犯罪的实行行为的"着手"做出正确的判断。从客观上看，着手犯罪不仅指形式上实施了刑法规定的构成要件的行为，更重要的是在实质上对法益有现实侵害的紧迫性。

（二）犯罪未得逞

犯罪未得逞，表明犯罪没有达到既遂形态，其行为未能完全具备构成某一个具体犯罪所必需的全部构成要件，这也是犯罪既遂和犯罪未遂相区分的重要标准。犯罪既遂是指某个犯罪的具体构成要件都具备，犯罪未得逞是指某一个具体犯罪的构成要件没有完全具备，或者说不齐备。

未得逞的判断，不能根据行为人的主观愿望来判断，应当根据某犯罪的构成要件是否完全具备来做出判断，不能将犯罪未得逞简单地与未达到行为人的犯罪目的等同起来。在某些情况下，是否得逞的问题确实和行为人的主观目的是否实现有关系。在某些犯罪形态当中，主观目的与犯罪结果两者是统一的，如果主观目的没有达到，客观结果就没有发生，那么这个犯罪的构成要件就没有齐备，就应当认定为是犯罪的未遂。

（三）犯罪未得逞是由于行为人意志以外的原因

意志以外的原因，是指违背犯罪人完成犯罪的意志，并能够阻止犯罪行为达到既遂的各种主客观因素，包括以下三个方面：

1. 意外的客观原因

意外的客观原因是意志以外的原因当中主要的组成部分，具体包括：行为人遭到被害人强有力的反抗而丧失继续侵害能力；遭到第三者的制止或司法机关的拘捕；被害人有效的逃避；自然力的破坏；难以克服的物质障碍；等等。如果被害人不是反抗而是苦苦哀求，犯罪人基于同情或者怜悯而放弃犯罪，应成立犯罪中止，而不能以犯罪未遂论。

2. 行为人自身的客观原因

主要是指行为人能力上的不足。比如，甲用枪杀人，结果枪法不准，没把人打死；乙盗窃保险柜，由于技术不佳打不开保险柜；丙一遇到紧张的事情肚子就疼痛难忍，没有力气将犯罪进行到底。在这种情况下，即使行为人犯罪的意志没有放弃，但由于事实上不具备或者已经丧失了犯罪能力，不得不停止犯罪行为。

3. 行为人主观上的认识错误

行为人主观上的认识错误导致犯罪未完成，即存在"事实上的认识错误"，主要包括：对侵害对象的认识错误、对使用工具的认识错误、对因果关系的认识错误等。由于主观上的认识错误导致结果没有发生，这种主观上的认识错误也是意志以外的原因。意志以外的原因，通常都是不利于犯罪人完成犯罪的原因，对于犯罪是一种外在的阻止或者阻挡。

三、犯罪未遂的类型

根据不同的标准，犯罪未遂可以划分为不同的类型。

（一）实施未了的未遂与实施终了的未遂

这是以实行行为是否实行终了为标准进行的分类。

1. 实施未了的未遂

行为人由于意志以外的原因,没能把认为达到既遂所必需的全部行为都实行完毕,所以犯罪没得逞。比如,行为人在盗窃过程中被当场擒获,在这种情况下行为人没有盗得财物,这就是未实行终了的未遂。未实行终了的未遂是指犯罪构成要件行为没有完成。

2. 实施终了的未遂

实施终了的未遂是指行为人已经实施完毕犯罪构成要件行为,但是预期的犯罪结果没有发生。例如,行为人实施投毒杀人的犯罪行为时,把毒药投到被害人的食物当中,投毒行为实行终了,但是被害人闻到食物有药味,就把食物倒掉了;或者被害人虽然吃了有毒的食物,但毒性发作后被送到医院抢救过来。在这种情况下,这里的未遂就是实施终了的未遂。

(二)能犯未遂与不能犯未遂

这是以犯罪实行行为能否实施完毕为标准进行的分类。

1. 能犯未遂

能犯未遂,是指行为人实施的实行行为实际上有可能达到既遂,但由于其意志以外的原因未能达到既遂的形态。例如,行为人用刀杀人,将被害人刺成重伤后误以为被害人已经死亡,但被害人因抢救及时而脱险。行为人的行为完全可能达到既遂,但由于其认识错误而未遂,因此属于能犯未遂。

2. 不能犯未遂

不能犯未遂,是指行为人已经着手实施实行行为,由于行为人意志以外的原因或者主观上的认识错误,使得某种犯罪不可能达到既遂的状态。不能犯未遂由于不能的原因不同,可以分为两种类型:(1)工具不能犯,又称为手段不能犯,即行为人所使用的工具或采用的手段在客观上无法达到犯罪既遂。如行为人将白糖误认为砒霜而杀人。(2)对象不能犯,即行为人所针对的对象不可能发生行为人所预想的结果。如误将男性当成女性而意图强奸,或者在晚上误把野猪当成人杀害。

手段不能犯未遂不同于迷信犯。迷信犯是指行为人处于愚昧无知,采取没有任何客观依据,在任何情况下都不可能产生实际危害结果的手段、方法,企图实现犯罪意图的情形。迷信犯所采取的手段建立在迷信的基础上，违反科学规律，因而不可能产生实际危害结果，也就不具有可罚性。当然，有的时候迷信犯也会造成法益侵害结果，这种情况就会构成犯罪。例如，甲的妻子一直生病，非常痛苦，甲听说人死后就会升天，就没有痛苦了，然后有一天甲给妻子喝了毒药，导致妻子死亡。甲构成故意杀人罪。

四、未遂犯的刑事责任

《刑法》第23条第2款规定："对于未遂犯，可以比照既遂犯从轻或者减轻处罚。"在未遂的情况下，犯罪构成要件还不齐备，因此不能把未遂犯和既遂犯同等对待，而应当加以区别对待，通常情况下应当处以轻于既遂犯的刑罚。当然，在个别情况下虽然只是犯罪未遂，但造成的后果非常严重，社会危险性也大，对其处罚也可以不予从轻。

第五节　犯罪中止

一、犯罪中止的概念

根据《刑法》第24条规定，犯罪中止是行为人在犯罪过程中自动放弃犯罪或者自动有效地防止犯罪结果发生的故意犯罪形态。

犯罪中止的成立，要求行为人自动回到法律秩序的轨道上，即自动放弃犯罪，或者自动有效地防止犯罪结果的发生。因此，从主观恶性上来说，犯罪中止显然要比犯罪预备和犯罪未遂更轻一些。

二、犯罪中止的类型

（一）消极的犯罪中止和积极的犯罪中止

根据犯罪中止的成立条件，分为消极的犯罪中止和积极的犯罪中止。

1. 消极的犯罪中止

消极的犯罪中止，是指在犯罪过程中自动放弃其犯罪行为，因而未发生犯罪结果的。在这种情形中，行为人只要消极停止犯罪行为的实行，就可以成立犯罪中止。

2. 积极的犯罪中止

积极的犯罪中止，是指在犯罪结果尚未发生之前，有效地防止犯罪结果发生的犯罪中止。在这种情况下，只是消极地不再实施行为并不能成立犯罪中止，必须以积极的行为有效地防止犯罪结果发生的，才能够成立犯罪中止。

（二）预备的中止、实行未了的中止和实行终止的中止

根据犯罪中止的空间条件，分为预备的中止、实行未了的中止、实行终了的中止。

1. 预备的中止

预备的中止，是指发生在犯罪预备阶段的犯罪中止，即尚未着手犯罪实行行为的犯罪中止。在这种情形中，行为人自认为可以继续犯罪的着手实行，而自动放弃犯罪的实行，不再进行犯罪预备行为或者不再着手犯罪的实行行为。

2. 实行未了的中止

实行未了的中止，是指发生在犯罪实行过程中，犯罪的实行行为尚未终了时的犯罪中止。主要表现在行为人在自认为可以完成犯罪的情况下，自动放弃犯罪实行行为的继续实行或者完成。一般情况下，只要消极地放弃就能够成立实行未了的中止，但不排除在特别情况下行为人应当采取一定的措施积极阻止结果发生。

3. 实行终了的中止

实行终了的中止，是指发生在犯罪实行行为终了后，犯罪结果尚未发生（没有达到既遂）时的犯罪中止。一般情况下，这种犯罪中止必须以积极的行为有效地防止犯罪结果的发生。虽然积极采取措施防止结果发生，但是最终未能防止结果发生，则不能成立犯罪中止，仍然是犯罪既遂。

三、犯罪中止的特征

根据我国刑法的规定，犯罪中止有三个特征。

（一）犯罪中止的时间条件

根据《刑法》第24条第1款的规定，犯罪中止发生在犯罪过程中，即犯罪中止在犯罪过程中的任何一个阶段都有可能成立，这个犯罪过程是从开始犯罪预备到最后的犯罪既遂之前。所以，在各个犯罪阶段都有可能发生犯罪中止。

犯罪中止的时间条件不仅有起始时间，而且还有终止时间。犯罪中止的终止时间是指在犯罪既遂以前中止犯罪。如果犯罪既遂以后，行为人返还原物，赔偿损失，只能算犯罪后的悔罪表现，不能成立犯罪中止，但可以作为量刑时从宽处罚的情节予以考虑。

（二）犯罪中止的主观条件

犯罪中止的主观条件，是指犯罪之所以未完成是由于犯罪分子自动放弃犯罪，它和犯罪未遂的被动性恰好成正比。犯罪中止的自动性，是犯罪中止和犯罪未遂区分的重要标志。犯罪未遂是"非不为，不能也"，犯罪中止是"非不能，不为也"。著名的弗兰克公式中的经典表述是："能达目的而不欲时，是犯罪中止；欲达目的而不能时，是犯罪未遂。"犯罪中止并不是行为人不能完成犯罪，而是不想犯罪，是基于行为人本人的意愿而放弃犯罪。只要是出于行为人本人的意愿而放弃犯罪，均可认定为符合自动性的要求。

（三）犯罪中止的客观条件

犯罪中止的客观条件是指行为人在主观意愿的支配下，在客观上实施中止犯罪的行为，《刑法》第24条第1款规定了两种中止行为：自动放弃犯罪和自动有效地防止犯罪结果发生。

1. 自动放弃犯罪

自动放弃犯罪，指的是行为人在犯罪预备和实行过程中，由于行为没有实施完毕，因此要想成立中止，只要自动放弃犯罪，在犯罪还可以实施的情况下不再实施，只要消极地不作为就可以构成中止。

2. 自动有效地防止犯罪结果发生

自动有效地防止犯罪结果发生，指的是实行后阶段的中止行为。在实行后阶段，行为人的预备行为和实行行为都已经实施完毕，所以必须要防止既遂的犯罪结果发生。如果行为人虽然采取了某种积极的防止措施，但是犯罪后果最终仍然发生，则不具备中止的有效性，因此应认定为犯罪既遂。但采取防止措施的行为可以作为犯罪后的悔罪表现，在量刑时予以考虑。

犯罪中止的成立，必须是在犯罪过程中，行为人基于本人的主观愿望自动放弃犯罪或者自动有效地防止犯罪结果发生。在主观心理的基础上，从规范的角度来看，行为人的放弃是在向合法秩序回归。根据理性犯罪人标准，由司法人员对行为人是否有从犯罪"回转"的"合法性回归"进行规范评价。这其实是对行为人的主观心理事实进行规范评价，在这种规范评价中，只有从规范上看，行为人具有向"合法性回归"的决心，才能成立中止。

四、中止犯的刑事责任

《刑法》第24条第2款规定："对于中止犯，没有造成损害的，应当免除处罚；造成损害的，应当减轻处罚。"这就是犯罪中止的处罚原则。

犯罪中止反映行为人主观恶性比较轻，因此，对中止犯减轻或免除处罚，具有刑事政策的意义。李斯特认为犯罪中止是"为犯罪分子架设了一座后退的金桥"。因此，中止是一座金桥，给了犯罪分子一条退路，如果放弃了犯罪，就可以受到法律的宽大处理。

与既遂犯相比，中止犯的违法性和有责性都有所减少，因此应该减轻处罚。同时，某些中止犯自动回到了合法的轨道，不再有特殊预防的必要性，因此应当免除处罚。这体现了我国刑法对于中止犯宽大处理的基本精神。

―――― **法考真题** ――――

1. 关于故意犯罪形态的认定，下列哪些选项是正确的？（2013/2/54-多）
    A. 甲绑架幼女乙后，向其父勒索财物。乙父佯装不管乙安危，甲只好将乙送回。甲虽未能成功勒索财物，但仍成立绑架罪既遂。
    B. 甲抢夺乙价值1万元项链时，乙紧抓不放，甲只抢得半条项链。甲逃走60余米后，觉得半条项链无用而扔掉。甲的行为未得逞，成立抢夺罪未遂。
    C. 乙欲盗汽车，向甲借得盗车钥匙。乙盗车时发现该钥匙不管用，遂用其他工具盗得汽车。乙属于盗窃罪既遂，甲属于盗窃罪未遂。
    D. 甲在珠宝柜台偷拿一枚钻戒后迅速逃离，慌乱中在商场内摔倒。保安扶起甲后发现其盗窃行为并将其控制。甲未能离开商场，属于盗窃罪未遂。

[答案] AC

2. 关于犯罪停止形态的论述，下列哪些选项是正确的？（2012/2/54- 多）

　　A. 甲（总经理）召开公司会议，商定逃税。甲指使财务人员黄某将 1 笔 500 万元的收入在申报时予以隐瞒，但后来黄某又向税务机关如实申报，缴纳应缴税款。单位属于犯罪未遂，黄某属于犯罪中止。

　　B. 乙抢夺邹某现金 20 万元，后发现全部是假币。乙构成抢夺罪既遂。

　　C. 丙以出卖为目的，偷盗婴儿后，惧怕承担刑事责任，又将婴儿送回原处。丙构成拐卖儿童罪既遂，不构成犯罪中止。

　　D. 丁对仇人胡某连开数枪均未打中，胡某受惊心脏病突发死亡。丁成立故意杀人罪既遂。

[答案] ABCD

3. 关于犯罪中止，下列哪些选项是正确的？（2010/2/57- 多）

　　A. 甲欲杀乙，埋伏在路旁开枪射击但未打中乙。甲枪内尚有子弹，但担心杀人后被判处死刑，遂停止射击。甲成立犯罪中止。

　　B. 甲入户抢劫时，看到客厅电视正在播放庭审纪实片，意识到犯罪要受刑罚处罚，于是向被害人赔礼道歉后离开。甲成立犯罪中止。

　　C. 甲潜入乙家原打算盗窃巨额现金，入室后发现大量珠宝，便放弃盗窃现金的意思，仅窃取了珠宝。对于盗窃现金，甲成立犯罪中止。

　　D. 甲向乙的饮食投放毒药后，乙呕吐不止，甲顿生悔意急忙开车送乙去医院，但由于交通事故耽误一小时，乙被送往医院时死亡。医生证明，早半小时送到医院乙就不会死亡。甲的行为仍然成立犯罪中止。

[答案] AB

4. 甲欲杀乙，将乙打倒在地，掐住脖子致乙深度昏迷。30 分钟后，甲发现乙未死，便举刀刺乙，第一刀刺中乙腹部，第二刀扎在乙的皮带上。刺第三刀时刀柄折断。甲长叹"你命太大，整不死你，我服气了"，遂将乙送医，乙得以保命。经查，第一刀已致乙重伤。关于甲犯罪形态的认定，下列哪一选项是正确的？（2012/2/8- 单）

　　A. 故意杀人罪的未遂犯。　　　　B. 故意杀人罪的中止犯。

C. 故意杀人罪的既遂犯。　　　D. 故意杀人罪的不能犯。

[答案] A

思考题

1. 故意犯罪的停止形态与故意犯罪阶段有什么联系与区别？
2. 如何区分犯罪预备与犯意表示？
3. 如何认定实行行为的"着手"？
4. 如何理解犯罪中止的"自动性"？
5. 如何理解犯罪预备、犯罪未遂、犯罪中止的处罚原则？

第十二章　共同犯罪

第一节　共同犯罪概述

一、共同犯罪的概念

（一）共同犯罪的定义

共同犯罪，是指两人以上共同故意犯罪。共同犯罪是故意犯罪的特殊形态，共同犯罪和未完成罪一样，都把过失犯罪排除在外。共同犯罪的概念因共同犯罪的体系不同而有所区别，我国刑法中的共同犯罪的体系以主犯为中心，大陆法系国家刑法中的共同犯罪的体系以正犯为中心。

（二）共同犯罪与共犯

共同犯罪与共犯的含义不完全相同。大陆法系国家的刑法普遍使用"共犯"一词，法典中并无"共同犯罪"的概念。我国1997年刑法总则第二章第三节的标题则为"共同犯罪"，总则部分未曾出现"共犯"一词，不过刑法分则中多个条文有"以共犯论处"的规定。因此，共同犯罪与共犯之间到底是什么关系，就值得认真研究。

共犯其实也有多种含义。最广义的共犯指的是二人以上共同实施犯罪的情形，在我国指的是二人以上共同故意犯罪的情形，这种最广义的共犯主要指的是犯罪形态。广义的共犯与狭义的共犯概念根据其使用语境，既可以指一种犯罪形态，也可以指犯罪人。其中，广义的共犯在大陆法系国家指的是教唆犯、帮助犯与共同正犯的统称；在我国既可以作为组织犯、教唆犯、帮助犯与共同正犯的统称，也可以作为主犯、从犯、胁从犯的统称。我国刑法分则中"以共犯论处"的含义是视行为人的分工或作用，以某罪的共同犯罪人论处，相当于广义的共犯概念。狭义的共犯指的是与正犯概念相对应的教唆犯和帮助犯。

（三）共犯与正犯

正犯，是指实施了刑法分则所规定的具体犯罪构成要件行为（实行行为）的人。根据参与行为人的单复与主观犯意是否有联系，正犯在理论上分为单独正犯、同时正犯与共同正犯。共同犯罪的认定应当以正犯为中心，共犯的犯罪性从属于正犯，如果离开了正犯，就不存在共犯。

二、共同犯罪的成立条件

根据《刑法》第 25 条的规定，共同犯罪的成立条件包括：

（一）主体要件

共同犯罪的主体，必须是两个以上达到刑事责任年龄、具有刑事责任能力的自然人或单位。行为人单独实施犯罪，包括数人在同一时间或相继单独实施犯罪，不能构成共同犯罪。此外，自然人与单位、单位与单位之间亦可成立某些共同犯罪。当然，在单位与自然人的共同犯罪中，其中的自然人也必须符合刑事责任年龄和刑事责任能力的要求。

（二）客观条件

成立共同犯罪必须二人以上具有共同的犯罪行为。所谓共同犯罪行为，指各共同犯罪人的行为都指向同一犯罪事实，与犯罪结果之间都存在着因果关系。共同犯罪的行为方式在理论上有以下分类：

1. 共同实行行为

共同实行行为是指二人以上直接实行刑法分则规定的行为。二人以上共同实施犯罪时并不要求每一个人的行为都符合具体罪名的犯罪构成，只要符合构成要件中的部分行为就可以。例如，甲、乙二人商量入室抢劫，甲负责在门口望风，乙负责入室抢劫财物，甲、乙二人构成共同犯罪。

2. 组织行为

组织行为是指组织者实施的指挥、策划、领导犯罪的行为。刑法分则里也有直接规定为组织犯罪的罪名,如《刑法》第 120 条规定了组织、领导、参加恐怖组织罪,刑法分则规定的这些行为是实行行为,而共同犯罪中的组织行为是由刑法总则加以规定的行为。

3. 教唆行为

教唆行为是指故意引起他人产生犯罪意图的行为。教唆的形式可以多种多样,例如劝说、利诱、授意、怂恿、收买、威胁等方法。教唆既可以表现为口头形式,也可以用书面表达。

4. 帮助行为

帮助行为是指为其他共同犯罪人实行犯罪创造便利条件,在共同犯罪中起次要或者辅助作用的行为。如果说教唆行为是引起行为人的犯意,那么帮助行为则是强化行为人的犯意。在共同犯罪中,帮助行为可以表现为不同的形式。从帮助行为的形式划分,可以分为物质性帮助和精神性帮助;从帮助的时间划分,可以分为事前帮助、事中帮助、事后帮助。

(三)主观条件

成立共同犯罪必须具有共同的犯罪故意。所谓共同的犯罪故意,指各共同犯罪人认识到他们的共同犯罪行为和行为会发生的危害结果,并希望或者放任这种结果发生的心理态度,而且共同犯罪人之间要存在意思联络,在犯罪意思上互相沟通。

三、不构成共同犯罪的情况

(一)共同过失犯罪

《刑法》第 25 条第 2 款明确规定:"二人以上共同过失犯罪,不以共同犯罪论处;应当负刑事责任的,按照他们所犯的罪分别处罚。"此处明确规定共同过失犯罪不按照共同犯罪处理。

(二)故意犯罪行为与过失犯罪行为之间

故意犯罪行为与过失犯罪行为之间不成立共同犯罪。如司法工作人员擅离岗位,致使在押的犯罪嫌疑人、被告人或者罪犯脱逃,造成严重后果的,司法工作人员的过失行为与脱逃者的故意行为在客观上虽有一定联系,但不成立共同犯罪。这种情况应对失职的司法工作人员和脱逃的犯罪嫌疑人、被告人或罪犯分别定罪判刑。

（三）同时犯

同时犯是指二人以上没有意思联络，对同一对象同时或者接近同时实行同一的侵害行为。例如，甲、乙二人因被公司裁员而对公司领导怀恨在心，某日不约而同地到公司去盗窃。在这种情况下，行为人之间主观上不存在相互联络，因而不成立共同犯罪，各自只对自己的犯罪行为负刑事责任。

（四）间接正犯

间接正犯是指利用他人为工具来实现自己的犯罪意图的行为，间接正犯是直接正犯的相对概念，主要包括：（1）利用无责任能力人实施犯罪；（2）利用他人的合法行为实施犯罪；（3）利用他人的过失行为实施犯罪；（4）利用他人无故意或者无过失的行为实施犯罪；（5）利用有故意无目的或者有故意无身份的他人来实行犯罪。

（五）共同的过限行为

共同的过限行为是指实行犯实施了超出共同犯罪人的故意之外的行为。共同的过限行为有两种情况：一是实行犯的行为超过了教唆者教唆的行为，二是共同正犯人中部分人的行为超过了共谋的范围。例如，甲教唆乙入室盗窃，乙在盗窃过程中被主人发现，当场使用暴力反抗，乙的行为就转化为了抢劫行为，但甲对乙的抢劫行为毫不知情。在这种情况下，甲、乙二人只成立故意盗窃罪的共同犯罪，乙单独构成抢劫罪。

（六）事先无通谋的行为

事前无通谋的窝藏、包庇行为及窝藏、转移、收购、代为销售等掩饰、隐瞒犯罪所得及其产生的收益的行为，不属于共同犯罪，我国刑法分则已经将这几种行为独立规定为犯罪，所以应单独予以定罪处罚。但是，如果事前有通谋的，则应成立共同犯罪。《刑法》第310条第2款就窝藏、包庇罪明确规定："犯前款罪，事前通谋的，以共同犯罪论处。"

第二节 共同犯罪的形式

共同犯罪的形式，是指共同犯罪的存在方式。共同犯罪的形式不同，其所具有的特点和社会危害性也有所不同。我国刑法理论界通常采取"四

类八种"分类法,即根据不同的标准,从不同角度出发,可以对共同犯罪的形式做如下划分:

一、任意的共同犯罪和必要的共同犯罪

这是根据共同犯罪能否依照法律的规定任意形成而做的划分。

(一)任意的共同犯罪

任意的共同犯罪,是指刑法分则规定的一人能够独自实施的犯罪,由二人以上共同故意实施所形成的共同犯罪的情形。例如故意杀人罪、抢劫罪、强奸罪等,既可以由一人单独实施,也可以由二人以上共同实施,而当二人以上共同故意实施这些犯罪时,就是任意的共同犯罪。一般而言,刑法总则规定的共同犯罪主要是任意的共同犯罪。

(二)必要的共同犯罪

必要的共同犯罪,是指刑法分则明文规定的只能由二人以上共同故意实施的犯罪。这种共同犯罪的特点是:犯罪主体必须是二人以上,而且具有共同的犯罪故意和行为,一个人不可能单独构成此种犯罪。对这类共同犯罪只能根据刑法分则的规定定罪量刑。

国外刑法理论一般将必要共同犯罪分为对向犯与多众犯(集团犯)两类;[①] 我国刑法理论则根据刑法的规定,一般将必要共同犯罪分为对向犯与平行犯两类。

1. 对向犯

是指以存在二人以上相互对向性的行为为构成要件的犯罪。一般认为,对向犯可以分为以下三种类型:(1)双方的行为均构成犯罪,且罪名与法定刑相同,如重婚罪;(2)双方的行为均构成犯罪,但罪名与法定刑各不相同,如受贿罪与行贿罪;(3)法律只明文规定一方的行为构成犯罪,对另一方的行为未做规定,这又被称为片面的对向犯,如贩卖淫秽物品牟利罪。

2. 平行犯

是指以多人实施向着同一目标的行为为构成要件的犯罪,在我国刑法

[①] [日]浅田和茂:《刑法总论》,东京:成文堂出版社,2007年版,第401页。

中包括聚众性共同犯罪与集团性共同犯罪两种情况。聚众性的共同犯罪，是指以不特定的多数人的聚合行为作为犯罪构成要件的共同犯罪。在刑法分则中聚众性的共同犯罪大多在罪名中冠以"聚众"二字，但也有例外，例如，组织越狱罪也是聚众性犯罪。在刑法分则中，"聚众犯罪"的主体仅限于处罚首要分子；集团性的共同犯罪，是指以组织、领导或参加某种犯罪集团作为犯罪构成要件的犯罪，如《刑法》第294条第1款规定的组织、领导、参加黑社会性质组织罪。

二、事前有通谋的共同犯罪与事前无通谋的共同犯罪

这是根据共同故意形成的时间划分的共同犯罪形式。

（一）事前有通谋的共同犯罪

事前有通谋的共同犯罪，是指各共犯者在着手实行犯罪以前已经形成共同犯罪故意的共同犯罪。这里的"通谋"，是指共同犯罪人之间犯罪意图的互相联络、沟通。它可以是口头形式，也可以是书面形式；既可以是全面的策划，也可以是简单的表态。只要具有事前犯意沟通的性质，即可视为存在通谋。事前通谋实质上是一种预备行为，由于进行了事前通谋，共同犯罪更易于得逞，因此它具有更大的危害性。

我国刑法分则对有些犯罪明文规定，以"事前是否通谋"作为划分通谋之罪的共同犯罪与该罪的单独犯罪界限的标准。如《刑法》第310条第2款规定，明知是犯罪的人而为其提供隐藏处所、财物、帮助逃匿或者作假证明包庇，且事前通谋的，以共同犯罪论处。根据这一规定，如果事前无通谋，行为人的行为单独构成窝藏罪或包庇罪；如果事前通谋的，则按照与犯罪的人通谋的共同犯罪论处。

（二）事前无通谋的共同犯罪

事前无通谋的共同犯罪，是指各共同犯罪人在其中一人或数人着手实施犯罪过程中形成共同犯罪故意的共同犯罪。例如，甲正在殴打乙，适逢丙路过，甲求丙帮忙，丙应邀与甲将乙打成重伤。甲与丙的共同犯罪即属于事前无通谋的共同犯罪。

有学者提出，事前无通谋的共同犯罪的提法不够科学，因为事前无通谋，既包括事中通谋，也包括事后通谋，而事后通谋根本不可能构成共同

犯罪，实际上事前无通谋仅仅是指事中通谋，所以应将这种情况称为事中通谋的共同犯罪。①事中通谋的共同犯罪既包括数人临时起意，从一开始就共同实施犯罪的情况，也包括继承的共同犯罪的情况。所谓继承的共同犯罪，又称相续的共同犯罪，是指对某一个犯罪，先行行为者着手实行后，在行为达到既遂之前，后行行为者以共同犯罪的故意中途参与犯罪的情况。

三、简单的共同犯罪与复杂的共同犯罪

这是根据共同犯罪人之间有无分工而划分的共同犯罪形式。

（一）简单的共同犯罪

简单的共同犯罪，是指二人以上共同故意实施刑法分则所规定的犯罪构成客观方面行为的共同犯罪，即二人以上共同故意实行犯罪的共同犯罪。在这种情况下，各共同犯罪人都是正犯（实行犯），所以简单的共同犯罪在理论上又称共同正犯（共同实行犯）。例如，甲、乙二人共同抢劫，甲持刀威胁被害人而乙动手夺取财物，或者二人相约杀害丙一家，甲用刀砍死丙，而乙用绳索勒死丙妻女，这些都不影响甲、乙二人成立简单共同犯罪。

（二）复杂的共同犯罪

复杂的共同犯罪，是指各共同犯罪人之间存在不同分工的共同犯罪。其具体表现为：有的教唆他人使之产生犯罪故意而着手实行犯罪，有的帮助他人实行犯罪，有的直接实行犯罪，等等。这类共同犯罪中包含有实行犯、教唆犯与帮助犯等不同分工，而各自的行为以及故意的具体内容均有差异，所以在理论上称其为复杂的共同犯罪。

四、一般的共同犯罪与特殊的共同犯罪

这是根据共同犯罪有无组织形式而划分的共同犯罪形式。

（一）一般的共同犯罪

一般的共同犯罪，是指各共同犯罪人之间结合程度比较松散、不存在

---

① 高铭暄、马克昌主编：《刑法学》，北京：北京大学出版社、高等教育出版社，2022年版，第167页。

特定组织形式的共同犯罪。其特点是：一般的共同犯罪对成员人数的最低要求是二人；各共同犯罪人往往是为了实施某种犯罪而临时组合在一起，完成犯罪后犯罪的组合形式就不再存在；共同犯罪人之间没有特别组织形式，没有明显的领导与被领导的关系。一般的共同犯罪，可以是事前通谋的共同犯罪，也可以是事中通谋的共同犯罪；可以是简单的共同犯罪，也可以是复杂的共同犯罪。

（二）特殊的共同犯罪

特殊的共同犯罪，又称有组织的共同犯罪或犯罪集团。《刑法》第26条第2款规定："三人以上为共同实施犯罪而组成的较为固定的犯罪组织，是犯罪集团。"根据刑法的规定，犯罪集团的特征包括：成员的多数性，具有共同实施犯罪的目的性，具有较稳固的组织形式，等等。

第三节 共同犯罪人的刑事责任

一、共同犯罪人分类概述

共同犯罪人的分类，是指按照一定的标准将共同犯罪人区分为各种不同的类型。各共同犯罪人在共同犯罪中的地位、作用及分工不尽相同，所以有必要对共同犯罪人进行分类，从而准确地认定不同犯罪人的刑事责任。从各国刑法的立法来看，对各共同犯罪人的分类标准主要有三种：

（一）分工分类法

分工分类法，是以共同犯罪人在共同犯罪中的分工为标准对共同犯罪人进行分类。在采用这种分类标准的国家中，有的实行二分法，将共同犯罪人分为正犯与从犯；有的实行三分法，将共同犯罪人分为正犯、教唆犯与从犯，或者将其分为实行犯、教唆犯与帮助犯；有的则实行四分法，将共同犯罪人分为实行犯、组织犯、教唆犯与帮助犯。分工分类法较为清楚地反映了各共同犯罪人在共同犯罪中的实际分工和彼此间的联系，便于清晰地把握共同犯罪的性质，从而合理地解决共同犯罪的定罪问题。但是，分工分类法未能揭示各共同犯罪人在共同犯罪中所起的作用，从而不利于准确解决各自的刑事责任。

（二）作用分类法

作用分类法，是以共同犯罪人在共同犯罪中所起的作用为标准对共同犯罪人进行分类。作用分类法较为明确地反映了各共同犯罪人在共同犯罪中所起作用的大小，便于对共同犯罪人准确裁量刑罚，解决其刑事责任问题，但其缺陷是不能全面反映各共同犯罪人在共同犯罪中的分工和相互间的联系方式，不利于对此罪与彼罪的区分。

（三）混合分类法

混合分类法兼采上述两种分类标准，以作用分类法为主、分工分类法为辅对共同犯罪人进行分类。我国刑法将共同犯罪人分为主犯、从犯、胁从犯与教唆犯。教唆犯与主犯、从犯、胁从犯不是并列关系，但不能据此认为教唆犯不是我国刑法中共同犯罪人的一种，因为我国刑法将教唆犯在"共同犯罪"一节加以明文规定。这样我国刑法学上研究的是两类四种共同犯罪人，一类为主犯、从犯、胁从犯；另一类为教唆犯。[1]

本书认为，为了准确解决共同犯罪人的刑事责任，应当同时采取两种分类法：一种是分工分类法，另外一种是作用分类法，分别解决共同犯罪的定罪和处罚问题。在解决共同犯罪的定罪问题的时候，按照分工分类法来考虑：（1）正犯，正犯里面又包括单独正犯和共同正犯；（2）共犯，共犯里面又分为教唆犯、帮助犯、组织犯。定罪问题解决完了后，再采用作用分类法区分主犯、从犯、胁从犯，解决量刑问题。

二、主犯及其刑事责任

（一）主犯的种类

我国《刑法》第26条第1款规定："组织、领导犯罪集团进行犯罪活动的或者在共同犯罪中起主要作用的，是主犯。"所以，主犯分为两种犯罪分子：

1. 在犯罪集团中起组织、指挥作用的犯罪分子。这些就是组织犯，组织犯都是主犯。只要在定罪的时候认定为组织犯，那么就是主犯。

---

[1] 高铭暄、马克昌主编：《刑法学》，北京：北京大学出版社、高等教育出版社，2022年版，第171页。

2. 其他在共同犯罪中起主要作用的犯罪分子。这种其他在共同犯罪中起主要作用的犯罪分子又主要有两种情况：一种情况是正犯，也就是实行犯，参与了犯罪实行并且在犯罪实行中起主要作用；另外一种是教唆犯，进行了教唆并且在共同犯罪当中起主要作用。

（二）主犯与首要分子的关系

《刑法》第97条规定："本法所称首要分子，是指在犯罪集团或者聚众犯罪中起组织、策划、指挥作用的犯罪分子。"

主犯包括：犯罪集团首要分子；犯罪集团中除首要分子外起主要作用者；一般共同犯罪中起主要作用者（实行犯、教唆犯）。

首要分子包括：犯罪集团首要分子（主犯）；聚众犯罪首要分子。

主犯不一定是首要分子，首要分子不一定是主犯，二者是交叉关系。因为首要分子包括犯罪集团的首要分子和聚众犯罪中的首要分子，犯罪集团的首要分子都是主犯。但是聚众犯罪中的首要分子未必都是主犯，首要分子是一个人的话就是单独的犯罪，单独犯罪就不存在主犯和从犯。如果首要分子有两个以上，则应当根据他们在共同犯罪中的作用区分主犯和从犯。

（三）主犯的刑事责任

《刑法》第26条第3款规定："对组织、领导犯罪集团的首要分子，按照集团所犯的全部罪行处罚。"第26条第4款规定："对于第三款规定以外的主犯，应当按照其所参与的或者组织、指挥的全部犯罪处罚。"

《刑法》第26条第3款、第4款关于主犯的处罚原则的规定，可以概括为按照共同犯罪的全部罪行处罚。如果是犯罪集团，指的是犯罪集团的全部罪行；如果是一般的共同犯罪，指的是主犯所参与的全部犯罪，应该按照全部犯罪处罚。

三、从犯及其刑事责任

（一）从犯的种类

《刑法》第27条第1款规定："在共同犯罪中起次要或者辅助作用的，是从犯。"由此可见，我国刑法中的从犯分为两种：

1. 在共同犯罪中起次要作用的犯罪分子

所谓"起次要作用"的犯罪分子，指的就是次要的实行犯，犯罪分子在共同犯罪中处于从属地位，所起的作用却比较小，因此可以认定为从犯。例如，甲按住被害人的手脚，让乙把被害人杀死，甲参与了犯罪的实行，是实行犯，但是在实行过程中，他起的是次要作用。因此，在量刑的时候应当认为是从犯。

2. 在共同犯罪中起辅助作用的犯罪分子

所谓"起辅助作用"的犯罪分子，主要指的是帮助犯，不直接参加犯罪活动，只提供一定的帮助行为。为他人实行犯罪创造便利条件的行为是犯罪的辅助行为，帮助犯在共同犯罪中起的都是辅助作用。因此，只要在定罪的时候认定为帮助犯，那么在量刑的时候应当认定为是从犯。

(二) 从犯的刑事责任

《刑法》第 27 条第 2 款规定："对于从犯，应当从轻、减轻或者免除处罚。"

从犯在共同犯罪中所起的作用比较小，罪行比主犯轻，社会危害性也相对较小，因此，按照法律规定，对从犯应当从轻、减轻或者免除处罚。这里的应当从轻、减轻、免除处罚，是比照主犯而言，相对于主犯适用较轻的刑罚。

四、胁从犯及其刑事责任

(一) 胁从犯的概念

被胁迫参加犯罪的，是胁从犯。

所谓被胁迫参加犯罪，是指被害人是在受到暴力威胁或者精神威胁的情况下被迫参加犯罪活动。"胁迫"是从参加犯罪的原因角度进行认定，即参加犯罪不是自愿，而是被胁迫的，在犯罪中处于一种消极、被动的地位。

(二) 胁从犯的刑事责任

《刑法》第 28 条规定："对于被胁迫参加犯罪的，应当按照他的犯罪情节减轻处罚或者免除处罚。"胁从犯由于是被胁迫参加犯罪，在共同犯罪中所起的作用比较小，对社会的危害性小，因此应当按照他的犯罪情节减轻处罚或者免除处罚。在我国刑法关于共同犯罪人的分类体系当中，胁从犯比从犯的处罚还要轻。

五、教唆犯及其刑事责任

（一）教唆犯的概念

教唆犯，即造意犯，是指以授意、怂恿、劝说、利诱或者其他方法故意唆使并引起他人实施犯罪行为的人。教唆犯的特点是本人并不亲自实施犯罪，而是教唆他人去实施犯罪，其本质是创造犯意。唐律把教唆犯精准地称为造意犯，诸恶以造意为首，教唆犯是创造犯意者。

（二）教唆犯成立的条件

教唆犯须具备三个成立条件：

1. 要有特定的教唆对象

一般认为，教唆行为的对象必须是特定的，即可以确定被教唆者的具体范围。不过，这并不意味着只能针对一个人进行教唆，对特定的两三个人也可以实施教唆行为，行为人也能成立教唆犯。但是，如果唆使的对象不特定，一般不认为是教唆，而认为是煽动。

2. 要有唆使他人实行犯罪的教唆行为

成立教唆犯，必须有唆使他人实行犯罪的教唆行为，而且教唆行为必须引起他人实施不法行为的意思，进一步使他人实行犯罪。如果被教唆者之前已经产生了实施不法行为的意思，行为人就不可能成立教唆犯，只能成立帮助犯（心理上的帮助）。成立教唆犯虽然要求教唆行为引起被教唆者实施不法行为的意思，却并不要求使被教唆者产生犯罪的故意。

3. 要有教唆他人犯罪的故意

教唆犯的故意包括认识因素和意志因素。认识因素是指认识到被教唆者尚无犯意或者犯罪决心还不坚定。教唆犯只要具有教唆他人的故意并且实施了教唆行为，被教唆者是否真正实施了犯罪以及是否因为其教唆而实施的犯罪，都不影响教唆犯的成立。意志因素是指教唆犯希望或者放任被教唆者实施犯罪，产生危害结果。如果被教唆者实施了教唆内容以外的罪，教唆犯只对自己教唆的内容负责。

（三）教唆犯的刑事责任

根据《刑法》第 29 条的规定，对教唆犯应按照以下原则处罚：

1. 对教唆犯，应当按照他在共同犯罪中所起的作用处罚

这里指的是被教唆人犯了被教唆的罪，教唆人与被教唆人成立共同犯罪的情况，对教唆犯应当按照他在共同犯罪中所起的作用处罚。如果教唆犯在共同犯罪中起主要作用，就认定为主犯；如果教唆犯起次要或者辅助作用，就认定为从犯。教唆犯在某些非常特殊的情况下还有可能成为胁从犯，因为教唆犯里面有连锁教唆、辗转教唆，就有可能存在教唆的胁从犯。

2. 教唆不满18周岁的人犯罪的，应当从重处罚

不满18周岁的青少年，他的心理、生理还不太成熟，容易受外界影响，在外界的影响下、勾引下去实施犯罪。因此，为了防止教唆犯对青少年的侵蚀，保护他们健康成长，刑法规定对教唆不满18周岁的人犯罪的，应当从重处罚。在这种情况下，教唆犯同样又是主犯，就有两个从重处罚情节。

值得注意的是，这里要对"教唆不满18周岁的人犯罪"做限制解释。所谓教唆不满18周岁的人犯罪，应当是指教唆已满16周岁以上的人犯刑法分则所规定之罪，或者教唆已满14周岁不满16周岁的人犯《刑法》第17条第2款所规定之罪，或者教唆已满12周岁不满14周岁的人犯《刑法》第17条第3款所规定之罪，这时才能成立教唆犯。如果教唆不满14周岁的人或者已满14周岁不满16周岁的人犯《刑法》第17条第2款规定以外的犯罪，在这种情况下，教唆者应当以间接正犯论处，就不成立教唆犯。

3. 教唆未遂的，可以从轻或者减轻处罚

《刑法》第29条第2款规定："如果被教唆人没有犯被教唆的罪，对于教唆犯，可以从轻或者减轻处罚。"教唆犯教唆他人犯罪，但是被教唆的人没有犯所教唆的罪，这就是教唆犯的未遂犯，可以从轻或者减轻处罚。

第四节 共同犯罪的其他问题

一、共犯与身份

（一）共犯与身份的定罪

共犯与身份问题是共同犯罪认定当中非常重要的问题，在大陆法系刑法中关于共同犯罪的内容里面，都专门有条文解决共犯与身份问题。我国

刑法总则当中没有关于共犯与身份的规定，在刑法分则当中的某些具体犯罪里面涉及关于共犯与身份的问题。如《刑法》第382条是关于贪污罪的规定，贪污罪是身份犯，只有国家工作人员才能构成。于是第3款规定，非国家工作人员伙同国家工作人员共同贪污的，以贪污罪的共犯论处，这就是贪污罪的共犯与身份的问题。身份犯只有具有特殊身份的人才能实施某个犯罪，没有特殊身份的人，就不能成为这种犯罪的正犯，但是可以成为这种犯罪的共犯。

另外，在有关的司法解释里面，也专门对共犯与身份的问题做了规定。如我国《刑法》第382条规定了贪污罪，第270条又规定了职务侵占罪，贪污罪与职务侵占罪的客观行为一样，都是利用职务便利侵吞本单位财物，它们的区别就在于主体身份的不同，贪污罪的主体是国家工作人员，而职务侵占罪的主体是除国家工作人员以外的其他公司、企业或者其他单位的工作人员。如果在一个企业当中，既有国家工作人员，又有非国家工作人员，他们共同利用职务之便侵吞本单位财物，在构成共同犯罪的情况下应该如何定罪，这就涉及共犯与身份的问题。

关于这个问题，2000年7月8日最高人民法院《关于审理贪污、职务侵占案件如何认定共同犯罪几个问题的解释》讲了几个要点：

第一，行为人与国家工作人员勾结，利用国家工作人员的职务便利，共同侵占、窃取、骗取或者以其他手段非法占有公共财物的，以贪污罪共犯论处。这是指一般情况。

第二，行为人与公司、企业或者其他单位人员勾结，利用公司、企业或者其他单位人员的职务便利，共同将该单位财物非法占为己有，数额较大的，以职务侵占罪的共犯论处。这是指职务侵占罪的共犯。

第三，公司、企业或者其他单位中不具有国家工作人员身份的人，与国家工作人员勾结，分别利用各自的职务便利，共同将本单位财物非法占为己有的，按照主犯的犯罪性质定罪。

这是我国在司法实践当中解决有身份的人和无身份的人共同实行犯罪的定罪问题的基本原则，也就是按照主犯的身份定罪。

（二）共犯与身份的量刑

在共同犯罪中，有的人有身份，有的人没有身份，这种身份可能是从重或者从轻处罚的身份，影响到对某个共同犯罪人的量刑。在这种情况下，共同犯罪中每一个犯罪人，他本身所具有的从重或者从轻处罚的身份，其效力只及于本人，不及于其他没有这种身份的人。例如，甲和乙共同犯罪，甲是成年人，乙是未成年人，根据我国刑法规定，未成年人有从轻处罚的情节，未成年人的身份所具有的从轻处罚的效力只及于乙本人，而不及于甲。

二、片面共犯

片面共犯是相对于全面共犯而言。全面共犯，又称为双方的共犯，是指两人以上基于共同故意而实施犯罪。在通常情况下，共犯都互相知道是在一起进行犯罪，因此是双方的共犯，双方都成立犯罪。

片面的共犯，又称为一方的共犯，是指共同犯罪人的一方有与他人共同实施犯罪的意思，并帮助他人实施犯罪行为，但他人却不知其给予协助，因而没有意思联络和共谋的情形。简单地说，就是行为人之间没有形成合意，只有一方知道自己是在和另一方共同犯罪，而另一方却认为自己是在独立地实施犯罪。

（一）片面共犯的分类

片面的共犯包括以下三种情况：

1. 片面的共同正犯。比如，甲得知乙将要强奸丙女，便提前给丙投放了安眠药，并暗中观察乙的奸淫行为，但乙并不知情。在乙离开现场后，甲又奸淫了丙。在这种情况下，甲不仅是普通强奸的正犯，也是轮奸的片面的共同正犯。甲不仅要对自己的强奸行为与结果负责，也要对乙的强奸行为与结果负责。但是乙并不成立轮奸的共同正犯，仅承担普通强奸罪既遂的责任。

2. 片面的教唆犯。片面的教唆是指行为人暗中故意引起他人实行犯罪的故意，但是被教唆者并不知道自己是在教唆下产生犯意。也就是说，教唆犯是有意想使他人犯罪，但并不是直接跟他人去说让他人犯罪，而是在被教唆者没有明确意识到的情况下，使其客观上接受了教唆。

3. 片面的帮助犯，指实行的一方没有认识到另一方的帮助行为。如《刑法》第198条第4款规定的保险诈骗实际上有两种情形：一是鉴定人、证明人、财产评估人与实施保险诈骗的人共谋，一方提供虚假证明，另一方实施保险诈骗，毫无疑问这是共犯；二是鉴定人、证明人、财产评估人知道对方在诈骗，暗中助其一臂之力，而实施保险诈骗的人不知道别人的帮助，这就是片面帮助犯。

（二）片面共犯的处罚理由

片面的共犯成立共同犯罪，要从因果性上考虑，就是以因果性为中心进行分析。共同犯罪的因果关系包括物理的因果关系和心理的因果关系，而片面的共犯可以共同引起法益侵害，同时也可以与侵害结果之间具有物理的因果性，所以应该肯定片面的共犯成立共同犯罪。只要一个行为与结果之间具有物理或心理的因果性，就要将结果归属于这个行为。即使没有互相沟通、彼此联络，也完全可能存在物理的因果性。既然是片面共犯，在处罚时就应当只对知情的一方适用共同犯罪的处罚原则，对不知情的一方则不适用。

三、共犯与认识错误

刑法分则中的罪状所规定的实行行为由正犯实施，共犯是将犯罪交由正犯实行，自己对因果过程并不具有支配力，所以，共犯认识的事实和正犯实现的事实之间很有可能出现差异。

（一）共犯与具体的事实认识错误

1. 正犯的对象错误

根据法定符合说，正犯实现的事实和共犯教唆、帮助的事实之间存在不一致，对象上出现错误的，只要二者属于同一构成要件内的错误，正犯的错误对于教唆犯、帮助犯的既遂就没有影响。换言之，正犯的对象错误，对于教唆犯而言，也是对象错误。例如，甲帮助乙盗窃丙价值很高的项链，但乙误把丙的手链当作项链加以窃取，甲仍然成立盗窃罪的帮助既遂。

2. 正犯的打击错误

在正犯出现打击错误的场合，根据法定符合说，其成立故意犯罪既遂，教唆犯、帮助犯也成立故意犯罪的既遂。例如，甲教唆乙开枪杀害丙，但在乙开枪之后，子弹射向丁并导致其死亡的，甲成立故意杀人罪的教唆既遂。

3. 正犯的实行过限

正犯超过共谋故意范围或者他人的教唆内容，基于自己的独立意思实施犯罪，实际实施的犯罪和共谋或者教唆的犯罪虽不完全符合，但仍然属于同一构成要件内的，是正犯的实行过限，属于"共犯过限"的一种表现形式。如果共犯行为和正犯行为之间缺乏心理因果性，不能认为正犯行为和教唆、帮助有关，即使按照法定符合说，共犯也不能对正犯的行为所造成的结果负责。

（二）共犯与抽象的事实认识错误

正犯超过共谋故意范围或者他人的教唆内容实施犯罪，且实际实施的犯罪和共谋或者教唆的犯罪属于不同构成要件时，就是共犯的抽象事实认识错误。共犯对抽象的事实认识错误，也是"共犯过限"的一种表现形式。教唆犯只有在正犯的实行行为与其教唆之间存在紧密关联时，才对正犯的既遂负责。对于正犯所造成的过限结果，教唆犯并不负责。

―――― **法考真题** ――――

1. 关于共同犯罪，下列哪些选项是正确的？（2013/2/55-多）
   A. 乙因妻丙外遇而决意杀之。甲对此不知晓，出于其他原因怂恿乙杀丙。后乙杀害丙。甲不构成故意杀人罪的教唆犯。
   B. 乙基于敲诈勒索的故意恐吓丙，在丙交付财物时，知情的甲中途加入帮乙取得财物。甲构成敲诈勒索罪的共犯。
   C. 乙、丙在五金店门前互殴，店员甲旁观。乙边打边掏钱向甲买一羊角锤。甲递锤时对乙说"你打伤人可与我无关"。乙用该锤将丙打成重伤。卖羊角锤是甲的正常经营行为，甲不构成故意伤害罪的共犯。
   D. 甲极力劝说丈夫乙（国家工作人员）接受丙的贿赂，乙坚决反对，甲自作主张接受该笔贿赂。甲构成受贿罪的间接正犯。

   [答案] AB

2. 下列哪些选项中的双方行为人构成共同犯罪？（2012/2/55-多）
   A. 甲见卖淫秽影碟的小贩可怜，给小贩1000元，买下200张淫秽影碟。
   B. 乙明知赵某已结婚，仍与其领取结婚证。

C. 丙送给国家工作人员10万元钱，托其将儿子录用为公务员。

D. 丁帮助组织卖淫的王某招募、运送卖淫女。

［答案］BC

3. 关于共同犯罪的判断，下列哪些选项是正确的？（2011/2/55-多）

   A. 甲教唆赵某入户抢劫，但赵某接受教唆后实施拦路抢劫。甲是抢劫罪的共犯。

   B. 乙为吴某入户盗窃望风，但吴某入户后实施抢劫行为。乙是盗窃罪的共犯。

   C. 丙以为钱某要杀害他人为其提供了杀人凶器，但钱某仅欲伤害他人而使用了丙提供的凶器。丙对钱某造成的伤害结果不承担责任。

   D. 丁知道孙某想偷车，便将盗车钥匙给孙某，后又在孙某盗车前要回钥匙，但孙某用其他方法盗窃了轿车。丁对孙某的盗车结果不承担责任。

［答案］ABD

4. 下列哪些情形成立共同犯罪？（2008/2/55-多）

   A. 甲与赵某共谋共同杀苏某，但赵某因病没有前往犯罪地点，由甲一人杀死苏某。

   B. 乙在境外购买了毒品，钱某在境外购买了淫秽物品，二人共谋同雇一条走私船回到内地，后被海关查获。

   C. 丙发现某商店失火，立即叫孙某："现在是趁火打劫的好时机，我们一起去吧。"孙某便和丙一起到失火地点窃取商品后各自回家。

   D. 医生丁为杀害仇人王某，故意将药量加大10倍，护士李某发现后请丁改正，丁说："那个家伙太坏了，让他死了算了。"李某没再吭声，按丁所开处方用药，导致王某死亡。

［答案］ABCD

5. 关于共同犯罪的论述，下列哪一选项是正确的？（2012/2/10-单）

   A. 甲为劫财将陶某打成重伤，陶某拼死反抗。张某路过，帮甲掏出陶某随身财物。二人构成共犯，均须对陶某的重伤结果负责。

   B. 乙明知黄某非法种植毒品原植物，仍按黄某要求为其收取毒品原植物的种子。二人构成非法种植毒品原植物罪的共犯。

   C. 丙明知李某低价销售的汽车系盗窃所得，仍向李某购买该汽车，二人之间存在共犯关系。

D. 丁系国家机关负责人，召集领导层开会，决定以单位名义将国有资产私分给全体职工。丁和职工之间存在共犯关系。

[答案] B

思考题

1. 如何理解共同犯罪的概念和条件？
2. 如何理解主犯的概念、种类和刑事责任？
3. 如何理解从犯的概念、种类和刑事责任？
4. 如何理解教唆犯的概念、特征、成立条件和刑事责任？

第十三章 罪数形态

第一节 罪数概述

一、罪数的概念和意义

（一）罪数的概念

罪数，是指犯罪的单复数，也就是区别行为人所犯一罪还是数罪。罪数形态是有关一罪与数罪的形态，研究罪数形态的理论就是罪数形态论，简称罪数论。区分一罪与数罪，是司法实践中常常遇到的问题，也是犯罪论中的重要问题。

（二）区分罪数的意义

1. 有助于刑事审判活动中准确定罪

定罪准确是刑事审判活动最基本的要求之一。要做到准确定罪，首先需要查明行为人的行为是否构成犯罪、构成何种犯罪，同时还要确定构成什么犯罪形态，其中包括需要确定是一罪还是数罪。研究罪数形态，正确区别一罪与数罪，有助于涉及罪数形态问题时定罪的准确性。

2. 有助于刑事审判活动中准确量刑

罪数形态是影响刑罚裁量的重要条件，在量刑时必须加以考虑，特别是涉及罪数形态的条件更是如此，而司法实践中审理的案件则往往涉及罪数形态。这首先应确定是一罪还是数罪，是并罚的数罪还是非并罚的数罪，然后才能正确适用刑罚。

3. 关系到我国刑法中一些重要制度的适用

在我国刑法中,有些罪数形态如连续犯、继续犯、牵连犯、集合犯等,不但涉及新旧法律的适用,而且还与刑法的空间效力、时间效力、追诉时效等制度都有密切关系。研究罪数形态,是正确适用上述刑法制度之所必需。

二、罪数判断的标准

罪数判断标准,是指判断罪数是一罪还是数罪的依据。依据什么来判断罪数,在中外刑法学理论中存在不同的学说。目前,主要有以下几种学说:

(一)行为标准说

该学说认为行为是犯罪的核心,没有行为就没有犯罪,所以判断罪数就应当以行为的个数为标准。行为人实施一个行为就是一罪,即便造成数个结果的,也是一罪。

(二)法益标准说

该学说认为犯罪的本质是对法益的侵害,因此,罪数的区别只能以被侵害的法益个数为标准。造成侵害一个法益结果的就是一罪,造成侵害数个法益结果的就是数罪。从法益标准说的意义上来看,因侵害结果为多数,需要适用重刑罚是合理的,但是,当一行为造成数个结果而论以数罪,实质上违背刑法的精神。

(三)犯意标准说

该学说认为犯意是行为人主观恶性的表现,而行为只是其主观犯罪意思的客观表现。因此,罪数的判断应以犯罪的主观意思为标准,基于一个犯罪意思的就是一罪,基于数个意思的就是数罪。犯意标准说的不足是只强调主观恶性,没有考虑犯罪客观上的具体状况。

(四)构成要件标准说

该学说认为犯罪是以构成要件为标准而认定,因此,只能以符合构成要件的行为个数判断一罪或数罪。一个符合构成要件的行为就是一罪,数个符合构成要件的行为就是数罪。构成要件标准说相比于行为标准说、法益标准说和犯意标准说，更具有合理性，是大陆法系理论上的通说。

本书认为，构成要件标准说为我国刑法理论上的"犯罪构成标准说"提供了有益的基础。我国刑法中的犯罪构成，是主客观要件的统一，是犯罪成立要件的整体，行为符合犯罪构成，犯罪即可成立，所以判断罪数是一罪还是数罪，应当以犯罪构成为标准，行为具备一个犯罪构成的是一罪，行为具备数个犯罪构成的是数罪。

第二节 实质的一罪

实质的一罪，也称为绝对的一罪，由于行为人事实上只实施了一个刑法意义上的危害行为，行为本身无法被评价为数个犯罪行为，法律只能顺其实质地规定为一罪，并且在司法认定过程中也只能确定为一罪。实质的一罪包括继续犯、想象竞合犯、法条竞合犯和结果加重犯。

一、继续犯

（一）继续犯的概念

继续犯又称持续犯、永续犯，是指危害行为一经实施，原则上就已经构成犯罪，且该犯罪行为及不法状态必然在较长时间内持续的犯罪。如非法拘禁罪、持有型犯罪都属于继续犯。

（二）继续犯的特征

1. 必须是一个实行行为

一个实行行为是指继续犯主观上支配行为的犯意只有一个，而且这种犯意贯穿实行行为从开始到终了，在客观上继续犯自始至终只有一个实行行为，并不因实行行为持续时间的长短而改变。继续犯通常由作为构成，如非法拘禁罪中的非法拘禁；也可能由不作为构成，如遗弃罪的遗弃，即负有扶养义务而拒绝扶养，就是不作为。

2. 实行行为必须是持续作用于同一对象

继续犯持续作用的对象只能是同一犯罪对象。如果前后侵害的对象不具有这种同一性，即使从外观上、形式上看，行为人的犯罪行为具有一定的持续性，仍然不成立继续犯。持续作用于同一对象，也并非要求行为自始至终指向同一对象，而是要求行为的实际效果对同一对象的作用始终如一。

　　3. 必须是实行行为与不法状态同时继续

　　这是继续犯与状态犯的主要区别。状态犯是指在发生法益侵害结果时，犯罪就终了，但是，由犯罪所造成的损害状态仍然在持续的情况。例如，在伤害行为终了后，犯罪便终了，但是因伤害造成残疾，这种对被害人法益侵害的状态要伴随被害人终身。继续犯与状态犯，都有不法状态继续，但两者的意义不同。继续犯的不法状态，是与其实行行为同时处于继续之中，而状态犯只有不法状态的继续而无实行行为的继续。

　　（三）继续犯的处罚原则

　　继续犯是实质上的一罪，不实行并罚，只能按照一罪定罪处罚，其行为与不法状态继续的时间长短，应当作为量刑的重要情节加以考虑。

二、想象竞合犯

　　（一）想象竞合犯的概念

　　想象竞合犯，又称为想象数罪、观念上的数罪，或想象并合犯，是指一个危害行为同时造成了数个危害结果，而该行为与不同危害结果分别组合则触犯不同罪名的犯罪形态。例如，甲开枪射击自己的仇人乙，结果不仅导致了乙的死亡，还毁坏了乙随身携带的贵重物品。在这种情况下，甲的射击行为不仅符合故意杀人罪的构成要件，还符合故意毁坏财物罪的构成要件，即一个行为触犯了两个罪名。

　　（二）想象竞合犯的特征

　　1. 行为人实施了一个犯罪行为

　　一个行为是构成想象竞合犯的前提条件，如果行为人实施了数个行为，而且不同行为分别符合数个不同的犯罪构成，则无法成立想象竞合犯。在刑法中，对于一个行为不能进行重复性评价，也不能进行重合性评价。

　　2. 行为人实施一个危害行为，侵犯了数个不同的罪名

　　这是想象竞合犯的另一个客观特征，也是该犯罪形态触犯数个罪名的原因所在。一般而言，一个行为同时直接作用于数个不同的犯罪对象，才会发生侵害不同客体的情形，但有时也可以对一个行为所侵害的同一对象

进行不同角度的客体归结。此外，如果造成数个相同性质的客体受侵害并且程度相同，则构成数个相同的罪名，并不能认定构成想象竞合犯。

3. 行为人对数个结果分别具有故意或过失的罪过

这是想象竞合犯的主观特征。虽然只有一个行为，但是行为人实施一个行为的罪过形式是数个，而非单一的罪过。如果行为人出于一个罪过，实施一个犯罪行为，并且造成了一个犯罪结果的话，则构成一个犯罪，并没有数个罪名之间的竞合问题。

（三）想象竞合犯的处断原则

想象竞合犯只存在一个危害行为，属于实质的一罪，只能定一罪处罚，应采用"从一重罪处断"的原则予以论处，即对想象竞合犯无须实施数罪并罚，而应从其犯罪行为所触犯的数罪中选择最重的犯罪论处。

三、法条竞合犯

（一）法条竞合犯的概念

法条竞合犯，也称法规竞合犯，是指一个犯罪行为同时符合数个法条所规定的构成要件，而数个法条所规定的要件之间具有逻辑上的从属或交叉关系，只选择其中一个条文而排斥其他条文适用的情形。

从形式逻辑上来看，一个犯罪行为同时符合数个犯罪构成，触犯数个不同的罪名，数个犯罪构成都可以被用于对犯罪行为进行评价，但是由于数个构成之间具有逻辑上的从属或交叉关系，所以只能选择其中一个条文而排斥其他刑法条文的适用。

（二）法条竞合犯的特征

1. 行为人实施了一个行为

法条竞合的逻辑前提是行为人实施了一个行为。如果行为人实施的是数个行为，分别符合数个犯罪的构成要件，那就构成数罪而不存在法条竞合的问题。

2. 一个行为符合数个法条所规定的构成要件

这是法条竞合区别于单纯一罪的关键。一个行为如果符合一个犯罪的构成要件，就是单纯的一罪，不需要再进行理论研究。一个行为同时符合数个法条所规定的构成要件，这才发生了竞合问题。

3. 构成要件之间存在着逻辑上的从属或者交叉关系

这是法条竞合和想象竞合的主要区分。在法条竞合的情况下，一个行为符合数个法条规定的构成要件，数个法条之间存在着逻辑上的从属或者交叉关系，这是法条竞合的逻辑本质。

4. 只能适用其中的一个法律条文，而排斥其他条文的适用

行为人只实施了一个犯罪行为，虽然数个刑法条文都能够同时评价该行为，但是数个条文之间具有逻辑上的从属或者交叉关系，所以只能选择其中一个条文而排斥其他条文的适用。

对于法条竞合犯，根据所触犯的刑法条文之间的关系，可以将其分成特别法与普通法；根据处罚后果的轻重，分成重法与轻法。特别法以普通法的犯罪构成为前提，对其中的特别之处重点强调，所以在表现形式上也出现特别之处。对于法条竞合犯，特别法的法定刑往往重于普通法的法定刑。

（三）法条竞合犯的处断原则

对于法条竞合犯，只能按照一个犯罪来处理。在特别法与普通法之间，应当适用特别法优于普通法的原则，因为特别法更符合犯罪的具体特征；在重法与轻法之间，则应当适用重法优于轻法的原则。

四、结果加重犯

（一）结果加重犯的概念

结果加重犯，是指行为人实施了具备基本犯罪构成的危害行为，由于发生了基本犯罪构成以外的重结果，刑法规定将其按照基本罪定罪并加重其法定刑的犯罪形态。也就是说，法律规定的一个犯罪行为，由于发生了（超出犯罪既遂所要求的）严重结果而加重其法定刑的情况。

（二）结果加重犯的特征

1. 行为人实施了一个基本犯罪行为

所谓基本犯罪，是指行为人实施的犯罪行为已经符合刑法分则所规定的某种基本犯罪的构成，所以对于行为人可以直接按照刑法的规定进行处罚。基本犯罪可以通过对犯罪人的意思确定，并结合具体的行为实施而得以确定。

2. 基本构成行为导致了基本犯罪构成以外的加重结果

这是构成结果加重犯的必要条件。成立结果加重犯，不仅要求行为人实施具备基本犯罪构成的行为，而且要求加重结果必须是由基本的犯罪行为所引起，即要求加重结果与基本犯罪构成行为之间具有因果关系。如果基本犯罪构成与加重结果之间发生了因果关系的中断，则无法认定成立结果加重犯。

3. 加重结果和基本犯罪行为之间具有"直接性关联"

只有当具有造成加重结果的高度危险的基本行为直接造成了加重结果时，才能将加重结果归属于基本犯罪行为，进而认定为结果加重犯。如强奸致人重伤、死亡，非法拘禁致人重伤、死亡，均属于结果加重犯的犯罪形态。

4. 行为人对加重结果至少有过失

任何人只对自己负有过失或者故意的结果承担刑事责任，如果行为人连过失都没有，加重结果就不能由行为人来承担。

（三）结果加重犯的处断原则

结果加重犯是以刑法的明文规定为前提，并通过刑法的明确规定加重其法定刑的犯罪形态，所以对于结果加重犯，只能依照刑法的规定，在较重的法定刑幅度内量刑，而不实行数罪并罚。

第三节　法定的一罪

法定的一罪，指的是行为人事实上实施了数个危害行为，并且每一行为也已经构成犯罪，刑法出于简化司法定罪的考虑，专门另行规定一个新的罪名，并相应规定加重的法定刑。法定的一罪包括集合犯和结合犯。

一、集合犯

（一）集合犯的概念

集合犯，是指行为人基于实施多次同种犯罪行为的意图而反复实施性质相同的犯罪行为，刑法规定按照一个犯罪来处理的犯罪形态。

相同性质的行为被反复实施时,与仅仅实施一个行为具有不同的含义。刑法中,虽然有些犯罪构成包括了数个相同种类的行为反复实施的犯罪,但是对于反复实施相同性质行为的处理办法各不相同。

(二)集合犯的构成特征

1. 行为人实施了数个同种的犯罪行为

这是集合犯的前提条件,客观上实施的数个危害行为,都需要能够独立构成犯罪,即都可以单独地符合犯罪构成,所以才会被法律集合为一罪。如果行为人的行为每次都不构成犯罪,则不能认定为集合犯。

2. 相同性质的犯罪行为在一段时间内反复多次实施

在一段时间内反复实施犯罪,这是构成集合犯的时间条件。每一次行为都可以构成犯罪,就是每一次行为都符合刑法的犯罪构成。由于行为人在一段时间内反复多次实施数个相同的犯罪行为,针对每一个犯罪行为所具有的相同故意,可以认定行为人具有同一故意或者概括的目的。

3. 刑法规定将多次实施的犯罪行为按照一个犯罪处罚

这是集合犯的法律条件,即集合犯是法律规定的一罪。刑法在犯罪构成中,将具有相同性质的行为进行了集合规定,仍然按照一个犯罪来处理。从某种意义来说,集合犯就是将犯罪构成的内容和涵盖范围进行扩张,从单一的犯罪行为变成数个犯罪行为。

(三)集合犯的处断原则

集合犯属于法定的一罪。对于集合犯,应当依据刑法分则的具体规定,以一罪论处,并在法律明文规定的相应量刑幅度内予以处罚,不实行数罪并罚。

二、结合犯

(一)结合犯的概念

结合犯,是指刑法将原来两个以上各自独立的不同罪名的犯罪构成,结合成为另一个独立的犯罪构成,行为人以数个性质不同的犯罪行为共同符合新构成的犯罪形态。

结合犯的构成中包括两个以上的原罪,即被结合之罪;也有经过结合后形成的新罪,即结合之罪,结合后新罪的犯罪构成应当是具有相对独立性质的内容，而不是简单地将数个犯罪构成相加。

（二）结合犯的构成特征

1. 被结合的犯罪是数个性质不同的犯罪

结合犯所结合的犯罪必须是数个独立成罪的犯罪行为。独立的犯罪，是指刑法上规定的不依附于其他犯罪而存在的犯罪；所结合的数个行为，也必须是充分符合犯罪构成的犯罪行为。如果其中的数种行为不是刑法上的独立犯罪，或者只有一个是刑法上的独立犯罪，那么就不能构成结合犯。再次，所结合的数个犯罪必须是不同的罪名，相同罪名的行为不能成立结合犯。

2. 必须结合成为一个新罪

这是被结合之罪的特征，用公式表示就是："甲罪＋乙罪＝甲乙罪"。典型的结合犯的新罪，应当是独立于基本犯以外的其他新犯罪，而且这种新犯罪也不应当是刑法中已具有的犯罪，例如强奸杀人罪和抢劫杀人罪。如果经过结合后所构成的犯罪是被结合原罪之一的，可以作为犯罪构成扩张的一种表现，不应当认定为结合犯。

3. 所结合的新罪必须由刑法明文规定

结合犯是法定的一罪，法律规定将数个独立的犯罪结合成一个新的犯罪，这是结合犯的法律条件。刑法规定结合犯的内容，不仅仅包括原罪的犯罪构成，同时包括结合犯的成立条件，被结合之罪的构成在刑法中具有独立的表现。

（三）结合犯的处断原则

结合犯为法律规定的一罪，虽然在性质上是实质的数罪，但被立法结合为一罪时，只能作为一罪论处，不能实行数罪并罚。结合犯具有独立的法定刑，所以，应当直接按照刑法规定的法定刑处罚。

第四节　处断的一罪

处断的一罪，指的是行为人事实上实施的是数个危害行为，并且以刑法规定的犯罪构成衡量，每一行为也已经构成犯罪，属于事实上的数罪，但司法定罪中只定一罪。处断的一罪包括连续犯、牵连犯和吸收犯。

一、连续犯

（一）连续犯的概念

所谓连续犯，是指行为人基于同一或者概括的犯罪故意，连续实施性质相同的独立成罪的数个犯罪行为，触犯同一罪名的犯罪形态。

连续犯的前提是行为人连续实施数个性质相同的犯罪行为，但是数个犯罪均触犯相同的罪名。数个独立的犯罪行为在刑法上均独立构成犯罪，因而可以分别进行处理，但是由于数个犯罪的性质相同且罪名单一，可以用一个罪名对犯罪人的数个犯罪行为进行整体概括评价。

（二）连续犯的构成特征

1. 行为人必须实施性质相同且独立成罪的数个行为

这是成立连续犯的前提条件，也是连续犯的罪名特征。没有实施数个行为，或者数个行为中某些行为没有独立构成犯罪，则不能认定为连续犯。同时，还要求连续实施的数个犯罪都各自独立地符合犯罪构成，触犯同一罪名。

2. 行为人连续实施数个行为必须基于同一或者概括的犯意

这是成立连续犯的主观条件，连续犯与单独实施数个犯罪的区别在于：行为人实施犯罪行为出于同一或者概括的犯意。一般认为，概括犯意的内容仅仅包括故意，而不包括过失。

3. 行为人所实施的数个行为之间具有连续性

数个犯罪行为之间不仅仅具有相对的独立性，而且还应当具有连续性，这是连续犯的行为特征。如果缺乏连续性，则各个犯罪之间彼此独立，就无法成立连续犯。基于连续意图支配下的数个同一犯罪故意，在一定时期之内连续实施了性质相同的数个足以单独构成犯罪的危害行为，数个犯罪之间就存在连续性。

（三）连续犯的处断原则

对于连续犯，应当适用按一罪从重处罚或按一罪的加重构成情节处罚的处断原则，即在对连续犯按一罪论处、不实行数罪并罚的前提下，应当按照行为人所触犯的罪名从重处罚或者作为加重构成情节酌情判处刑罚。

二、牵连犯

(一) 牵连犯的概念

所谓牵连犯，是指行为人为实施某种犯罪（即本罪）目的，其方法行为或结果行为又触犯其他罪名（即他罪）的犯罪形态。

牵连犯的基本结构可以分成两个部分，即本罪与他罪。所谓本罪，是行为人基于犯罪目的或者最终意图而实施的具体犯罪；所谓他罪，是指行为人为了实施本罪而选择的方法所构成的其他犯罪，以及实施本罪行为之后的结果行为所构成的其他犯罪。如果将牵连犯视作一个整体，则其应当由两部分行为构成：一部分是本罪的行为，又称为目的行为和原因行为；另一部分由他罪行为构成，与本罪行为相对应，称为方法行为（手段行为）和结果行为。

(二) 牵连犯的构成特征

1. 实施两个以上的行为

牵连犯之所以被确定为处断一罪，是因为其实施了两个以上可以独立成罪的行为。只有数个行为分别符合数个犯罪构成，才会在定罪与量刑上发生罪数判定的问题。所以行为的复数性是构成牵连犯的基础条件。如伪造公文、证件、印章诈骗他人财物，前者是方法（手段）行为，后者是目的行为。

2. 数个行为触犯不同的罪名

牵连犯所实施的数个行为，分别触犯数个不同的罪名，彼此之间发生的联系并不在犯罪构成之内，而是由于行为人的犯罪意图或者危害行为产生了事实上的联结。

3. 数个行为之间具有牵连关系

牵连关系，就是指所实施的数个不同行为之间，具有在统一的犯罪故意下直接的互相配合关系。这种牵连关系在主观上由一个犯罪目的统领，在行为上则由数个不同的犯罪行为之间发生主从联系作为客观表现。所以说，牵连犯的数个犯罪具有内在的一致性。

(三) 牵连犯的处罚

1. 数罪并罚原则

刑法明文规定对牵连犯要数罪并罚的，按照刑法规定数罪并罚。如

《刑法》第 198 条保险诈骗罪规定："（四）投保人、被保险人故意造成财产损失的保险事故，骗取保险金的；（五）投保人、受益人故意造成被保险人死亡、伤残或者疾病骗取保险金的……同时构成其他犯罪的，依照数罪并罚的规定处罚。"

2. 从一重罪处断原则

刑法规定牵连犯从一重罪处断的，按照刑法规定从一重罪处断。如《刑法》第 399 条第 4 款规定："司法工作人员收受贿赂，有前三款行为的，同时又构成本法第三百八十五条规定之罪的，依照处罚较重的规定定罪处罚。"

刑法没有规定处罚原则的，也就是刑法既没有规定数罪并罚也没有规定从一重罪处断的，应当按照刑法理论从一重罪处断。

三、吸收犯

（一）吸收犯的概念

所谓吸收犯，是指行为人实施数个犯罪行为，其中一个犯罪行为因为被另一个所吸收而失去独立意义，仅按吸收的犯罪行为处断的犯罪形态。所谓吸收，就是数个犯罪行为之间具有包括与被包括的关系，其他行为构成的犯罪失去了独立的意义，只按照一个犯罪构成对其进行评价即可。

（二）吸收犯的构成特征

1. 实施数个符合犯罪构成的行为

吸收犯必须具有数个犯罪行为，这是成立吸收犯的前提和基础。如果只有一个犯罪行为，则不会发生吸收关系。而且，行为人所实施的数个行为都应当是犯罪行为，即每个行为都符合刑法规定的犯罪构成，独立地构成犯罪。

2. 数个行为之间具有吸收关系

这是成立吸收犯的主要特征。如果数个犯罪行为之间不存在一个犯罪行为吸收其他犯罪行为的关系，也就不可能成立吸收犯。所谓吸收，即一个行为包容其他行为，只成立一个行为构成的犯罪，其他行为构成的犯罪失去存在的意义，不再予以定罪。

3. 行为人必须基于一个犯意，为了实现一个具体的犯罪目的而实施数个犯罪行为

这是数个犯罪行为构成吸收犯所必须具备的主观特征。尽管存在数个犯罪行为，但数个行为必须基于一个犯罪故意，如果有目的作为犯罪构成要件的话，行为人只能实现一个具体的犯罪目的。

（三）吸收犯的形式

吸收犯的形式，即吸收犯吸收关系的种类。吸收犯的形式主要可概括为以下几种：

1. 重行为吸收轻行为

重行为吸收轻行为是以行为的性质以及危害程度进行比较，性质较严重、危害大的行为吸收性质较相对轻、危害轻的行为。从这一意义上说，法定刑的轻重也可以作为比较的依据之一。两个以上的行为不问孰先孰后，即使重行为在后，也吸收轻行为。例如未遂犯吸收预备犯。

2. 高度行为吸收低度行为

高度行为吸收低度行为是指以行为实行的程度进行比较，实行程度比较高的行为吸收实行程度比较低的行为。这种情形主要是在两个以上的行为属于同一法条规定，法定刑没有区别规定，而且行为在性质上难以比较轻重时，以实行程度比较高的行为吸收实行程度比较低的行为。

3. 实行行为吸收非实行行为

实行行为吸收非实行行为，是指在共同犯罪中，共犯既实施有非实行行为（教唆行为、帮助行为），又实施实行行为时，以实行行为吸收非实行行为。例如，教唆者在教唆他人犯罪后，又直接参与所教唆之犯罪的实行行为的，则对教唆者不再论以教唆犯，而直接按照正犯予以定罪处罚。

4. 完成行为吸收未完成行为

完成行为吸收未完成行为是指当行为人在同一法益的犯罪中，既有完成（既遂）的情况，又有未完成的情况时，以完成的行为吸收未完成的（预备、未遂或者中止）行为，对未完成的行为不再单独论罪。例如，甲杀乙时第一次未遂，而第二次实施时将乙杀害，则对甲只按照杀人既遂论处，即以既遂行为吸收其未遂行为。

（四）吸收犯的处断原则

对于吸收犯，由于其中的一个犯罪已经被其他犯罪所吸收，因而在定罪的时候，仅仅按照其中的一个犯罪加以处理即可，不实行数罪并罚。

法考真题

---

1. 关于法条关系，下列哪一选项是正确的（不考虑数额）？（2016/2/11-单）

    A. 即使认为盗窃与诈骗是对立关系，一行为针对同一具体对象（同一具体结果）也完全可能同时触犯盗窃罪与诈骗罪。

    B. 即使认为故意杀人与故意伤害是对立关系，故意杀人罪与故意伤害罪也存在法条竞合。

    C. 如认为法条竞合仅限于侵害一犯罪客体的情形，冒充警察骗取数额巨大的财物时，就会形成招摇撞骗罪与诈骗罪的法条竞合。

    D. 即便认为贪污罪和挪用公款罪是对立关系，若行为人使用公款赌博，在不能查明其是否具有归还公款的意思时，也能认定构成挪用公款。

    ［答案］D

2. 关于罪数的说法，下列哪些选项是正确的？（2016/2/54-多）

    A. 甲使用变造的货币购买商品，触犯使用假币罪与诈骗罪，构成想象竞合犯。

    B. 乙走私毒品，又走私假币构成犯罪的，以走私毒品罪和走私假币罪实行数罪并罚。

    C. 丙先后三次侵入军人家中盗窃军人制服，后身穿军人制服招摇撞骗。对丙应按牵连犯从一重罪处罚。

    D. 丁明知黄某在网上开设赌场，仍为其提供互联网接入服务。丁触犯开设赌场罪与帮助信息网络犯罪活动罪，构成想象竞合犯。

    ［答案］BD

3. 关于结果加重犯，下列一选项是正确的？（2015/2/8-单）

    A. 故意杀人包含了故意伤害，故意杀人罪实际上是故意伤害罪的结果加重犯。

    B. 强奸罪、强制猥亵妇女罪的犯罪客体相同，强奸、强制猥亵行为致妇女重伤的,均成立结果加重犯。

C. 甲将乙拘禁在宾馆20楼,声称只要乙还债就放人。乙无力还债,深夜跳楼身亡。甲的行为不成立违法拘禁罪的结果加重犯。

D. 甲以胁迫手段抢劫乙时,发现仇人丙路过,于是立即杀害丙。甲在抢劫过程中杀害他人,因抢劫致人死亡包括故意致人死亡,故甲成立抢劫致人死亡的结果加重犯。

[答案] C

4. 关于想象竞合犯的认定,下列哪些选项是错误的?(2013/2/56-单)

A. 甲向乙购买危险物质,商定4000元成交。甲先后将2000元现金和4克海洛因(折抵现金2000元)交乙后收货。甲的行为成立非法买卖危险物质罪与贩卖毒品罪的想象竞合犯,从一重罪论处。

B. 甲女、乙男分手后,甲向乙索要青春补偿费未果,将其骗至别墅,让人看住乙。甲给乙母打电话,声称如不给30万元就准备收尸。甲成立非法拘禁罪和绑架罪的想象竞合犯,应以绑架罪论处。

C. 甲为劫财在乙的茶水中投放2小时后起作用的麻醉药,随后离开乙家。2小时后甲回来,见乙不在(乙喝下该茶水后因事外出),便取走乙2万元现金。甲的行为成立抢劫罪与盗窃罪的想象竞合犯。

D. 国家工作人员甲收受境外组织的3万美元后,将国家秘密非法提供给该组织。甲的行为成立受贿罪与为境外非法提供国家秘密罪的想象竞合犯。

[答案] ABCD

5. 关于罪数的说法,下列哪一选项是错误的?(2008/2/8-单)

A. 甲在车站行窃时盗得一提包,回家一看才发现提包内仅有一支手枪。因为担心被人发现,甲便将手枪藏在浴缸下。甲非法持有枪支的行为,不属于不可罚的事后行为。

B. 乙抢夺他人手机,并将该手机变卖,乙的行为构成抢夺罪和掩饰、隐瞒犯罪所得罪,应当数罪并罚。

C. 丙非法行医3年多,导致1人死亡、1人身体残疾。丙的行为既是职业犯,也是结果加重犯。

D. 丁在绑架过程中,因被害人反抗而将其杀死,对丁不应当以绑架罪和故意杀人罪实行并罚。

[答案] B

---- **思考题** ----

1. 罪数的区分标准是什么?
2. 如何区分想象竞合犯与法条竞合犯?
3. 结果加重犯的成立条件是什么?
4. 如何理解牵连犯的构成特征和处罚原则?

第三编　刑罚论

犯罪是对法律的否定，刑罚是对犯罪的否定。

——［德］黑格尔

第十四章 刑罚概述

第一节 刑罚的概念和特征

一、刑罚的概念

刑罚,是刑法所规定的由国家审判机关对犯罪人所适用的限制或者剥夺其某种权益的强制性法律制裁方法。犯罪和刑罚是刑法的两个基本范畴,就两者的关系而言,犯罪是原因,而刑罚是犯罪所引起的法律后果,两者之间具有因果关系。

二、刑罚的特征

(一)强制程度的严厉性

和其他制裁方法相比较,刑罚是最严厉的制裁方法。法律的制裁方法有行政法上的制裁方法、民事上的制裁方法,还有诉讼法上的程序性制裁方法。和刑罚相比,这些制裁方法都比较轻微,而刑罚是以限制和剥夺犯罪人的权利和利益为内容,不仅可以剥夺财产权利和政治权利,还可以限制或剥夺人身自由,甚至可以剥夺生命,这种严厉性正是刑罚区别于其他法律制裁方法的本质特征。

(二)适用对象的特定性

刑罚的适用对象是触犯刑律、构成犯罪的自然人和单位,是以犯罪人或犯罪单位为唯一对象的强制措施，这是报应的基本要求，也是刑罚正当性的逻辑前提。刑罚是因犯罪行为而产生的法律后果，是对犯罪行为所做出的否定评价，因此，对于没有触犯刑律的人和单位则就不能适用刑罚。

（三）法律程序的专门性

刑罚是最严厉的制裁方法，所以国家设立专门的机构，创制专门的程序，对犯罪进行制裁。专门的机构指公安机关、检察机关、法院以及监狱等部门，分别行使不同的刑罚权；专门的程序指刑事诉讼程序，并且这种诉讼程序带有强制性，由国家垄断刑罚权，其他任何单位都无权对犯罪人适用刑罚。

三、刑罚权的根据与内容

（一）刑罚权的根据

刑罚权，是指国家创制和运用刑罚的权力，是国家统治权的重要组成部分，任何一个国家都有权对触犯刑律的行为依法予以惩治。刑罚是刑罚权的外在表现，刑罚权则是据以确立刑罚及保证其运行的源泉。关于刑罚权存在的理由或根据，主要有以下几种理论：

1. 神权论

该观点主张国家的刑罚权是上天赋予、与生俱来的，是君权神授的思想在刑罚权问题上的体现，认为对犯罪人处罚是替天行罚。在古代社会，给刑罚权披上神圣的外衣，对维护君主统治起到了一定的作用。中国古人将"天"作为万物的起源，君主之权也出自天授，故称"天子"，刑罚权是君主权力的重要体现，自然也来源于天。统治者不过是代天行罚，刑罚源自圣人"因天讨而作五刑"。

2. 社会契约论

随着近代启蒙思想的兴起，尤其是民众对社会契约论的广泛接受，启蒙思想家用世俗的观点来论证刑罚权的正当性。例如，贝卡里亚就认为国家的刑罚权实际上是公民自然权利的转让，国家行使刑罚权必须是为了公民的福祉。刑罚权的来源对刑罚的理论具有直接的制约性，因为刑罚权是公民的自然权利转让出来的，国家行使刑罚权必须是为了全体公民的福祉，这种刑罚权才是正当的。所以，社会契约论就使刑罚权的来源获得了全新的理论根据。

在国家垄断了刑罚权后,就开始禁止私刑。如果公民受到他人的侵害,必须由国家来行使刑罚权,进行公力救济,而不允许私力救济,只有在某些特殊情况下才允许进行私力救济,例如正当防卫、紧急避险。

(二)刑罚权的内容

按照刑罚权的内容构成和运行方式的不同,可以分为以下四种权力:

1. 刑罚创制权

刑罚创制权是指刑罚的立法权,即国家立法机关在刑事立法活动中创制刑罚的权力,包括设立法定刑,修改、补充或废止现行立法中的刑罚制度、法定刑和刑罚种类。我国的刑罚创制权由全国人民代表大会及其常务委员会行使,其他任何国家机关都不得行使刑罚创制权。

2. 刑罚追求权

刑罚追求权是国家有关机关对犯罪人提出承担刑事责任和提出适用刑罚的要求,刑罚追求权实际上是追究犯罪人刑事责任的权力。根据我国法律规定,对犯罪提起诉讼的权力由检察机关负责行使。刑罚追求权主要表现为公诉的形式,在个别的案件中保留了自诉的形式。

量刑建议是检察机关的建议权,本质上仍属于刑罚追求权的范围,不是检察机关代为行使法院裁判权。但是它有别于非认罪认罚案件的量刑建议,它是控辩双方就量刑问题协商后达成的"合意",体现了国家检察机关基于被告人的认罪认罚在实体上做出量刑减让的承诺,让被告人对认罪认罚后果能有合理的预期。

3. 刑罚裁量权

刑罚裁量权是指国家司法机关对犯罪人实行裁量刑罚的权力。刑罚裁量权由人民法院依法统一行使,人民法院根据犯罪人的犯罪事实和法律裁量具体的刑罚。因此,刑罚裁量权是审判权的重要组成部分,主要包括:对犯罪人是否适用刑罚、适用何种刑罚、适用多重的刑罚。量刑活动既是求刑的落实,又是行刑的依据,是适用刑罚的关键环节。

4. 刑罚执行权

刑罚执行权是指刑罚执行机关根据已发生法律效力的判决,强制犯罪人接受刑罚处罚的权力。按照我国刑事诉讼法的规定,不同的刑种由不同的执行机关执行，大多数刑罚由监狱执行，少数由公安机关执行，有的由人民法院执行。刑罚执行权是刑罚裁量权的必要延伸，是实现国家刑罚权的一个重要环节。

上述四种权力是刑罚权的有机组成部分，共同构成了刑罚权的整体，由不同的机关具体行使，不同机关之间形成彼此联系、相互制约、分工配合的关系，从而保证国家刑罚权的正确行使。

第二节　刑罚的属性与功能

一、刑罚的属性

刑罚是国家创制的、对犯罪分子适用的特殊制裁方法，是对犯罪分子某种利益的剥夺，并且表现出国家对犯罪分子及其行为的否定评价。据此，刑罚的属性主要包括两方面：惩罚与教育。现代法治社会的刑罚是惩罚和教育的统一。

（一）惩罚性

刑罚具有惩罚性，惩罚是刑罚的应有之义。这种惩罚主要表现为对犯罪人的某种利益的剥夺，也正是根据被剥夺利益的不同反映出刑罚的轻重。在各种刑罚中，既包括生命刑，也就是死刑，即对人生命的剥夺；也包括自由刑，也就是对人身自由的剥夺或者限制；还包括财产刑，即对财产的剥夺；以及资格刑，即对人的某种资格的剥夺。

刑罚的惩罚性正是通过对犯罪人所具有的利益的剥夺而体现出来的。这种剥夺必然会给犯罪人带来某种痛苦，使他的财产或者权益丧失，这是创设刑罚的最原始动机。"刑罚的本质在于报应，报应的内容在于给犯罪人造成一定的痛苦，而报应的目的又在于对社会秩序的维护。"[1] 只要有刑罚存在，刑罚就必然具有惩罚性，在不同的社会、不同的历史时期、不同的国家，刑罚惩罚性的表现形态、轻重不一样。

---

[1] ［日］团藤重光《泷川幸辰刑法著作集》（第1卷），东京：日本世界思想社，1981年版，第199页。

(二) 教育性

刑罚的教育性主要是通过刑罚的评价功能体现出来，刑罚在具有剥夺功能的同时还具有评价功能，体现出法律对犯罪行为及犯罪人的否定评价，这种否定的评价实际上就是谴责。从这个意义上来说，教育也是刑罚的内在属性之一。教育性在刑罚当中的地位和惩罚性不一样，它并非刑罚与生俱来的特征，而是刑罚进化的产物。

教育刑由德国著名刑法学家李斯特所倡导，李斯特认为，刑罚并不是对犯罪人的一种报复，也不是社会对犯罪机械的、本能的反应，刑罚主要是为了对犯罪人进行教育，这种教育主要是通过矫正的手段体现出来。李斯特有句名言："矫正可以矫正的罪犯，不可矫正的罪犯不使为害。"对可以矫正的罪犯进行矫正，对不可矫正的罪犯不使他继续危害社会。随着社会的发展、人类文明程度的提高，教育因素在刑罚中所占的比重会越来越大。从总的发展趋势来看，刑罚的教育性应当加强，而惩罚性应该减少。

(三) 惩罚性与教育性相统一

刑罚的属性中既包括了惩罚性，又包括了教育性，二者有机结合在一起，互相不可分离，主要体现在：

一方面，教育性以惩罚性为前提。刑罚具有惩罚的意蕴，它包含着对犯罪分子带来的痛苦，体现了国家的强制性，没有惩罚内容的单纯的教育不能成为刑罚。另一方面，惩罚性以教育性为目的。惩罚性也离不开教育性，惩罚性必须蕴含着教育性的因素，否则惩罚就会变成没有目的的盲目的行为。因此，我们应当从惩罚性与教育性相统一的意义上，科学地揭示刑罚的内在属性。

二、刑罚的功能

(一) 刑罚功能的概念

刑罚的功能，是指国家创制、适用、执行刑罚对社会个体以及整体所产生和可能产生的积极的社会作用。刑罚的功能和刑罚的属性有着内在联系：刑罚的属性是从静态来揭示刑罚的要素，而刑罚的功能是指刑罚属性的发挥和实现，从动态来揭示刑罚的性质。通过刑罚的功能，我们可以比较全面地了解刑罚所具有的作用。

（二）刑罚功能的内容

1. 对犯罪人的功能

（1）剥夺功能

剥夺功能指的是对犯罪分子的权利或者利益进行剥夺，是刑罚惩罚性的体现。通过对罪犯的惩罚，造成罪犯在生理上和精神上的痛苦。刑罚的剥夺功能是刑罚的首要功能，其他功能都是在此基础上派生的。因此，刑罚的剥夺功能对其他功能具有某种制约作用。刑罚的剥夺功能与刑罚的报应目的之间的联系非常密切，正是刑罚的报应性为刑罚的剥夺功能提供了正当性。

（2）改造功能

改造功能是刑罚的主要功能之一。改造功能和刑罚的教育性紧密联系，刑罚的教育性主要就是通过改造功能得到实现。在刑罚执行过程中，通过对犯罪分子进行思想改造、劳动改造等各种手段，对犯罪分子进行教育，使其掌握一定的生产技能，为其重返社会创造条件。

（3）感化功能

感化功能主要是通过人道待遇、宽大处理等一系列刑事政策，使刑罚对犯罪人产生心理上的感受和影响。感化功能主要是对犯罪人的心理和精神而言的，包含着有条件的宽容，体现出刑罚的宽容性，从而让犯罪分子体会到感化，使其洗心革面，痛改前非，自觉进行改造，成为遵纪守法、自食其力的公民。

2. 对被害人的功能

（1）补偿功能

补偿功能是指人民法院在对犯罪分子判处刑罚的同时，要求犯罪分子必须对被害人因其犯罪行为造成的经济损失给予赔偿。我国《刑法》第36条规定，由于犯罪行为而使被害人遭受经济损失的，对犯罪分子除依法给予刑事处罚外，并应根据情况判处赔偿经济损失。赔偿经济损失本身不是刑罚，但它在判处刑罚的同时使用，体现了对被害人权益的保护。我国刑事诉讼法中所规定的刑事和解以及认罪认罚从轻处罚制度，都是在惩罚与补偿之间进行某种程度的调整，降低惩罚程度，提高补偿程度，使被害人获得一定程度的补偿。

此外，在现实生活中，有些犯罪分子缺乏经济赔偿能力，使被害人的经济损害得不到有效的补偿。有学者提出了刑事被害人的国家补偿制度的构想，认为被害人应当获得国家的补偿。

（2）安抚功能

安抚功能是指人民法院通过对犯罪分子适用刑罚，及时抚慰被害人及其亲属的情绪和精神创伤，减轻由于犯罪分子的行为给他们带来的痛苦和愤怒。安抚功能能够平息民愤，使被害人及其亲属的复仇心理得到一定程度的满足，使被害人惩罚犯罪分子的要求得以实现，避免私力报复，恢复其心理平衡。

3. 对社会的功能

（1）威慑功能

刑罚的威慑分为一般威慑和个别威慑，一般威慑是指刑罚对社会上潜在犯罪人所产生的警戒作用，是指刑罚对社会上一般人起到以儆效尤的效果。对犯罪分子处以刑罚，对于潜在犯罪人有一定的威慑作用，使他们不敢以身试法，自觉遵纪守法。个别威慑是对犯罪分子而言的威慑，他因为犯罪而受到刑罚处罚，感受到了刑罚的惩罚性，那么下一次就不敢再犯罪。刑罚的威慑功能虽然是客观存在的，但是有一定的限度，因此不能过分迷信刑罚的威慑功能。

（2）鉴别功能

鉴别功能是指通过刑罚惩罚，使公民明确地知道哪些行为是犯罪、哪些行为不是犯罪。鉴别功能是刑罚的教育性的直接体现，鉴别的实质就是教育，通过刑罚的创制、适用及执行帮助犯罪分子以及其他社会成员划清罪与非罪的界限。刑罚的鉴别功能是对刑罚的威慑功能的必要补充。刑罚鉴别不仅对不知法而欲犯者具有鉴别功能，对自发守法者也具有鉴别功能，以促使其向自觉守法者转化。通过对犯罪分子适用刑罚，可以帮助守法者了解法律内容、认识守法价值，从而受到教育。

（3）鼓励功能

鼓励功能是指通过对犯罪分子适用刑罚，具有提高公民的法律意识，教育公民自觉遵纪守法，鼓励公民坚决同犯罪行为进行斗争的作用。犯罪人因为违法犯罪受到法律制裁，否定犯罪行为，从而体现出守法的价值，对守法者来说是一种肯定，能够强化公民的法律意识，增强法治观念。因此，刑罚的鼓励功能非常重要，能够对犯罪进行有效的社会控制，从而达到对社会秩序维持与法律规范认同的目的。

第三节 刑罚的目的

一、刑罚目的概念

刑罚目的，是指刑罚的创制、适用和执行所欲达到的结果。刑罚目的是刑法理论中的核心问题，对该问题的不同解答，影响到刑事立法以及刑事政策的态度。过去我国刑法理论把预防犯罪当作刑罚的唯一目的，现在的刑法理论认为，刑罚目的不仅在于预防，而且在于报应，报应本身也是刑罚的目的。因此，刑罚目的既在于报应又在于预防。

二、刑罚目的的内容

（一）报应目的

刑罚的报应目的，主要是通过对犯罪分子的惩罚来实现社会公正，以满足社会公众的复仇心理。这种刑罚报应和原始社会的复仇不一样，原始社会的复仇是通过个人的、非理性的、个别的方式来实现，而刑罚的报应是制度性的安排，以一种理性的方式来实现。

报应刑论的内容是"因为犯了罪，所以要处刑"。具体来说，刑罚是对犯罪的公平报应，体现的是人与生俱来的公平正义之心；科处刑罚的根据，仅仅在于犯罪行为造成了客观损害。在对犯罪科处刑罚的时候，不应当抱有防止犯罪等目的性考虑。即便没有防止犯罪的效果，也必须基于伦理上的正义的要求而对犯罪人科处刑罚；相反地，不得将对犯罪人科处刑罚作为"防止犯罪的手段"。科处刑罚仅仅是因为犯罪人犯了罪，再也没有任何其他理由。当然，报应刑论主张刑罚是"同态复仇"，即只能在客观造成的侵害范围内科处，对于划定刑罚处罚的上限，具有重要借鉴意义。[①]

[①] ［日］曾根威彦：《刑法学基础》，黎宏译，北京：法律出版社，2005年版，第49页。

（二）预防目的

预防刑论的内容是"因为让人不要或者不再犯罪，所以要处刑"。这种观点认为，为报应而报应不是刑罚的存在理由，刑罚只有在对预防犯罪或者教育罪犯具有特定效果的时候，才具有正当性。刑罚在广义上是为了预防犯罪而科处的一种教育手段，科处刑罚的根据是犯罪行为当中所体现出来的行为人的"主观恶性"或者说是"人身危险性"，而不是行为所造成的客观侵害。刑罚不再是消极的，积极的预防性成为刑罚的重要目的，即通过刑罚惩罚达到个别预防和一般预防。

1. 个别预防理论

所谓个别预防，是指通过对犯罪分子适用刑罚进行教育改造，预防他们重新犯罪。对犯罪分子的个别预防作用，主要是通过两个方面的内容来实现的。

第一，剥夺犯罪分子再次犯罪的能力，使之不再危害社会。具体包括：一是对极少数罪行极其严重的犯罪人，通过适用死刑立即执行的方式，永远剥夺其重新犯罪的能力。二是对绝大多数犯罪人通过适用不同期限自由刑的方式，使犯罪人在一定时期内与社会隔离，同时在其服刑期间对其进行教育改造，使之成为遵纪守法的公民，不致再危害社会。三是对经济犯罪、财产犯罪和其他贪财图利犯罪的犯罪人适用财产刑，剥夺其重新犯罪的物质基础，使其得不偿失，从而不能、不敢或不愿再次犯罪。四是通过对某些犯罪人独立或附加适用资格刑，剥夺其一定的权利或资格，从而防止他们利用这些权利或资格重新进行犯罪。

第二，改造和教育犯罪分子，使其弃恶扬善，不敢或者不愿再进行犯罪活动。对犯罪分子适用刑罚，不仅是剥夺了其权利或者自由，更主要的是针对犯罪分子的心理状态、人格特征和犯罪的具体原因，对其进行思想改造和采取个别化的矫正措施，使其消除犯罪心理，不再触碰法律的底线。同时，通过劳动改造，使其掌握一定的劳动机能，形成自食其力的习惯，在刑罚执行完毕之后，能够改恶从善，成为遵纪守法的合格公民，从而实现刑罚特殊预防的目的。

2. 一般预防理论

一般预防，是指通过对犯罪分子适用刑罚，威慑、警诫潜在的犯罪者，防止他们走上犯罪道路。一般预防主要是通过一般威慑来实现的。当然,也要借助于鉴别功能和鼓励功能,使社会上有犯罪可能性的人不愿或者不敢去犯罪。

我国刑罚一般预防的对象只限于潜在的犯罪人,包括以下三种人:一是危险分子,即具有犯罪危险的人。二是不稳定分子,即具有某种犯罪倾向的人。这类人法治观念淡薄,自制力低,容易受犯罪诱惑、被犯罪人教唆拉拢,可能走上犯罪的道路,所以是一般预防的基本对象。三是具有私人复仇倾向的被害人及其家属。这类人是犯罪的直接或间接的受害者,往往具有报复的念头,如果不及时加以防范和疏导,可能酿成新的犯罪,因而也是一般预防的对象。

3. 个别预防与一般预防的关系

刑罚的个别预防和一般预防紧密结合、相辅相成。人民法院对任何犯罪分子所适用的刑罚,都包含个别预防和一般预防的内容。对犯罪分子适用以惩罚和改造为内容的刑罚,一方面可以预防犯罪分子本人重新犯罪,另一方面这种惩罚和改造所产生的威慑效应,又能使那些具有犯罪意念的人有所畏惧,不敢以身试法。因此,人民法院在对犯罪分子适用刑罚时,既要考虑个别预防的需要,使裁量的刑罚满足惩罚和改造罪犯的要求,又要考虑一般预防的需要,使裁量的刑罚能够威慑、警诫那些潜在的犯罪人,绝不能片面强调某一方面而忽视另一方面。

思考题

1. 如何理解刑罚的特征?
2. 如何理解刑罚的目的?
3. 如何理解刑罚的功能?

第十五章 刑罚体系

第一节 刑罚体系概述

一、刑罚体系的概念

刑罚体系,是指刑事立法者从有利于发挥刑罚的功能和实现刑罚的目的出发,选择一定的惩罚方法作为刑罚方法并加以归类,由刑法依照一定的标准对各种刑罚方法进行排列而形成的各种刑罚方法的总和。

刑罚体系当中包含各种刑罚方法,刑罚方法也称为刑罚种类,又可以简称为刑种。这些刑罚方法根据一定的标准进行划分,按照一定的规律进行排列,形成一个国家的刑罚体系。

二、我国刑罚体系的分类

(一)根据刑罚剥夺的内容划分

根据刑罚剥夺的内容来划分,可以把刑罚分为以下四种。

1. 生命刑

是指剥夺犯罪分子生命的刑罚,也就是死刑,这是刑罚当中最重的刑罚方法。

2. 自由刑

是指剥夺或者限制犯罪分子的人身自由的刑罚方法,自由刑又可以分为剥夺自由刑和限制自由刑：剥夺自由刑是监禁化的刑罚方法，限制自由刑是非监禁化的刑罚方法。在非监禁刑当中，对犯罪分子不实行关押，并不剥夺犯罪分子的人身自由，而是对其人身自由加以限制。

3. 财产刑

是指剥夺犯罪分子一定财产的刑罚方法，如罚金就是最典型的一种财产刑。

4. 资格刑

是指剥夺犯罪分子一定的权利、一定的荣誉或者一定的资格的刑罚方法，如剥夺政治权利就是一种典型的资格刑。

这些刑罚方法互相搭配，形成了理论上的刑罚体系。

（二）按照法律规定划分

在我国刑法中，各种刑罚方法按照规定分为主刑和附加刑。

1. 主刑

是指对犯罪分子主要适用的刑罚方法，其特点是只能独立适用，而不能附加于其他刑罚方法适用。对于一种犯罪行为或同一犯罪分子，只能判处一个主刑，不能判处两个或两个以上主刑。我国刑法规定的主刑包括管制、拘役、有期徒刑、无期徒刑和死刑，这五种主刑由轻到重排列。死刑属于生命刑，而管制、拘役、有期徒刑和无期徒刑都属于自由刑。

2. 附加刑

附加刑在一般情况下是附加适用，因此，附加刑具有对主刑的从属性。按照刑法规定，附加刑既可以独立适用，也可以附加适用。所谓附加适用，是指一个人在被判处一个主刑的同时判处一个附加刑；所谓独立适用，是指某些犯罪较为轻微，不需要判处主刑，只要判处附加刑就可以了。我国刑法规定的附加刑包括剥夺政治权利、没收财产、罚金和驱逐出境。剥夺政治权利和驱逐出境属于资格刑，没收财产和罚金属于财产刑。

第二节 主　刑

一、管制

（一）管制的特征

管制是指对犯罪分子不实行关押，但限制其一定的人身自由，对其依法实行社区矫正的刑罚方法。管制是我国刑法独创的一种轻刑，其最大特点是对犯罪分子不予关押。因此，管制是我国刑法中唯一的非监禁刑。

（二）管制的期限

根据《刑法》第38条第1款的规定，管制的期限是3个月以上2年以下。另据《刑法》第69条的规定，数罪并罚时，管制的期限最长不能超过3年。管制的刑期从判决执行之日起计算，判决执行以前先行羁押的，羁押1日折抵刑期2日。

（三）管制的执行

《刑法》第38条第3款规定，对判处管制的犯罪分子，依法进行社区矫正。县级以上地方人民政府根据需要设置社区矫正机构，负责社区矫正工作的具体实施，县级以上地方人民政府司法行政部门主管本行政区域内的社区矫正工作。司法所根据社区矫正机构的委托，承担社区矫正相关工作。因此，对犯罪分子的管制的执行由司法行政机关的社区矫正机构负责。

（四）管制的内容

《刑法》第39条规定，被判处管制的犯罪分子在执行期间应当遵守下列规定：第一，遵守法律、行政法规，服从监督；第二，未经执行机关批准，不得行使言论、出版、集会、结社、游行、示威自由的权利；第三，按照执行机关的规定报告自己的活动情况；第四，遵守执行机关关于会客的规定；第五，离开所居住的市、县或者迁居，应当报经执行机关批准。

同时，《刑法》第55条第2款还规定，如果判处管制的犯罪分子被附加判处剥夺政治权利的，剥夺政治权利的期限应当和管制的期限相同，并且应当和管制同时执行。因此，判处管制并附加剥夺政治权利的犯罪分子，既要执行管制的刑罚，又要执行剥夺政治权利的刑罚，两者同时执行。

（五）禁止令

《刑法》第 38 条第 2 款规定："判处管制，可以根据犯罪情况，同时禁止犯罪分子在执行期间从事特定活动，进入特定区域、场所，接触特定的人。" 2011 年 4 月 28 日，最高人民法院、最高人民检察院、公安部、司法部联合颁布《关于对判处管制、宣告缓刑的犯罪分子适用禁止令有关问题的规定（试行）》，对禁止内容做了详细规定：

第一，被禁止从事的特定活动：（1）个人为进行违法犯罪活动而设立公司、企业、事业单位或者在设立公司、企业、事业单位后以实施犯罪为主要活动的，禁止设立公司、企业、事业单位；（2）实施证券犯罪、贷款犯罪、票据犯罪、信用卡犯罪等金融犯罪的，禁止从事证券交易、申领贷款、使用票据或者申领、使用信用卡等金融活动；（3）利用从事特定生产经营活动实施犯罪的，禁止从事相关生产经营活动；（4）附带民事赔偿义务未履行完毕，违法所得未追缴、退赔未到位，或者罚金尚未足额缴纳的，禁止从事高消费活动；（5）其他确有必要禁止从事的活动。

第二，被禁止进入的特定区域、场所：（1）禁止进入夜总会、酒吧、迪厅、网吧等娱乐场所；（2）未经执行机关批准，禁止进入举办大型群众性活动的场所；（3）禁止进入中小学校区、幼儿园园区及周边地区，确因本人就学、居住等原因，经执行机关批准的除外；（4）其他确有必要禁止进入的区域、场所。

第三，被禁止接触的特定人员：（1）未经对方同意，禁止接触被害人及其法定代理人、近亲属；（2）未经对方同意，禁止接触证人及其法定代理人、近亲属；（3）未经对方同意，禁止接触控告人、批评人、举报人及其法定代理人、近亲属；（4）禁止接触同案犯；（5）禁止接触其他可能遭受其侵害、滋扰的人或者可能诱发其再次危害社会的人。

需要注意的是，并不是所有被判处管制的犯罪分子都必须同时适用禁止令，而是根据犯罪情况，对某些犯罪分子适用禁止令。在我国刑法中，禁止令不是单独的刑罚措施，而是保安处分措施，与管制搭配适用。

《刑法》第 38 条第 4 款还规定，违反禁止令的，由公安机关依照《治安管理处罚法》的规定处罚。

根据《刑法》第 40 条的规定，管制期满，执行机关应即向本人和其所在单位或者居住地的群众宣布解除管制，并发给本人解除通知书。附加剥夺政治权利的，同时宣布恢复政治权利。

二、拘役

（一）拘役的特征

拘役，是指剥夺犯罪分子短期的人身自由，就近强制实行劳动改造的刑罚方法。

拘役在我国刑法当中属于短期自由刑，是介于管制和有期徒刑之间的一种轻刑，拘役比管制要严厉，比有期徒刑要轻，其适用范围仅次于有期徒刑，主要适用于罪行较为轻微但又必须要关押的犯罪分子。

（二）拘役的期限

根据《刑法》第 42 条的规定，拘役的期限是 1 个月以上 6 个月以下。第 69 条规定，数罪并罚时，拘役期限最长不得超过 1 年。

拘役的刑期从判决之日起计算，判决以前先行羁押的，羁押 1 日折抵刑期 1 日。根据有关规定，犯罪分子被判处拘役以前，不仅被采取强制措施，而且由于其他原因被扣留或扣押而被剥夺人身自由的，都可以折抵刑期。

（三）拘役的执行

根据《刑法》第 43 条的规定，被判处拘役的犯罪分子，由公安机关就近执行。所谓就近执行，主要有两种情况：一种情况是在所在地的县、市或者市辖区的公安机关设立的拘留所里面执行，另外一种情况是在就近的监狱执行。

另外，我国刑法对拘役犯在执行期间规定了两项特殊的待遇：第一是探亲，拘役犯每月可以回家一天到两天，路费自理，路途较远的可以累积使用假期。第二，参加劳动的，可以酌量发给报酬。因此，从我国刑法关于拘役的规定来看，拘役是比较轻的刑罚方法，一方面，拘役的刑期比较短；另一方面，拘役虽然是剥夺自由，但法律对拘役犯规定了比较宽大的待遇。

三、有期徒刑

（一）有期徒刑的特征

有期徒刑，是指剥夺犯罪分子一定期限的人身自由，在监狱或者其他执行场所实行强制劳动改造和教育改造的一种刑罚方法。有期徒刑属于有期自由刑，刑期幅度大，适用面最广，可适用于大部分犯罪的犯罪分子，因而在我国刑罚体系中居于中心地位。在我国，绝大多数犯罪分子最终都被判处有期徒刑，所以有期徒刑是我国刑法中适用最为广泛的刑罚方法。

（二）有期徒刑的期限

根据《刑法》第45条规定，有期徒刑的期限是6个月以上15年以下。但有三种情形例外：（1）根据《刑法》第50条的规定，判处死刑缓期执行的罪犯，在死刑缓期执行期间，如果确有重大立功表现，两年期满以后，减为25年有期徒刑。（2）根据《刑法》第69条的规定，在数罪并罚的情况下，有期徒刑总和刑期不满35年的，最高不能超过20年；总和刑期在35年以上的，最高不能超过25年。（3）根据《刑法》第71条的规定，犯罪分子在服刑期间又犯新罪的，应当对新犯的罪做出判决，把前罪没有执行的刑罚和后罪所判处的刑罚，依照本法第69条的规定，决定执行的刑罚。

刑法规定有期徒刑的刑期从判决执行之日开始计算，判决执行以前先行羁押的，羁押1日折抵刑期1日。因为先行羁押是剥夺犯罪分子的人身自由，而有期徒刑也是剥夺犯罪分子的人身自由，两者性质相同，所以采取先行羁押1日折抵刑期1日的方法进行折抵。

（三）有期徒刑的执行

根据《刑法》第46条的规定，被判处有期徒刑的犯罪分子，在监狱或者其他执行场所执行。凡有劳动能力的，在刑罚执行期间都应当参加劳动，接受教育和改造。监狱是有期徒刑的主要执行场所，其他执行场所指的是未成年犯管教所、看守所等。未成年犯管教所专门收押未成年犯，已满14周岁、不满18周岁的犯罪人属于未成年犯，在未成年犯管教所执行刑罚。另外，公安机关看守所也可以成为刑罚执行机关，主要是执行刑期很短的被判处有期徒刑的犯罪分子。按照有关规定，被判处有期徒刑的犯罪分子，如果余刑在3个月以下的，由看守所代为执行。

四、无期徒刑

（一）无期徒刑的特征

无期徒刑，是剥夺犯罪分子终身自由，在监狱或者其他执行场所强制其参加劳动并接受教育和改造的一种刑罚方法。在我国刑法中，无期徒刑属于剥夺终身自由刑，是比较严厉的刑罚方法，它介于有期徒刑和死刑之间。

（二）无期徒刑的适用对象

无期徒刑主要适用于罪行严重，但不必判处死刑，而又必须与社会永久隔离的危害国家安全的犯罪分子和其他重大刑事犯罪分子，以及严重的经济犯罪分子。

（三）无期徒刑的执行

无期徒刑的执行场所和执行内容与有期徒刑一样，犯罪分子都是在监狱内参加劳动，接受教育改造。根据《刑法》第78条的规定，被判处无期徒刑的犯罪分子在执行期间，认罪伏法，接受教育改造，确有悔改或立功表现，可以减刑，即由无期徒刑减为有期徒刑，根据《刑法》第81条的规定，被判处无期徒刑的犯罪分子，实际执行13年以上，如果认真遵守监规，接受教育改造，确有悔改表现，没有再犯罪的危险的，可以假释。但是对累犯以及因故意杀人、强奸、抢劫、绑架、放火、爆炸、投放危险物质或者有组织的暴力性犯罪被判处10年以上有期徒刑、无期徒刑的犯罪分子，不得假释。

无期徒刑减为有期徒刑的，刑期从人民法院裁定减刑之日起计算。

五、死刑

（一）死刑的概念

死刑，即生命刑，是指剥夺犯罪分子生命的刑罚方法，包括死刑立即执行和死刑缓期两年执行两种情况。在所有的刑罚方法之中，死刑是最为严厉的刑罚方法，因此，死刑也称为极刑。

（二）死刑的存废之争

死刑以生命为剥夺对象，而生命被剥夺后永远无法恢复，因此，早在文艺复兴时期，贝卡里亚就提出了废除死刑的主张，在当时产生了强烈的反响并影响了欧洲国家的刑事立法。第二次世界大战之后，尤其晚近几十年来，废除死刑的国家不断增加，全世界已经有2/3的国家在立法或司法层面废除了死刑。但是，也有观点认为为维持社会秩序，对于穷凶极恶的罪犯只能依靠死刑的威慑力量，从而主张保留死刑。

我国对死刑的一贯政策是"保留死刑、少杀慎杀"，即一不废除，二在适用时要十分慎重。我国保留死刑的原因主要是现实生活中还存在着一些极其严重的犯罪，保留死刑有利于惩治这些犯罪，从而保护国家和人民的重大利益。坚持少杀慎杀政策的原因是大量适用死刑不符合我国的社会主义性质，同时，死刑一旦错判，必将导致不可挽回的损失。

目前，我国刑法学界主流观点认为，现阶段我国应在保留死刑的基础上严格控制和慎重适用死刑，并且应当逐步减少死刑，直至最终彻底废除死刑。有学者认为，死刑的存废不应当抽象地论证，有关死刑的讨论绝对不能脱离该国的国情，特别是不能脱离该国的严重犯罪的发案状况和国民对于死刑的感情和观念。[①]

（三）死刑适用的限制条件

我国刑事立法与司法实践严格贯彻保留死刑、坚持少杀、防止错杀的死刑政策，主要体现在以下五个方面：

1. 严格控制死刑适用范围

根据《刑法》第48条第1款的规定，死刑只适用于"罪行极其严重"的犯罪分子，这是关于死刑适用对象的总则性规定。所谓"罪行极其严重"，是指犯罪行为对国家和人民利益危害特别严重、情节特别恶劣以及犯罪分子的人身危险性特别严重。

2. 死刑适用对象的限制

死刑适用对象的限制主要是指以下三种情况：

（1）犯罪的时候不满18周岁的人不适用死刑。这主要是从犯罪主体的

---

① 胡云腾：《存与废—死刑基本理论研究》，北京：中国检察出版社，2000年版，第239页。

第十五章 刑罚体系

年龄上来考虑，因为不满 18 周岁的人基本上属于未成年人，未成年人犯罪除了个人主观上的原因以外，还有一些社会原因和其他原因，即使犯罪非常严重，也不能适用死刑。这一规定主要体现了对未成年人教育、感化和挽救的政策。

（2）审判的时候怀孕的妇女不适用死刑。这里"审判的时候"应当是指从立案、羁押一直到死刑执行之前的整个过程，也就是对"审判的时候"要做扩大的解释。另外，按照有关司法解释的规定，无论其怀孕是否属于违反国家计划生育政策，也不论其是否自然流产或者人工流产，以及流产后移送审查起诉或者审判期间的长短，仍应视同审判时怀孕的妇女，同样不适用死刑。同时，司法解释还规定，怀孕妇女因涉嫌犯罪在羁押期间自然流产后，又因同一事实被审查起诉交付审判的，应当视为审判时怀孕的妇女，依法不适用死刑。也就是说，只要是审判时怀孕，不管这种怀孕是违反计划生育还是不违反计划生育，也不管怀孕之后是自然流产还是人工流产，都视为怀孕的妇女，都不能适用死刑。

（3）审判的时候已满 75 周岁的人不适用死刑，但以特别残忍手段致人死亡的除外。

3. 死刑核准程序的限制

《刑法》第 48 条第 2 款规定，死刑除依法由最高人民法院判决的以外，都应当报请最高人民法院核准。根据这一规定，死刑核准权由最高人民法院行使。一般的刑事案件实行二审终审，但是又专门规定了死刑复核程序，实际上死刑复核程序相当于三审，也就是对普通的刑事案件实行二审终审，但对被判处死刑的案件实行的是三审终审，这体现了我国慎杀的政策精神。

4. 死刑执行方法的限制

《刑事诉讼法》第 252 条第 2 款规定："死刑采用枪决或者注射等方法执行。"目前执行死刑的方式主要是采用注射的方式，尽量减少死刑犯的痛苦。

（四）死刑缓期执行制度

1. 死刑缓期执行的含义

《刑法》第 48 条第 1 款规定，对应当判处死刑的犯罪分子，如果不是必须立即执行的，可以判处死刑同时宣告缓期两年执行，这就是我国刑法中的死刑缓期执行制度，通常简称为死缓。死缓制度是为限制死刑而设置的一项制度，也就是犯罪分子虽然罪该处死，但不是必须立即执行的，就可以判处死缓。

2. 死缓的适用条件

根据我国刑法的规定，死缓的适用条件共有两项：

第一是罪该处死。这是适用死缓的前提条件，也就是被判处死刑的人必须是其所实施的犯罪行为极其严重，情节特别恶劣，符合死刑适用条件。

第二，不是必须立即执行。这是区分死刑缓期执行与死刑立即执行的原则界限，也是死缓适用的本质条件。

3. 死缓期满后的处理

根据我国刑法的规定，被判处死缓的犯罪分子，在死刑缓期执行两年期满后，有三种处理方法：

第一，在死刑缓期执行期间如果没有故意犯罪，两年期满后可以减为无期徒刑。

第二，在死缓期间如果确有重大立功表现，两年期满以后，减为25年有期徒刑。

第三，对于死缓期间故意犯罪、情节恶劣的，报请最高人民法院核准后执行死刑；对于故意犯罪未执行死刑的，死刑缓期执行的期间重新计算，并报最高人民法院备案。

《刑法》第50条第2款规定：对被判处死刑缓期执行的累犯以及因故意杀人、强奸、抢劫、绑架、放火、爆炸、投放危险物质或者有组织的暴力性犯罪被判处死刑缓期执行的犯罪分子，人民法院根据犯罪情节等情况可以同时决定对其限制减刑。

《刑法修正案（九）》在《刑法》第383条关于贪污受贿罪的处罚条款中规定，对犯贪污贿赂罪被判处死刑缓期执行的，人民法院根据犯罪情节等情况可以同时决定在其死刑缓期执行两年期满依法减为无期徒刑后，终身监禁，不得减刑、假释。该规定仅适用于贪污贿赂罪，并且只是规定在刑法分则中。由此可见，该规定仅适用于贪污贿赂罪中，不是对所有犯罪都适用的刑罚制度，只是一种死刑缓期执行的替代措施。

第三节　附加刑

附加刑，又称从刑，是补充主刑适用的刑罚方法。附加刑既可以附加于主刑适用，又可以独立适用。在附加适用时，可以同时适用两个以上附加刑，在独立适用时，主要是针对较轻的犯罪。

根据《刑法》第 34 条和第 35 条的规定，附加刑有四种：罚金、剥夺政治权利、没收财产、驱逐出境。

一、罚金

罚金，是指人民法院判处犯罪分子向国家缴纳一定数额金钱的刑罚方法。因此，罚金是一种财产刑。

（一）罚金的适用对象

在我国，罚金的适用对象主要是破坏社会主义市场经济秩序罪、侵犯财产罪、妨害社会管理秩序罪和贪污贿赂罪的犯罪分子。此外，危害公共安全罪、侵犯公民人身权利、民主权利罪和危害国防利益罪中也有一些犯罪配置了罚金刑。

（二）罚金数额的确定

根据《刑法》第 52 条的规定，判处罚金应当根据犯罪分子情节决定罚金数额。

罚金的支付能力取决于犯罪人的经济状况，在确定罚金数额的时候，既要考虑犯罪的严重性程度，同时还要考虑被告人的经济状况。但我国刑法只是规定要根据犯罪情节来确定罚金数额，没有规定要考虑犯罪人的经济状况。后来最高人民法院在 2000 年 12 月 13 日公布的《关于适用财产刑若干问题的规定》第 2 条规定，人民法院应当根据犯罪情节，如违法所得数额、造成损失大小等，并综合考虑犯罪分子缴纳罚金的能力，依法判处罚金。

我国刑法中关于罚金数额的确定，有以下几种形式：

1. 无上限罚金制。即刑法仅规定必须选处、单处或者并处罚金，但不规定上限的具体额度，而是由人民法院依照刑法总则的相关规定确定罚金的数额。

2. 比例罚金制。也就是按照犯罪数额的百分比来确定罚金数额。

3. 倍数罚金制。按照犯罪数额的倍数来决定罚金数额，比如犯罪的数额是20万，罚1倍到5倍，最低罚1倍就是20万，最高罚5倍就是100万，即以犯罪数额作为基数来计算；

4. 倍比罚金制。同时以犯罪金额的比例和倍数来决定罚金数，既有倍数又有比例。

这些规定就使得罚金刑的适用方法多元化，能够根据不同的犯罪、不同的案件情况来采取不同的罚金适用方法。

（三）罚金的适用方式

根据我国刑法的规定，罚金的适用方式有四种：

1. 单处罚金。即规定对犯罪人只能判处罚金，而不能适用其他刑罚方法。如《刑法》第31条规定，单位犯罪的，对单位判处罚金。

2. 选处罚金。即将罚金作为一种和其他主刑并列的刑罚方法，供人民法院酌情选择使用。

3. 并处罚金。即在罚金附加使用的情况下，刑法明确规定，在判处自由刑的同时，必须判处罚金。

4. 并处或单处罚金。指的是单处罚金和并处罚金的复合，在同一个法条里面，对同一个犯罪，规定既可以附加适用又可以复合适用。

（四）罚金的执行

根据刑法规定，罚金执行有以下五种情况：

1. 限期一次缴纳。这种情况主要适用于那些罚金数额比较小，或者犯罪分子有缴纳能力的。

2. 限期分期缴纳。主要适用于那些罚金数额比较高，可以采取分期缴纳方法来完成的。

3. 强制缴纳。判处罚金时指定的期限届满，犯罪人有能力缴纳而拒不缴纳的，就可以采取强制缴纳的方法。

4. 随时追缴。犯罪分子有财产而不缴纳罚金的，只要发现财产就可以追缴。

5. 延期缴纳、酌情减少或者免除缴纳。根据我国刑法规定，由于遭遇不可抗拒的灾祸，缴纳确实有困难的，可以酌情减少罚金数额或者免除罚金。

二、剥夺政治权利

剥夺政治权利，是指剥夺犯罪分子参与国家管理和政治活动权利的刑罚方法，因此，剥夺政治权利是一种资格刑。

（一）剥夺政治权利的内容

根据《刑法》第54条的规定，剥夺政治权利主要是剥夺犯罪分子以下四项权利：（1）选举权和被选举权；（2）言论、出版、集会、结社、游行、示威自由和权利（需要注意的是，尽管出版自由被剥夺，但并非没有著作权，出版权只是著作权中的一项内容，著作权中很多权利可以由他的继承人来主张）；（3）担任国家机关职务的权利；（4）担任国有公司、企业、事业单位和人民团体领导职务的权利。

（二）夺政治权利的适用方式

关于剥夺政治权利的适用方法，根据《刑法》第56条和第57条的规定，剥夺政治权利既可以附加适用，也可以独立适用。

1. 附加适用

附加适用剥夺政治权利主要是以下三种情况：第一是对危害国家安全的犯罪分子应当附加剥夺政治权利；第二是对故意杀人、强奸、放火、爆炸、投放危险物质、抢劫等严重破坏社会秩序的犯罪分子可以附加剥夺政治权利；第三是对被判处死刑、无期徒刑的犯罪分子应当附加剥夺政治权利终身。

2. 独立适用

独立适用剥夺政治权利是指对那些犯罪情节较轻、不需要判处主刑的犯罪分子，只判处剥夺政治权利。独立适用剥夺政治权利的，依照刑法分则的规定。

（三）剥夺政治权利的期限

根据我国刑法规定，剥夺政治权利的期限主要有以下四种情况：

第一，判处管制附加剥夺政治权利，剥夺政治权利的期限和管制相同，同时执行。在这种情况下，剥夺政治权利的期限是3个月以上2年以下。

第二，判处拘役、有期徒刑附加剥夺政治权利或者独立适用剥夺政治权利，期限是1年以上5年以下。

第三，判处死刑、无期徒刑的犯罪分子，应当附加剥夺政治权利终身。

第四，死刑缓期执行减为有期徒刑或者无期徒刑减为有期徒刑的，附加剥夺政治权利的期限改为3年以上10年以下。因为被判处死刑、无期徒刑的犯罪分子，是附加剥夺政治权利终身，但是死缓减为有期徒刑或者无期徒刑减为有期徒刑，它的附加剥夺政治权利终身也应当变更为3年以上10年以下。

（四）剥夺政治权利刑期的计算

根据我国刑法规定，剥夺政治权利刑期的计算主要有以下四种情况：

第一，判处独立适用剥夺政治权利的，刑期从判决确定之日起计算并执行。

第二，判处管制附加剥夺政治权利的，剥夺政治权利的期限与判处管制的期限相同，同时起算，同时执行。

第三，判处有期徒刑、拘役，附加剥夺政治权利的，剥夺政治权利的期限从有期徒刑、拘役执行完毕之日或者假释之日起计算，但是剥夺政治权利的效力当然及于主刑执行期间。

第四，判处死刑包括死缓、无期徒刑附加剥夺政治权利终身的，刑期从判决发生法律效力之日开始计算。

（五）剥夺政治权利的执行

剥夺政治权利由公安机关执行。《刑法》第58条第2款规定："被剥夺政治权利的犯罪分子，在执行期间，应当遵守法律、行政法规和国务院公安部门有关监督管理的规定，服从监督；不得行使本法第五十四条规定的各项权利。"剥夺政治权利执行期满，应当由执行机关通知本人，并向有关群众公开宣布恢复政治权利。恢复政治权利后，原先被剥夺政治权利的人就应重新享有法律赋予的各项政治权利。

三、没收财产

没收财产，是将犯罪分子个人所有的财产的一部分或者全部强制无偿地收归国有的刑罚方法。

(一)没收财产的适用对象

没收财产主要适用于被判处无期徒刑、死刑的犯罪分子以及罪行极其严重的犯罪分子。刑法分则中适用没收财产较多的是危害国家安全罪、破坏社会主义市场经济秩序罪、侵犯财产罪、贪污贿赂罪。

(二)没收财产的范围

根据《刑法》第59条的规定,没收财产是没收犯罪分子个人所有财产的一部或者全部。没收全部财产的,应当对犯罪分子个人及其扶养的家属保留必需的生活费用。在判处没收财产的时候,不得没收属于犯罪分子家属所有或者应有的财产,这一规定体现了"罪责自负,不株连无辜"的精神。

另外,根据《刑法》第60条的规定,没收财产以前犯罪人所负的正当债务,需要以没收的财产偿还的,经债权人请求,应当偿还。这意味着,没收财产不能影响正当债务的偿还。

(三)没收财产的适用方式

根据刑法分则的规定,没收财产的适用方式主要有以下三种:

第一,并处没收财产,即对犯罪分子判处主刑的同时,必须并处没收财产。例如,根据《刑法》第239条的规定,杀害被绑架人的,或者故意伤害被绑架人,致人重伤、死亡的,处无期徒刑或者死刑,并处没收财产。

第二,可以并处没收财产,即没收财产可以附加主刑适用,也可以不附加主刑适用,是否附加主刑适用,由审判人员酌情决定。例如,根据《刑法》第113条的规定,犯本章之罪的,可以并处没收财产。

第二,与罚金刑选择并处,即没收财产与罚金作为选择性的两种附加刑供附加主刑适用,二者必选其一。例如,根据《刑法》第363条的规定,以牟利为目的,制作、复制、出版、贩卖、传播淫秽物品,情节特别严重的,处10年以上有期徒刑或者无期徒刑,并处罚金或者没收财产。

(四)没收财产的执行

根据《刑事诉讼法》第272条的规定,没收财产的判决,无论附加适用还是独立适用,都由人民法院执行,在必要的时候,可以会同公安机关执行。

四、驱逐出境

驱逐出境，是指强迫犯罪的外国人或无国籍人离开中国国（边）境的刑罚方法。

（一）驱逐出境的适用对象

根据《刑法》第 35 条的规定，对于犯罪的外国人，可以独立使用或者附加适用驱逐出境。所谓外国人，是指具有外国国籍的人和无国籍的人。因此，驱逐出境是一种资格刑，它剥夺的是犯罪的外国人或无国籍人在我国的居留资格或者居留权。

（二）驱逐出境的执行

驱逐出境，由公安机关执行。独立适用驱逐出境的，从判决确定之日起执行；附加适用驱逐出境的，从主刑执行完毕之日起执行。

第四节　非刑罚处罚措施

一、非刑罚处罚措施的概念

非刑罚的处罚措施，是指我国刑法规定的，由人民法院决定对罪行轻微不需要判处刑罚的犯罪分子适用的刑罚以外的处理方法——由主管部门予以行政处罚或行政处分。其特征如下：

第一，非刑罚的处理方法不是刑种，不具有刑罚的性质，而是刑罚的必要补充措施。

第二，非刑罚的处理方法是解决刑事责任的一种辅助方式。

第三，非刑罚的处理方法适用主体是人民法院。

第四，非刑罚的处理方法适用于已经构成犯罪，但不需要判处刑罚（即免予刑罚处罚）的行为。

二、非刑罚处罚措施的种类

（一）教育性的非刑罚处理方法

教育性的非刑罚处理方法，包括训诫、责令具结悔过和责令赔礼道歉。

1. 训诫，是指人民法院对犯罪情节轻微的犯罪分子当庭予以谴责和教育的一种方法。

2. 责令具结悔过，是指人民法院责令犯罪情节轻微的犯罪分子以书面形式保证改过、不再重犯的一种方法。

3. 责令赔礼道歉，是指人民法院责令犯罪情节轻微的犯罪分子公开向被害人承认错误、表示歉意的一种方法。

（二）经济性的非刑罚处理方法

1. 赔偿经济损失

这是刑事审判中附带的民事强制部分。根据《刑法》第36条的规定，由于犯罪行为而使被害人遭受经济损失的，对犯罪分子除依法给予刑事处罚外，还应根据情况判处赔偿经济损失。

2. 赔偿损失

根据《刑法》第37条的规定，人民法院对犯罪情节轻微不需要判处刑罚的犯罪分子，责令其向被害人支付一定数额的金钱，以弥补被害人因犯罪行为而遭受的损失。

这两种赔偿损失适用的条件不一样。《刑法》第37条规定的对犯罪情节轻微、不需要判处刑罚的犯罪分子适用的赔偿损失，才是非刑罚的处理方法。《刑法》第36条规定的赔偿损失，是与刑罚处罚并用的一种方法，其实质是在承担刑事责任的同时还要承担由犯罪行为引起的民事责任。

（三）行政性的非刑罚处理方法

我国《刑法》第37条规定，对罪行轻微、不需要判处刑罚的犯罪分子，人民法院可以决定交由主管单位予以行政处罚或行政处分。人民法院对主管单位如何处理不进行干预，但是，主管单位必须将处理的结果通知人民法院。

（四）从业禁止

所谓从业禁止，是指对于实施了与职业相关的犯罪的犯罪分子，限制其在特定时间段内从事相关职业的资格。

1. 从业禁止的基本内容

根据《刑法》第37条之一规定，从业禁止制度的主要内容包括：一是适用对象为法院评价其可能再次利用职业便利实施犯罪，或者实施违背职业要求特定义务的犯罪的人。二是禁止期限方面，禁止犯罪人自刑罚执行完毕之日或者假释之日起从事相关职业，期限为3年至5年不等。三是违反的不利后果，一般由公安机关做治安处罚，情节严重的则以拒不执行判决、裁定罪定罪量刑。四是特殊法优于一般法，如果其他法律、行政法规对"职业禁止"另有具体规定的，适用其规定。

2. 从业禁止与禁止令的区别

从业禁止与禁止令之间存在以下区别：

一是适用期限不一样，禁止令是禁止犯罪分子在管制执行期间或者缓刑考验期间从事特定活动，进入特定区域、场所，接触特定的人，而从业禁止是禁止已决犯在刑罚执行完毕之日或者假释之日起从事相关职业。

二是适用范围不一样，禁止令系禁止从事特定活动包括从事相关职业，禁止令的范围广于从业禁止。

三是法律后果不同，违反禁止令规定的，由公安机关依照《治安管理处罚法》的规定处罚，而违反从业禁止规定的，由公安机关依法给予处罚，情节严重的，依照本法第313条的规定定罪处罚（即拒不执行判决、裁定罪）。

四是被执行人身份不同，执行禁止令时被执行人的身份是正在执行刑罚的罪犯，而从业禁止时被执行人的身份已经不是罪犯而是刑罚执行完毕之人。

―――― **法考真题** ――――

1. 关于没收财产，下列哪些选项是错误的？（2010/2/56- 多）

    A. 甲受贿100万元，巨额财产来源不明200万元，甲被判处死刑并处没收财产。甲被没收财产的总额至少应为300万元。

    B. 甲抢劫他人汽车被判处死刑并处没收财产，该汽车应上交国库。

    C. 甲因走私罪被判处无期徒刑并处没收财产，此前所负赌债，经债权人请求应予偿还。

    D. 甲因受贿罪被判有期徒刑10年并处没收财产30万元，因妨害清算罪被判有期徒刑3年并处罚金2万元。没收财产和罚金应当合并执行。

    ［答案］ABC

2. 关于禁止令，下列哪些选项是错误的？（2012/2/56- 多）

A. 甲因盗掘古墓葬罪被判刑7年，在执行5年后被假释，法院裁定假释时，可对甲宣告禁止令。

B. 乙犯合同诈骗罪被判处缓刑，因附带民事赔偿义务尚未履行，法院可在禁止令中禁止其进入高档饭店消费。

C. 丙因在公共厕所猥亵儿童被判处缓刑，法院可同时宣告禁止其进入公共厕所。

D. 丁被判处管制，同时被禁止接触同案犯，禁止令的期限应从管制执行完毕之日起计算。

[答案] ACD

3. 关于职业禁止，下列哪一选项是正确的？（2016/2/9- 单）

A. 利用职务上的便利实施犯罪的，不一定都属于"利用职务便利"实施犯罪。

B. 行为人违反职业禁止的决定，情节严重的，应以拒不执行判决、裁定罪定罪处罚。

C. 判处有期徒刑并附加剥夺政治权利，同时决定职业禁止的，在有期徒刑与剥夺政治权利均执行完毕后，才能执行职业禁止。

D. 职业禁止的期间均为3年至5年。

[答案] B

———— 思考题 ————

1. 如何理解我国的刑罚体系？
2. 如何认识死刑的存废之争？
3. 剥夺政治权利的内容有哪些？
4. 怎样理解从业禁止与禁止令的区别？

第十六章　刑罚裁量

第一节　刑罚裁量概述

一、刑罚裁量的概念

刑罚裁量，又称量刑，是指人民法院对犯罪分子依法裁量决定刑罚的刑事审判活动。

刑事审判活动可以分为三个环节：定罪、量刑、行刑。在这三个环节中，量刑是承前启后的环节。根据我国宪法及有关法律规定，人民法院行使刑事审判权。因此，量刑的主体是人民法院。

二、刑罚裁量的内容

刑罚裁量主要包括以下三个内容：

第一，是否要对犯罪分子判处刑罚。一个人的行为构成犯罪就需要承担刑事责任，但是，并非对所有的犯罪分子都有判处刑罚的必要。《刑法》第 37 条规定了免除刑罚处罚的情况，也就是定罪免刑，如犯罪分子的犯罪情节比较轻，就可以免除其刑罚处罚。

第二，对犯罪分子判处何种刑罚。刑罚包括主刑和附加刑，对犯罪分子判处主刑还是判处附加刑，还是两者都判；如果是判处主刑，那么判处何种主刑，就有关于刑种的选择、裁量问题。

第三，对犯罪分子判处多重的刑度。如果确定判处某一刑种，该刑种还存在不同的刑度，就有判处多重的刑度选择。在各种刑罚方法当中，只有死刑和无期徒刑没有数量因素，当然，死刑又有死刑立即执行还是死刑缓期执行的问题，其他大部分刑罚都具有可分性。例如，自由刑有时间长短问题，即限制或剥夺自由时间的长短。财产刑也有剥夺财产数额大小问题，因此都需要对刑罚进行裁量。

三、刑罚裁量的原则

《刑法》第61条规定："对于犯罪分子决定刑罚的时候，应当根据犯罪的事实、犯罪的性质、情节和对于社会的危害程度，依照本法的有关规定判处。"根据该规定，我国刑罚裁量的原则可以概括为："以犯罪事实为依据，以刑事法律为准绳。"

（一）量刑必须以犯罪事实为根据

犯罪事实是追究犯罪分子刑事责任的基础，也是量刑的基础，因此，刑罚的裁量必须以犯罪事实为依据。要充分贯彻这一原则，必须从以下几个方面入手：

1. 查清犯罪事实

犯罪事实，是指行为人的行为符合刑法分则规定的某一犯罪构成要件及其要素的事实情况。犯罪事实是量刑的客观基础，只有在查清犯罪事实的基础上，才能正确地分析行为的性质及其危害程度，才能正确地适用刑罚。

2. 确定犯罪性质

犯罪性质，是指行为人的行为属于刑法分则规定的哪一种具体犯罪。犯罪的性质不同，其社会危害性及其程度也不相同，对其做出的刑罚处罚也就存在着差异，刑法分则中的每一个具体罪名都有符合自身特点的法定刑。因此，人民法院必须在查清犯罪事实的基础上，确定犯罪行为的真实性质，做到正确定罪，保证正确量刑。

3. 分析犯罪情节

犯罪情节，是指行为构成犯罪之外的、能够表明行为危害社会程度和行为人的主观恶性与人身危险性的各种具体事实情况。由于犯罪情节不同，犯罪的社会危害性会表现出很大的差异。因此，人民法院在量刑时，必须正确分析各种犯罪情节，综合考虑犯罪的社会危害性，保证罪责刑相适应。

（二）量刑必须以刑事法律为准绳

量刑不仅要以犯罪事实为依据，而且要以刑事法律为准绳，不得超出或违背刑法的规定。对于具体情节，法律都有规定，在什么情况下应该从重，在什么情况下应该从轻，在什么情况下可以免除处罚。只有根据具体的法律规定，才能使量刑恰当。具体来说，应遵循如下四个方面的要求：

第一，严格按照刑法分则对具体犯罪规定的法定刑进行量刑。每一个具体的罪名，刑法分则都规定了相应的法定刑，明确了刑种以及刑度。在对犯罪分子量刑的时候，不得判处超出该法定刑的最高刑或低于该法定刑的最低刑的刑罚，也不得判处该法定刑中没有规定的刑种。

第二，严格按照有关法定量刑情节的规定进行量刑。根据案件中的量刑幅度情节和减轻处罚情节确定对行为人应适用的法定刑中的具体量刑幅度，不得不依法律根据而在较重或者较轻的量刑幅度内决定行为人的刑罚。

第三，严格按照刑法总则关于刑罚体系的规定进行量刑。我国刑罚体系是由刑法总则确定的，因此，在对犯罪分子确定处以何种刑罚时，必须严格按照刑法总则所确立的刑罚体系适用刑罚，不得超出刑法的规定自行设置处罚措施。

第四，严格按照刑罚的各种裁量制度进行量刑。为了保障刑罚能够更好地发挥作用，我国刑法还规定了刑罚的裁量制度，在量刑的时候，必须严格相关的刑罚裁量制度的规定，对符合刑罚裁量制度所规定条件的犯罪分子，按照法律的有关规定量刑。

四、量刑的规范化

量刑的规范化是最高人民法院推出的一项措施，旨在克服量刑的随意性，限制刑罚的裁量权。2021年6月，最高人民法院、最高人民检察院联合发布《关于常见犯罪的量刑指导意见（试行）》，明确规定了刑罚裁量的基本方法，即裁量刑罚时，应以定性分析为主、定量分析为辅，依次确定量刑起点、基准刑和宣告刑。内容分为以下三个方面：

（一）量刑步骤

首先，根据基本犯罪构成事实在相应的法定刑幅度内确定量刑起点；其次，根据其他影响犯罪构成的犯罪数额、犯罪次数、犯罪后果等犯罪事实，在量刑起点的基础上增加刑罚量确定基准刑；最后，根据量刑情节调节基准刑，并综合全案情况，依法确定宣告刑。

（二）调节基准刑的方法

具有单个量刑情节的，根据量刑情节的调节比例直接调节基准刑；具有多个量刑情节的，一般根据各个量刑情节的调节比例，采用同向相加、逆向相减的方法调节基准刑；具有未成年人犯罪、老年人犯罪、限制行为能力的精神病人犯罪、又聋又哑的人或者盲人犯罪、防卫过当、避险过当、犯罪预备、犯罪未遂、犯罪中止，从犯、胁从犯和教唆犯等量刑情节的，先适用该量刑情节对基准刑进行调节，在此基础上，再适用其他量刑情节进行调节；被告人犯数罪，同时具有适用于个罪的立功、累犯等量刑情节的，先适用该量刑情节调节个罪的基准刑，确定个罪所应判处的刑罚，再依法实行数罪并罚，决定执行的刑罚。

（三）确定宣告刑的方法

第一，量刑情节对基准刑的调节结果在法定刑幅度内，且罪刑相适应的，可以直接确定为宣告刑；具有应当减轻处罚情节的，应当依法在法定最低刑以下确定宣告刑，有数个量刑幅度的，应当在法定量刑幅度的下一个量刑幅度内确定宣告刑。

第二，量刑情节在对基准刑的调节结果在法定最低刑以下，具有法定减轻处罚情节，且罪责刑相适应的，可以直接确定为宣告刑；只有从轻处罚情节的，可以依法确定法定最低刑为宣告刑；但是根据案件的特殊情况，经最高人民法院核准，也可以在法定刑以下判处刑罚。

第三，量刑情节对基准刑的调节结果在法定最高刑以上的，可以依法确定法定最高刑为宣告刑。

第四，综合考虑全案情况，独任审判员或合议庭可以在20%的幅度内对调节结果进行调整，确定宣告刑。当调节后的结果仍不符合罪责刑相适应原则的，应当提交审判委员会讨论，依法确定宣告刑。

第五，综合全案犯罪事实和量刑情节，依法应当判处无期徒刑以上刑罚、拘役、管制或者单处附加刑、缓刑、免予刑事处罚的，应当依法适用。

第二节 量刑情节

量刑情节，即刑罚裁量情节，是指人民法院对犯罪分子裁量刑罚时，决定刑罚的轻重或者免除处罚的各种主客观事实依据。刑罚裁量情节可以分为法定量刑情节和酌定量刑情节。

一、法定量刑情节

法定量刑情节，是指刑法明文规定在量刑时必须予以适用的情节。法定量刑情节从性质上可以分为从宽的情节和从严的情节；从功能上可以分为"应当"型情节和"可以"型情节。刑法对于各种犯罪情节都有具体规定，刑法总则当中的法定量刑情节主要有以下规定：

1. 应当从重处罚的情节

（1）教唆不满18周岁的人犯罪的（《刑法》第29条）。

（2）累犯（《刑法》第65条）。

2. 可以从轻或减轻处罚的情节

（1）尚未完全丧失辨认或者控制自己行为能力的精神病人犯罪的（《刑法》第18条）。

（2）未遂犯（《刑法》第23条）。

（3）教唆未遂的教唆犯（《刑法》第29条）。

（4）犯罪以后自首的（《刑法》第67条）。

（5）犯罪分子有立功表现的（《刑法》第68条）。

3. 应当从轻或者减轻处罚的情节

已满14周岁不满18周岁的人犯罪的（《刑法》第17条）。

4. 应当减轻处罚的情节

造成损害的中止犯（《刑法》第24条）。

5. 可以从轻、减轻或者免除处罚的情节

（1）又聋又哑的人或者盲人犯罪的（《刑法》第19条）。

（2）预备犯（《刑法》第22条）。

6. 应当从轻、减轻或者免除处罚的情节

从犯（《刑法》第27条）。

7. 可以减轻或者免除处罚的情节

（1）在中华人民共和国领域以外犯罪，在外国已经受过刑罚处罚的（《刑法》第10条）。

（2）有重大立功表现的（《刑法》第68条）。

8. 应当减轻或者免除处罚的情节

（1）防卫过当的（《刑法》第20条）。

（2）避险过当的（《刑法》第21条）。

（3）胁从犯（《刑法》第28条）。

9. 可以免除处罚的情节

犯罪以后自首，犯罪又较轻的（《刑法》第67条）。

10. 可以免予刑事处罚的情节

犯罪情节轻微不需要判处刑罚的（《刑法》第37条）。

11. 应当免除处罚的情节

没有造成损害的中止犯（《刑法》第24条）。

二、酌定量刑情节

酌定量刑情节，是指刑法未予以明文规定，由人民法院从审判经验中总结出来，在刑罚裁量时灵活掌握、酌情适用的情节。在司法实践中，除了要考虑法定量刑情节以外，还要考虑酌定量刑情节。常见的酌定情节主要有以下几种：

1. 犯罪动机

犯罪动机反映行为人的主观恶性。犯罪的动机不同，表明犯罪分子主观恶性程度的不同，因此在量刑的时候应当予以适当考虑，进行区别对待。

2. 犯罪手段

也就是采取的手段是否恶劣。犯罪的手段在一定程度上也能反映出行为人主观恶性的大小与社会危害性度。如采用极端残忍的方式杀人、强奸杀人等犯罪，其危害程度、人身危险性程度就比采用一般方法实施上述犯罪的更大。

3. 犯罪时间、地点

犯罪的时间、地点在一般犯罪的定罪时不予考虑，但在量刑时需要考虑。不同的时间、地点，也会在一定程度上影响到行为的社会危害性，从而对量刑产生影响。如行为人在发生地震时实施盗窃或抢劫犯罪，就比平时实施犯罪具有更大的危害性。

4. 犯罪后果

犯罪造成损害的后果越严重，其犯罪的社会危害性就越大。例如，行为人把小孩杀死后，小孩的母亲因为悲愤过度而自杀，小孩母亲的死亡和行为人的杀人行为有一定的关联，或者行为人强奸一个少女导致少女自杀，自杀后果也是在对犯罪分子量刑的时候应当考虑的情节。

5. 犯罪对象

犯罪对象指的是侵害的对象。在一般情况下，犯罪的对象能够反映出犯罪行为的社会危害性的差异，因此在量刑时，应当予以适当的考虑。如侵犯未成年人、孕妇、老年人，相比侵犯其他犯罪对象的犯罪而言，其社会危害性更大。

6. 犯罪分子的一贯表现

即有没有前科劣迹，平时表现如何。犯罪分子平时的表现，在一定程度上可以反映出其主观恶性大小。一贯遵纪守法，因为一时失足而犯罪的犯罪分子，与一贯违法乱纪的犯罪分子，后者就应该受到相对较重的处罚。

7. 犯罪后的态度

犯罪分子在犯罪后有各种表现，有的会真诚悔过、主动坦白罪行、积极退赃、积极赔偿损失等，也有的会拒不认罪、毁灭证据、意图逃避罪责等，犯罪分子犯罪后的不同表现，在量刑时也会予以考虑。

8. 特殊情况

根据我国刑法规定，没有法定减轻处罚情节而需要减轻处罚的，须报最高人民法院核准。

三、量刑情节的适用

我国关于量刑情节的适用分为以下四种情况：

（一）从重处罚

从重处罚，是指在所犯之罪应适用条文的法定刑的幅度以内，判处较重的刑种和较长的刑期。对犯罪分子从重处罚应当把握两点：一是依照《刑法》第 62 条规定"应当在法定刑的限度以内判处刑罚"，不允许在法定最高刑以上判处刑罚，否则，便成为加重处罚；二是对犯罪分子判处较重的刑罚，是相对而言的，即比犯罪分子不具有从重处罚情节时应当受到的刑罚相对较重，并非一律判处法定最高刑。

（二）从轻处罚

从轻处罚，是指在所犯之罪应适用条文的法定刑的幅度以内，判处较轻的刑种和较短的刑期。对犯罪分子从轻处罚，同样"应当在法定刑的限度以内判处刑罚"，不允许在法定最低刑以下判处刑罚，否则，就混淆了从轻处罚与减轻处罚的界限。对犯罪分子判处较轻的刑罚，是相对而言的，即比犯罪分子没有从轻处罚情节时应当受到的刑罚相对较轻，并不是一律判处法定最低刑。

从重和从轻都是指在法定刑内判处较重或较轻的处罚，因此，从重和从轻都是在法定刑的幅度内判处刑罚。

（三）减轻处罚

减轻处罚，是指必须低于法定最低刑判处刑罚。所谓法定最低刑，是指与行为人所实施的具体犯罪相适应的具体量刑幅度的法定最低刑。如果刑法规定有数个量刑幅度的，应当在法定刑量刑幅度的下一个量刑幅度内判处刑罚。

（四）免除刑罚

免除处罚，是指对犯罪分子做出有罪宣告，但免除其刑罚处罚的措施，也就是定罪免刑。免除处罚以行为人的行为构成犯罪为前提条件，只是由于犯罪分子具有法定的免除处罚的情节，才免除其刑罚处罚。免除处罚与《刑法》第 13 条"但书"规定的"不认为是犯罪"有区别：前者是有罪免刑，而后者则是不构成犯罪，不存在刑罚处罚的问题。

第三节 累　犯

一、累犯的概念

累犯，是指因犯罪受过一定的刑罚处罚，在刑罚执行完毕或者赦免以后，在法定期间内又犯一定之罪的犯罪分子。

累犯与再犯尽管都是多次犯罪，但存在明显的区别。累犯是累次犯罪，再犯是再次（两次或两次以上）实施犯罪。累犯与再犯的相同点在于都是多次实施犯罪行为，但两者也存在明显差别：累犯都是再犯，但是再犯不等于累犯，再犯中只有符合累犯条件的才是累犯。因此，累犯的范围要比再犯的范围小。

累犯与前科也有区分。前科是指前一次犯罪，受过刑罚处罚的事实本身。前科侧重于前次犯罪，而累犯侧重于再次犯罪、后次犯罪。前科与累犯有一定联系，但前科不等于累犯。

根据刑法规定，累犯可以分为一般累犯和特别累犯。

二、一般累犯

根据《刑法》第65条第1款的规定，一般累犯是指被判处有期徒刑以上刑罚的犯罪分子，刑罚执行完毕或者赦免以后，在5年以内再犯应当判处有期徒刑以上刑罚之罪的情形。

根据这一规定，一般累犯的构成条件包括以下五个方面：

（一）主观条件

前罪和后罪都是故意犯罪。《刑法》第65条关于累犯规定了一个消极构成要件，就是过失犯罪除外。如果前罪和后罪都是过失犯罪，或者前后两罪中有一罪是过失犯罪，就不能成立累犯。累犯强调的是犯罪人的主观恶性和人身危险性，对于过失犯罪来说，其主观恶性比较轻，如果前次是过失犯罪，后来又过失犯罪，前次犯罪可以作为前科来考虑，也就是酌定的量刑情节。如果是累犯，那就是法定的从重处罚情节。

（二）刑度条件

前后两罪都必须是判处有期徒刑以上刑罚，即前罪已经判处有期徒刑以上刑罚，后罪应当被判处有期徒刑以上刑罚。如果前罪是判处拘役或者管制之罪，即使后罪判处有期徒刑以上刑罚也不能构成累犯；或者前罪是判处有期徒刑以上刑罚，但后罪比较轻，可能判处拘役或者管制之罪的，也不能构成累犯。这里的有期徒刑以上刑罚，均指宣告刑。

（三）前提条件

前罪必须是刑罚执行完毕或者赦免以后，这主要是累犯和数罪并罚的区分。如果在刑罚执行完毕以前或者赦免以前再犯新罪，就不是累犯，而需要数罪并罚。这里的"刑罚执行完毕"，法律没有明文规定，一般认为是指主刑执行完毕，不包括附加刑在内，确切地说，是有期徒刑以上的刑罚执行完毕。主刑执行完毕以后5年内又犯有期徒刑以上罪的，即使附加刑还未执行完毕，也可以构成累犯。

（四）时间条件

前罪的刑罚执行完毕或者赦免以后，在5年以内再犯应当判处有期徒刑以上刑罚之罪。对于被假释的犯罪分子，从假释期满之日起计算期限。时间条件的设定和累犯的范围有关系，时间设定越短，累犯的范围越小；时间设定越长，累犯的范围就越广。

（五）主体要件

前罪是已满18周岁的人所犯。根据《刑法修正案（八）》的规定，构成累犯的主体必须是已年满18周岁的犯罪人。不满18周岁的人的思想还不成熟，社会阅历和知识也有相当的局限性，也具有较大的矫正可能性。因此，刑法明确规定，不满18周岁的人犯罪不能构成累犯。

三、特别累犯

根据《刑法》第66条的规定，特别累犯，是指因危害国家安全犯罪、恐怖活动犯罪、黑社会性质的组织犯罪被判处刑罚，在刑罚执行完毕或者赦免以后，在任何时候再犯上述任一类罪的犯罪分子。

特别累犯的构成条件有四个：

（一）罪质条件

前罪与后罪必须都是危害国家安全罪、恐怖活动犯罪、黑社会性质的组织犯罪中的任一具体犯罪。特别累犯前后两罪的种类不需要一一对应，即使相互交叉也构成累犯，刑法如此规定实际上扩大了特别累犯的范围，体现了国家对危害国家安全罪、恐怖活动犯罪、黑社会性质的组织犯罪的从严惩治精神。

2. 主观条件

前罪和后罪必须都是故意犯罪。

3. 刑度条件

前罪所判刑罚和后罪所判刑罚的种类及轻重不受限制。即使前后两罪或者其中一罪判处管制、拘役甚至单处附加刑，也不影响特别累犯的成立。

4. 时间条件

对于前后两罪没有时间上的要求，后罪发生在前罪刑罚执行完毕或者赦免后的任何时间，不受两罪相隔时间长短的限制。这里的"刑罚"既包括主刑，也包括附加刑。刑法做这样的规定，可以增强我国刑罚对危害国家安全犯罪、恐怖活动犯罪、黑社会性质组织的犯罪的威慑力，更能有效地同这几类犯罪做斗争。

这里要注意《刑法》第65条和第66条的关系。第65条应该是第66条的普通条款或者基本条款，因此，第65条规定的但书"但是过失犯罪和不满十八周岁的人犯罪的除外"也适用于第66条。也就是说，未成年人即使犯了第66条规定的犯罪，在量刑时也不能按照累犯从重处罚。在对曾经犯过罪的未成年被告人量刑时，不能以累犯或者前科等为由加重量刑。在对没有前科的未成年人量刑时，应该以初犯为由，从轻处罚。

四、累犯的刑事责任

《刑法》第65条规定：累犯应当从重处罚。《刑法》第74条规定：累犯和犯罪集团的首要分子，不得缓刑。《刑法》第81条规定：累犯不得假释。

对于累犯，必须根据一定的标准从重处罚。因此，累犯是刑法中法定的从重处罚情节。至于从重处罚的幅度，则应根据其所实施的犯罪行为的性质、情节和社会危害程度做总体的判断。

第四节 自 首

一、自首的概念

自首，是指犯罪嫌疑人在犯罪以后自动投案，如实供述自己罪行的行为，或者被采取强制措施的犯罪嫌疑人、被告人和正在服刑的罪犯，如实供述司法机关还未掌握的本人其他罪行的行为。

二、自首的种类及其成立条件

根据《刑法》第 67 条的规定，自首可以分为一般自首和特殊自首。

（一）一般自首

一般自首，是指犯罪分子犯罪以后自动投案，如实供述自己罪行的行为。根据《刑法》第 67 条第 1 款的规定，一般自首需要具备以下两个条件：

1. 自动投案

自动投案，是自首的前提条件，是指犯罪分子在被司法机关抓获之前，主动来到司法机关，自愿接受司法机关审查与裁判的行为。因此，投案是主动地归案，与抓获这种被动的归案方式不一样。有些国家对某些特定犯罪规定了缺席审判制度，犯罪分子即使没有归案，也可以对其追究刑事责任。以前我国的刑事诉讼法没有缺席审判制度，因此，任何刑事诉讼的展开都必须以犯罪分子归案为前提。

2018 年 10 月 26 日，第十三届全国人大常委会第六次会议表决通过了关于修改《中华人民共和国刑事诉讼法》的决定。新修改的刑诉法在第五编特别程序中专门增设了缺席审判程序一章，该章明确了对于贪污贿赂犯罪案件，以及需要及时进行审判，经最高人民检察院核准的严重危害国家安全犯罪、恐怖活动犯罪案件，犯罪嫌疑人、被告人在境外，监察机关、公安机关移送起诉，人民检察院认为犯罪事实已经查清，证据确实、充分，依法应当追究刑事责任的，可以向人民法院提起公诉。除了这三类犯罪以外，对其他犯罪追究刑事责任还是以犯罪分子归案为前提。

根据 2010 年 12 月 22 日最高人民法院《关于处理自首和立功若干具体问题的意见》的规定，犯罪嫌疑人具有以下情形之一的，也应当视为自动投案："1. 犯罪后主动报案，虽未表明自己是作案人，但没有逃离现场，在司法机关询问时交代自己罪行的；2. 明知他人报案而在现场等待，抓捕时无拒捕行为，供认犯罪事实的；3. 在司法机关未确定犯罪嫌疑人，尚在一般性排查询问时主动交代自己罪行的；4. 因特定违法行为被采取劳动教养、行政拘留、司法拘留、强制隔离戒毒等行政、司法强制措施期间，主动向执行机关交代尚未被掌握的犯罪行为的；5. 其他符合立法本意，应当视为自动投案的情形。

"罪行未被有关部门、司法机关发觉，仅因形迹可疑被盘问、教育后，主动交代了犯罪事实的，应当视为自动投案，但有关部门、司法机关在其身上、随身携带的物品、驾乘的交通工具等处发现与犯罪有关的物品的，不能认定为自动投案。

"交通肇事后保护现场、抢救伤者，并向公安机关报告的，应认定为自动投案，构成自首的，因上述行为同时系犯罪嫌疑人的法定义务，对其是否从宽、从宽幅度要适当从严掌握。交通肇事逃逸后自动投案，如实供述自己罪行的，应认定为自首，但应依法以较重法定刑为基准，视情决定对其是否从宽处罚以及从宽处罚的幅度。

"犯罪嫌疑人被亲友采用捆绑等手段送到司法机关，或者在亲友带领侦查人员前来抓捕时无拒捕行为，并如实供认犯罪事实的，虽然不能认定为自动投案，但可以参照法律对自首的有关规定酌情从轻处罚。"

例如，司法机关已经发现行为人有某种嫌疑，在对他进行询问的过程中，行为人主动交代罪行，如果行为人身上有犯罪证据能证明其犯罪的，不认为是投案。但如果认为行为人有嫌疑，对他进行盘问，他身上并没有犯罪证据证明他犯罪的，在这种情况下，犯罪嫌疑人交代的，就认为是自首。判断的关键在于是否发现足以认定其犯罪的证据，应当区分形迹可疑和犯罪可疑，犯罪可疑不能认定为自首，形迹可疑才能认定为自首。

自动投案后又逃跑的，不成立自首。逃跑后又自动归案的，仅承认其脱逃罪成立自首。犯罪既遂以后，匿名把赃款、赃物寄给司法机关的，人没有自动投案，不成立自首；或者虽然署名，但拒不到案，也不成立自首。并非出于犯罪嫌疑人主动，而是经亲友规劝、陪同投案的，应当视为自首；公安机关通知犯罪嫌疑人的亲友，或者亲友主动报案后，将犯罪嫌疑人送去投案的，也应当视为自动投案。

因此，自动投案的认定比较复杂，应当根据案件的具体情况来加以区分。

2. 如实供述自己的罪行

如实供述自己的罪行，是自首成立的核心条件。按照司法解释的规定，"如实供述"是指犯罪嫌疑人如实交代自己的主要犯罪事实。如果投案后不交代犯罪事实，不能成立自首。如何理解"如实交代"自己的主要犯罪事实，根据案件不同，会有不同的理解。

（1）在一般情况下，如实供述是指如实交代自己的主要犯罪事实。

犯罪嫌疑人所供述的犯罪事实在客观上和实际所犯的犯罪事实是相同的、符合的就属于如实交代。但这里的"如实"指的是主要的犯罪事实，并不意味着在某些细节上完全一致，如果在细节上有所隐瞒也不影响自首的成立。因此，"如实供述"在司法实践中的把握比较宽松，犯罪嫌疑人可以进行辩解，因为辩解是其个人对行为性质的理解，这种理解司法机关不一定采信，但这不影响如实供述自己主要罪行这一自首条件的成立。

根据最高人民法院《关于处理自首和立功若干具体问题的意见》，规定如实供述自己的罪行，"除供述自己的主要犯罪事实外，还应包括姓名、年龄、职业、住址、前科等情况。犯罪嫌疑人供述的身份等情况与真实情况虽有差别，但不影响定罪量刑的，应认定为如实供述自己的罪行。犯罪嫌疑人自动投案后隐瞒自己的真实身份等情况，影响对其定罪量刑的，不能认定为如实供述自己的罪行"。

"犯罪嫌疑人多次实施同种罪行的，应当综合考虑已交代的犯罪事实与未交代的犯罪事实的危害程度，决定是否认定为如实供述主要犯罪事实。虽然投案后没有交代全部犯罪事实，但如实交代的犯罪情节重于未交代的犯罪情节，或者如实交代的犯罪数额多于未交代的犯罪数额，一般应认定为如实供述自己的主要犯罪事实。无法区分已交代的与未交代的犯罪情节的严重程度，或者已交代的犯罪数额与未交代的犯罪数额相当，一般不认定为如实供述自己的主要犯罪事实。

"犯罪嫌疑人自动投案时，虽然没有交代自己的主要犯罪事实，但在司法机关掌握其主要犯罪事实之前主动交代的，应认定为如实供述自己的罪行。"

（2）在犯有数罪的情况下，如何认定如实交代自己的主要犯罪事实。

司法解释规定，犯有数罪的犯罪嫌疑人仅如实供述所犯数罪中部分犯罪的，对如实供述部分犯罪的行为认定为自首。也就是只对行为人如实供述的部分犯罪才认定为自首，对没有如实供述部分不认定为自首。

（3）在共同犯罪的情况下，如何理解如实供述。

司法解释规定，共同犯罪中的犯罪嫌疑人，除如实供述自己的罪行外，还应当供述所知的同案犯，主犯则应当供述所知的其他同案犯的共同犯罪事实，才能认定为自首。所以共同犯罪中的自首，行为人不仅要供述本人的罪行，还要供述所知的同案犯的罪行。例如甲乙两个人共同杀害一个人，甲只供述自己杀了被害人，而把乙隐瞒了，甲就不算是自首。只有同时供述同案犯，才能认定为自首。

在共同犯罪中，有主犯和从犯，法律对主犯、从犯供述的要求不一样。主犯应当供述所知的其他同案犯的共同犯罪事实，从犯只供述所知的同案犯。例如，对于共犯来说，除如实供述自己的罪行外，还应当供述所知的同案犯，主犯则应当供述所知的其他同案犯的共同犯罪事实，才能视为如实的供述了犯罪事实。如果有意掩盖其他同案犯的犯罪事实，欺骗司法机关，替他人"顶罪"或"掩护"的，不认为是如实供述。替他人顶罪的，还有可能构成包庇罪。

（4）如实供述后又翻供的处理。

翻供，指的是被告人推翻自己在侦查阶段或者审查起诉阶段所做的有罪供述。司法解释规定，犯罪嫌疑人主动投案，如实供述自己犯罪事实后又翻供的，不能认定为自首，但在一审判决前又能如实供述的，应当认定为自首。如果在一审以后，又供述自己犯罪事实的，不能认定为自首。也就是说，允许犯罪嫌疑人的供述有反复，但是以在一审判决宣告前为限。

(二) 特殊自首

特殊自首，也称为准自首，是指被采取强制措施的犯罪嫌疑人、被告人和正在服刑的罪犯，如实供述司法机关还未掌握的本人其他罪行。据此，特殊自首就是坦白交代余罪。

根据《刑法》第67条第2款的规定，成立特殊自首，必须具备以下条件：

1. 自首主体是被采取强制措施的犯罪嫌疑人、被告人和正在服刑的罪犯

特殊自首的主体不具备自动投案的条件，自动投案是以犯罪嫌疑人未被采取强制措施为前提，主动到司法机关交代罪行。在特殊自首的情况下，犯罪嫌疑人、被告人和正在服刑的罪犯已经丧失了人身自由，就不可能再去实施主动投案的行为。强制措施，是指我国刑事诉讼法所规定的拘传、拘留、取保候审、监视居住和逮捕等措施；正在服刑的罪犯，是指已经被人民法院判决正在刑罚执行之中的罪犯。

2. 如实供述司法机关还未掌握的本人其他罪行

第一，行为人所供述的必须是司法机关还未掌握的罪行；第二，行为人所供述的必须是司法机关已掌握的罪行以外的其他罪行。例如，犯罪嫌疑人因为盗窃被司法机关抓获后，他又交代了杀人的犯罪事实，杀人的犯罪事实就属于特殊自首。对于杀人的犯罪事实来说，虽然没有投案之名，但是有投案之实，就应当视为自首。

在特殊自首中，关键在于如何理解司法机关还未掌握的本人其他罪行。一种观点认为，司法机关还未掌握的本人其他罪行，既包括异种罪行，也包括同种罪行，否则的话就不合理，也不利于对犯罪人的感化教育。另一种观点则认为，行为人只有交代异种罪行才能认定为自首，如果交代同种罪行不能算自首，但是可以认定为坦白情节，酌情从轻处罚。

1998年4月6日通过的最高人民法院《关于处理自首和立功具体应用法律若干问题的解释》第4条规定："被采取强制措施的犯罪嫌疑人、被告人和已宣判的罪犯，如实供述司法机关尚未掌握的罪行，与司法机关已掌握的或者判决确定的罪行属同种罪行的，可以酌情从轻处罚；如实供述的同种罪行较重的，一般应当从轻处罚。"根据这一司法解释，行

为人只有在如实供述不同种罪行的情况下，才能"以自首论"，交代同种罪行不是自首，也就不是法定的从轻处罚情节，但是酌定的从轻处罚情节。

三、自首的法律后果

《刑法》第67条规定："对于自首的犯罪分子，可以从轻或者减轻处罚。其中，犯罪较轻的，可以免除处罚。"据此，对于自首的犯罪人应分清不同情况区别处理：

1. 犯罪以后自首的，无论罪刑轻重，均可以从轻或者减轻处罚；犯罪以后自首，犯罪较轻的，可以免除处罚。

2. 自首是"可以"从轻，不是"应当"从轻。在个别情况下，犯罪特别严重的，即使自首了也可以不从轻。刑法规定可以从宽处罚，而不是应当从宽处罚，防止犯罪人恶意利用自首制度达到其不当目的。

3. 一人犯数罪时，犯罪人仅对其中部分犯罪自首的，自首的上述法律效果只是适用于其中自首的犯罪，对于没有自首的犯罪，不得以自首为由从宽处罚。

4. 二人以上共同犯罪时，自首的法律效果只适用于自首的共犯人，不能适用于没有自首的其他共犯人。

第五节　坦　白

一、坦白的概念

坦白，是指犯罪嫌疑人被动归案后，如实供述自己罪行的行为。其本质在于，如实交代自己被指控的犯罪事实的行为。

"坦白从宽"是我国长期奉行的一项刑事政策，在治理犯罪中发挥了重要作用。坦白原为酌定量刑情节，在1979年《刑法》和1997年《刑法》修订时都没有直接在法条中明确规定。2011年《刑法修正案（八）》增设了第67条第3款，规定了坦白制度，使坦白成为法定量刑情节。

二、坦白的成立条件

根据刑法的规定,构成坦白应当具备以下几个条件:

(一) 被动归案

犯罪嫌疑人被动归案大致有三种情况:一是犯罪嫌疑人被司法机关采取强制措施而归案,即被司法机关采取拘传、取保候审、监视居住、拘留、逮捕而归案;二是犯罪嫌疑人被司法机关传唤而归案;三是犯罪嫌疑人被人民群众扭送而归案。

(二) 如实供述罪行

犯罪嫌疑人对罪行的供述必须是主动的,即犯罪嫌疑人在被动归案后主动向司法机关供述其所实施的犯罪。犯罪嫌疑人供述的罪行,既可以是司法机关已经掌握的罪行,也可以是司法机关尚未掌握的同种罪行。如果犯罪嫌疑人供述的是司法机关没有掌握的其他不同种罪行,则属于余罪的自首,而不属于坦白。

(三) 供述的是自己的罪行

犯罪嫌疑人供述的只能是本人的罪行,包括交代其所参与的共同犯罪中的其他犯罪人。如果犯罪嫌疑人供述的不是自己的犯罪事实,而是他人的犯罪事实,则可能构成立功,而不属于坦白。

三、坦白与自首的区别

1. 坦白与自首的相同点

(1) 都以行为人实施了犯罪行为为前提;(2) 都是在归案后如实供述自己的罪行;(3) 都是从宽处罚的情节。

2. 坦白与自首的区别

一般自首与坦白的区别在于:是否自动投案。一般自首是犯罪人自动投案后,如实供述自己的罪行;坦白是犯罪人被动归案后如实供述自己的罪行。

特殊自首与坦白的区别在于:是否如实供述司法机关还未掌握的本人其他罪行。犯罪人如实供述司法机关还未掌握的本人其他罪行的是自首;犯罪人如实供述司法机关已经掌握的本人其他罪行的,是坦白。因此,自首更能说明犯罪人的再犯罪可能性较小。

四、坦白的刑事责任

根据《刑法》第 67 条第 3 款的规定，犯罪嫌疑人如实供述自己罪行的，可以从轻处罚；因其如实供述自己罪行，避免特别严重后果发生的，可以减轻处罚。

在一般情况下，犯罪嫌疑人坦白的，虽然不是绝对地从轻处罚，但一般应予以从轻处罚，即在法定刑幅度内从轻处罚。如果因为犯罪嫌疑人的坦白而避免了特别严重的后果发生，则可以在法定刑以下判处刑罚。把坦白作为法定的从轻、减轻情节，真正实现了"坦白从宽"。

第六节 立 功

一、立功的概念

立功，是指犯罪分子实施揭发他人犯罪行为并经查证属实，或者提供重要线索，从而得以侦破其他案件等有利于国家和社会的行为。

作为刑法规定的量刑情节的立功，不同于一般意义上的立功，也不同于刑法规定的作为减刑条件之一的立功。立功是我国刑法对犯罪分子量刑的时候规定从宽处罚的一项制度，对于鼓励犯罪人检举揭发他人、破获犯罪案件具有重要意义。

二、立功的种类和成立条件

根据《刑法》第 68 条的规定，立功分为一般立功和重大立功两种类型。

（一）一般立功的成立条件

根据《刑法》第 68 条和有关司法解释（注：具体内容参见最高人民法院 1998 年《关于处理自首和立功具体应用法律若干问题的解释》、2010 年《关于处理自首和立功若干具体问题的意见》）的规定，一般立功是指犯罪分子到案后具有检举、揭发他人犯罪行为，经查证属实的；或者提供侦破其他案件的重要线索，经查证属实的；或者阻止他人犯罪活动的；或者协助司法机关抓捕其他犯罪嫌疑人；或者具有其他有利于国家和社会的突出表现。

成立一般立功，须具备如下条件：

1. 主体必须是犯罪分子

虽然《刑法》第68条将立功的主体规定为"犯罪分子"，但实际上应指犯有某种罪行并已到案的犯罪嫌疑人、被告人，不是已被判决确定有罪的罪犯。因为《刑法》第68条规定的立功是作为影响刑罚裁量的情节而规定的，这就意味着立功者被指控的行为尚未被人民法院判决确定有罪，当然也没有确定是否对其判处刑罚以及判处什么样的刑罚，因而在这种情况下，立功者在诉讼过程中的身份就只能是犯罪嫌疑人或者被告人。

2. 应在犯罪分子到案后至判决确定前的期间内做出立功行为

这主要是基于区分作为刑罚裁量情节的立功和作为刑罚执行情节的立功的考虑。所谓犯罪分子到案，是指犯罪分子及其实施的犯罪行为已被司法机关掌握且犯罪分子已经被司法机关控制。所谓判决确定前，是指犯罪分子实施的行为被人民法院做出的终审判决确定有罪之前。

3. 必须具有有利于国家和社会的突出表现

关于有利于国家和社会的突出表现，有关司法解释根据《刑法》第68条的规定并结合司法实践经验，将其规定为：犯罪分子到案后检举、揭发他人犯罪行为，包括共同犯罪案件中的犯罪分子揭发同案犯共同犯罪以外的其他犯罪，经查证属实；提供侦破其他案件的重要线索，经查证属实；阻止他人犯罪活动；协助司法机关抓捕其他犯罪嫌疑人（包括同案犯）；具有其他有利于国家和社会的突出表现。

（二）重大立功的成立条件

根据《刑法》第68条和有关司法解释的规定，重大立功是指犯罪分子到案后具有检举、揭发他人重大犯罪行为，经查证属实的；或者提供侦破其他重大案件的重要线索，经查证属实的；或者阻止他人重大犯罪活动的；或者协助司法机关抓捕其他重大犯罪嫌疑人；或者具有其他对国家和社会有重大贡献的表现。

成立重大立功，须具备如下条件：

1. 立功者必须是犯罪分子。

2. 立功行为必须在犯罪分子到案后至判决确定前的期间内实行。

3. 犯罪分子必须具有对国家和社会有重大贡献的表现。所谓对国家和社会有重大贡献的表现，有关司法解释根据《刑法》第68条的规定并结合司法实践经验，将其规定为：犯罪分子到案后具有检举、揭发他人重大犯罪行为，经查证属实的；或者提供侦破其他重大案件的重要线索，经查证属实的；或者阻止他人重大犯罪活动的；或者协助司法机关抓捕其他重大犯罪嫌疑人的；等等。至于"重大犯罪""重大案件""重大犯罪嫌疑人"的标准，一般是指犯罪嫌疑人、被告人可能被判处无期徒刑以上刑罚或者案件在本省、自治区、直辖市或者全国范围内有较大影响等情形。

三、立功者的刑事责任

《刑法》第68条规定："犯罪分子有……立功表现的，可以从轻或者减轻处罚；有重大立功表现的，可以减轻或者免除处罚。"根据该规定，对有立功表现的犯罪分子，分别根据不同情况适用不同的处罚原则：

1. 犯罪分子有一般立功表现的，可以从轻或者减轻处罚。这是对有立功表现的犯罪分子予以从宽处理的原则性规定。但"可以从轻或减轻处罚"，并不意味着对每一个立功的犯罪分子都一律从轻或减轻处罚。对极少数罪行特别严重、情节恶劣的犯罪分子也可以不予从轻处罚。

2. 犯罪分子有重大立功表现的，可以减轻或者免除处罚。

第七节　数罪并罚

一、数罪并罚的概念和特征

（一）数罪并罚的概念

数罪并罚又叫并合罪，是指人民法院对同一个犯罪人所犯数罪分别定罪量刑后，进行合并处罚的制度。按照罪刑均衡原则，一罪一罚、数罪并罚，这样才能符合刑罚公正原则。

（二）数罪并罚的特征

根据我国刑法的规定，数罪并罚具有以下三个特征：

1. 一人犯数罪

数罪并罚的前提是一人犯有数罪，如果犯罪分子没有犯数罪，也就没有数罪并罚的问题。所谓犯数罪，指一个人基于数个独立的犯意，实施数个独立的行为，具有数个独立犯罪构成的情况。如果一个人实施的行为并未构成数罪，或者看起来是数罪但刑法作为一罪规定，或者处理时作为一罪的情况，都不是数罪，也就谈不上并罚。

2. 数罪发生在法定的时间界限内

一人所犯数罪必须发生在判决宣告以前或刑罚执行完毕以前，以及在缓刑、假释考验期内，这是适用数罪并罚的时间条件。只有在这些时间内一个人犯数罪才发生数罪并罚的问题。如果在刑罚执行完毕以后，或者缓刑、假释考验期满以后又犯罪，或者又发现漏罪，只需对有关新罪或漏罪依法定罪量刑即可，不发生和前罪并罚的问题。

3. 根据法定的原则进行并罚

对犯罪分子所犯的数罪，先依照刑法的规定分别定罪量刑，然后依照法定的并罚原则与方法合并起来，决定执行的刑罚。所以，数罪并罚实际上有两个步骤，第一是对所犯各罪分别定罪量刑，第二是根据法定的并罚原则决定执行刑期。

二、数罪并罚的原则

数罪并罚的原则，是指对行为人所犯数罪进行合并处罚时应依据的规则。数罪并罚的原则，是数罪并罚的核心。在刑法理论中，数罪并罚主要有以下四个原则：

（一）并科原则

并科原则，又称为相加原则，是指将一人所犯数罪分别定罪量刑以后，将各罪所判处的刑罚绝对相加，合并执行总和刑期的原则。该原则强调刑罚的威慑功能，在刑罚相加的情况下，其总和刑期往往会超过人的生命极限，其效果相当于无期徒刑。并科原则是刑罚的机械相加，表面来看好像很合理，实际上超过人的自然生命的那部分刑罚没有任何意义。因此，大多数国家不会单纯采用这一原则。

（二）吸收原则

吸收原则，是指对一人所犯数罪分别定罪量刑，采取重刑吸收轻刑的原则，只执行重刑而不再执行轻刑。重刑吸收轻刑相当于轻刑没有受到惩罚，这样无疑会放纵犯罪分子。因此，吸收原则对犯罪人比较宽大，但是违反刑法公正原则，也就是犯罪人犯了两个罪和犯了一个罪的法律后果一样，不利于刑罚的特殊预防和一般预防的实现。因此，吸收原则也有其局限性。

（三）限制加重原则

限制加重原则，是指在一人所犯数罪中以应当判处或已经判处的最重刑罚为基础，再在一定限度内对其予以加重作为执行刑罚的原则。限制加重的原因是因为总和刑期受到限制。采用该原则的具体限制加重方法主要有两种：第一，依数罪中最重犯罪的法定刑加重处罚。即以法定刑为基础，确定数罪中的最重犯罪（法定刑最重的犯罪），再就其法定刑最重刑罚予以加重，以此作为执行的刑罚。第二，依数罪中被判决宣告的最重刑罚加重处罚。即在对数罪分别定罪量刑的基础上，以宣告刑为基础，确定其中最重的刑罚，再就宣告的最重刑罚予以加重，以此作为执行的刑罚。

（四）综合原则

综合原则，又称为折中原则，即根据不同的情况，分别采取上述三种原则予以适用。该原则既具有灵活性又具有适用性，绝大多数国家刑法对数罪并罚采取的是综合原则。

三、我国刑法数罪并罚的原则

《刑法》第69条规定："判决宣告以前一人犯数罪的，除判处死刑和无期徒刑的以外，应当在总和刑期以下、数刑中最高刑期以上，酌情决定执行的刑期，但是管制最高不能超过三年，拘役最高不能超过一年，有期徒刑总和刑期不满三十五年的，最高不能超过二十年，总和刑期在三十五年以上的，最高不能超过二十五年。数罪中有判处有期徒刑和拘役的，执行有期徒刑。数罪中有判处有期徒刑和管制，或者拘役和管制的，有期徒刑、拘役执行完毕后，管制仍须执行。数罪中有判处附加刑的，附加刑仍须执行，其中附加刑种类相同的，合并执行，种类不同的，分别执行。"

从该规定可以看出，我国刑法对数罪并罚采取的是综合原则，按不同情况采取不同原则：

1. *数罪中有一罪被判处死刑或者无期徒刑的，采用吸收原则*

数罪中宣告最重是死刑的，只执行一个死刑，不执行其他主刑，因为死刑是剥夺生命的刑罚，只能执行一次。而且此时其他刑罚如管制、拘役、有期徒刑、无期徒刑事实上也不可能执行。另外，如果数罪中宣告无期徒刑和有期徒刑并罚或者数个无期徒刑并罚时，执行一个无期徒刑，不执行其他主刑。因为无期徒刑是剥夺终身自由的刑罚，因此，采用吸收原则只执行一个无期徒刑。

此外，所犯数罪被判处的刑罚不同，一个罪被判处有期徒刑，另一个罪被判处拘役，在这种情况下，对异种自由刑如何进行并罚，刑法没有明确规定。为了解决实践中的不同意见，《刑法修正案（九）》专门增加了如下规定："数罪中有判处有期徒刑和拘役的，执行有期徒刑。"在这种情况下，就扩大了数罪并罚中吸收原则的适用范围。

2. *对判处数个主刑为有期徒刑、拘役、管制的，采取限制加重原则*

限制加重原则分三种情况：（1）犯有两个以上罪，都被判处有期徒刑的，有期徒刑总和刑期不满35年的，最高不能超过20年，总和刑期在35年以上的，最高不能超过25年。（2）犯有两个以上罪，都被判处拘役的，拘役最高不能超过1年。（3）犯有两个以上罪，都被判处管制的，管制最高不能超过3年。之所以对这种情况采取限制加重原则，是因为有期徒刑、拘役和管制本身都有一定的期限，规定在总和刑期以下、数刑中最高刑以上酌情决定执行的刑期，是比较适当的。

3. *附加刑和主刑之间、附加刑之间采用并科原则*

如果数罪所判的数刑中，不仅有主刑，还有附加刑，或者几个附加刑的，可以对所判刑罚进行并科。《刑法》第69条规定："数罪中有判处有期徒刑和管制，或者拘役和管制的，有期徒刑、拘役执行完毕后，管制仍须执行。数罪中有判处附加刑的，附加刑仍须执行，其中附加刑种类相同的，合并执行，种类不同的，分别执行。"根据该规定，管制可以和有期徒刑、拘役并科，附加刑和主刑可以并科。同种类的附加刑应当合并执行，不同种类的附加刑分别执行。

四、数罪并罚的适用

根据我国刑法规定，不同法律条件下适用数罪并罚原则的具体规则有以下三种情形：

（一）判决宣告以前一人犯数罪的并罚

根据《刑法》第69条的规定，对判决宣告前一人犯数罪的，应先对数个犯罪分别确定刑罚即宣告刑，然后对各个罪的宣告刑按照相应的数罪并罚原则，决定对犯罪分子实际执行的刑罚。对于判决宣告前一人所犯的数罪为同种数罪，是否应当适用数罪并罚，刑法理论上存在较大争议。一般认为，对一人所犯同种数罪，原则上无须并罚，只按一罪酌情从重处罚即可。但是，当特定犯罪的法定刑过轻而无法体现罪责刑相适用原则时，可以适用数罪并罚。

（二）判决宣告后，刑罚执行完毕前发现漏罪的并罚

《刑法》第70条规定："判决宣告以后，刑罚执行完毕以前，发现被判刑的犯罪分子在判决宣告以前还有其他罪没有判决的，应当对新发现的罪作出判决，把前后两个判决所判处的刑罚，依照本法第六十九条的规定，决定执行的刑罚。已经执行的刑期，应当计算在新判决决定的刑期以内。"

根据刑法规定，刑罚执行期间发现漏罪，具有以下特征：

1. 必须在判决宣告后、刑罚执行完毕之前发现漏罪，且漏罪是指判决宣告之前实施的未判决的罪。

2. 对于新发现的罪，无论是同种数罪，还是不同种数罪，都要进行数罪并罚。

3. 对新发现的漏罪做出判决，然后把前后两个判决所判处的刑罚，依照数罪并罚的原则，决定执行的刑罚。

4. 在计算刑期时，应该把先前已经执行的刑期，计算在新判决所确定的刑期之内，也就是要从并罚后确定执行的刑期中减去。这种方法理论上

通常称为"先并后减"原则。

（三）判决宣告后，刑罚执行完毕前又犯新罪的并罚

《刑法》第 71 条规定："判决宣告以后，刑罚执行完毕以前，被判刑的犯罪分子又犯罪的，应当对新犯的罪作出判决，把前罪没有执行的刑罚和后罪所判处的刑罚，依照本法第六十九条的规定，决定执行的刑罚。"

该条规定的并罚方法，是把前罪未执行的刑罚与后罪所判处的刑罚按照《刑法》第 69 条的规定决定应执行的刑罚，即先从前罪应执行的刑罚中减去已经执行的刑期，再按照《刑法》第 69 条的规定，将前罪未执行的刑罚与后罪所判处的刑罚实行并罚。这种方法理论上通常称之为"先减后并"原则。"先减后并"的刑期计算方法较之"先并后减"的刑期计算方法，在一定条件下，可能给予犯罪分子更重的惩罚。

此外，还有一种情况值得研究，即在前罪的刑罚执行完毕以前既发现有漏罪又犯新罪的，如何并罚？对此，刑法没有规定，理论上则存在多种不同的观点。本书认为，对于这种情况，在实行并罚时既要体现对漏罪的并罚，也要体现对新罪的并罚，同时能够使并罚效果在总体上体现刑法对于犯罪分子在刑罚执行过程中再犯新罪须从重处罚的精神。因此，对于在刑罚执行完毕以前既发现漏罪又有新罪的情况，应区分如下 3 种情形处理：

1. 漏罪和新罪同时发现，并案处理的。对于这种情形，应当先把对漏罪判处的刑罚与前罪判处的刑罚，按照《刑法》第 70 条的规定实行并罚，然后把对新罪判处的刑罚和对漏罪与前罪并罚后确定的应执行的刑罚中还没有执行的刑罚，按照《刑法》第 71 条的规定实行并罚。

2. 先发现漏罪，在对漏罪依法并罚后才发现新罪的。对于这种情形，应直接依照《刑法》第 71 条的规定，把对新罪判处的刑罚和漏罪与前罪并罚后确定的应执行的刑罚中没有执行完毕的刑罚，实行并罚。

3. 先发现新罪，在对新罪依法并罚后才发现漏罪的。对于这种情形，应直接把对漏罪判处的刑罚和新罪与前罪并罚后确定的应执行的刑罚中没有执行完毕的刑罚，按照《刑法》第 70 条的规定实行并罚。

刑法总论：理论与实务

———— **法考真题** ————

1. 关于累犯，下列哪一选项是正确的？（2015/2/10-单）

   A. 对累犯和犯罪集团的积极参加者，不适用缓刑。

   B. 对累犯，如假释后对所居住的社区无不良影响的，法院可决定假释。

   C. 对被判处无期徒刑的累犯，根据犯罪情节等情况，法院可同时决定对其限制减刑。

   D. 犯恐怖活动犯罪被判处有期徒刑4年，刑罚执行完毕后的第12年又犯黑社会性质的组织犯罪的，成立累犯。

   [答案] D

2. 关于自首中的"如实供述"，下列哪些选项是错误的？（2009/2/53-多）

   A. 甲自动投案后，如实交代自己的杀人行为，但拒绝说明凶器藏匿地点的，不成立自首。

   B. 乙犯有故意伤害罪、抢夺罪，自动投案后，仅如实供述抢夺行为，对伤害行为一直主张自己是正当防卫的，仍然可以成立自首。

   C. 丙虽未自动投案，但办案机关所掌握线索针对的贪污事实不成立，在此范围外丙交代贪污罪行的，应当成立自首。

   D. 丁自动投案并如实供述自己的罪行后又翻供，但在二审判决前又如实供述的，应当认定为自首。

   [答案] AD

3. 关于数罪并罚，下列哪些选项是符合《刑法》规定的？（2011/2/57-多）

   A. 甲在判决宣告以前犯抢劫罪、盗窃罪与贩卖毒品罪，分别被判处13年、8年、15年有期徒刑。法院数罪并罚决定执行18年有期徒刑。

   B. 乙犯抢劫罪、盗窃罪分别被判处13年、6年有期徒刑，数罪并罚决定执行18年有期徒刑。在执行5年后，发现乙在判决宣告前还犯有贩卖毒品罪，应当判处15年有期徒刑。法院数罪并罚决定应当执行19年有期徒刑，已经执行的刑期，计算在新判决决定的刑期之内。

   C. 丙犯抢劫罪、盗窃罪分别被判处13年、8年有期徒刑，数罪并罚决定执行18年有期徒刑。在执行5年后,丙又犯故意伤害罪,被判处15年有期徒刑。法院在15年以上20年以下决定应当判处16年有期徒刑,已经执行的刑期,不计算在新判决决定的刑期之内。

D. 丁在判决宣告前犯有3罪,被分别并处罚金3万元、7万元和没收全部财产。法院不仅要合并执行罚金10万元,而且要没收全部财产。

[答案] ABCD

4. 甲因走私武器被判处15年有期徒刑,剥夺政治权利5年;因组织他人偷越国境被判处14年有期徒刑,并处没收财产5万元,剥夺政治权利3年;因骗取出口退税被判处10年有期徒刑,并处罚金20万元。关于数罪并罚,下列哪一选项符合《刑法》规定?(2012/2/12- 单)

A. 决定判处甲有期徒刑35年,没收财产25万元,剥夺政治权利8年。

B. 决定判处甲有期徒刑20年,罚金25万元,剥夺政治权利8年。

C. 决定判处甲有期徒刑25年,没收财产5万元,罚金20万元,剥夺政治权利6年。

D. 决定判处甲有期徒刑23年,没收财产5万元,罚金20万元,剥夺政治权利8年。

[答案] D

5. 关于自首,下列哪一选项是正确的?(2017/2/9- 单)

A. 甲绑架他人作为人质并与警察对峙,经警察劝说放弃了犯罪。甲是在"犯罪过程中"而不是"犯罪以后"自动投案,不符合自首条件。

B. 乙交通肇事后留在现场救助伤员,并报告交管部门发生了事故。交警到达现场询问时,乙否认了自己的行为。乙不成立自首。

C. 丙故意杀人后如实交代了自己的客观罪行,司法机关根据其交代认定其主观罪过为故意,丙辩称其为过失。丙不成立自首。

D. 丁犯罪后,仅因形迹可疑而被盘问、教育,便交代了自己所犯罪行,但拒不交代真实身份。丁不属于如实供述,不成立自首。

[答案] B

思考题

1. 如何理解量刑的基本原则？
2. 如何理解量刑的情节？
3. 如何理解累犯的构成要件？
4. 自首和坦白有哪些区别？
5. "先并后减"和"先减后并"有什么区别？

第十七章 刑罚执行

第一节 刑罚执行概述

一、刑罚执行的概念

刑罚执行,又简称为行刑,是指具有刑罚执行权的国家机关依法将人民法院的生效刑事裁判所确定的刑罚内容付诸实施的各种刑事司法活动。

行刑是整个刑事司法活动的最后一个环节,对于实现司法活动的目的具有重要意义。刑事司法活动通过定罪量刑,最后进入到行刑阶段,刑罚确定以后,就要将其付诸实施,以确保追究犯罪人的刑事责任。

二、刑罚执行的内容

(一)刑罚内容得到实现

司法机关通过定罪量刑活动所确定的是宣告刑,也就是宣告某一个被告人应当执行多少年刑期。宣告刑最后要通过行刑活动得以实现,正是通过行刑活动,犯罪人受到实际的刑罚惩罚。如果没有行刑活动,对犯罪人的刑罚惩罚就不可能得到实现。因此,行刑是执行机关将人民法院对犯罪人所判决的刑罚处罚内容加以最终落实的活动。

(二)对犯罪人进行矫正

刑罚执行,是针对被依法判处刑罚的犯罪分子,通过对犯罪人进行矫正、教育改造，矫正其主观恶性，最终实现特殊预防的刑罚目的。行刑活动的内容具有双重性：一方面是实现刑罚，主要体现了刑罚的报应性；另一方面又通过行刑活动对犯罪人进行矫正，从而实现刑罚的教育性，两者不可分离。

第二节　缓刑制度

一、缓刑的概念

缓刑，是指对判处一定刑罚的犯罪分子，在具备法定条件的情况下，附条件地不执行原判刑罚的制度。

在刑事政策上，缓刑被称为与刑罚、保安处分并列的"第三根支柱"。缓刑和实刑相对应，不是一种刑种，其字面含义是指"缓期执行"。缓刑制度和死缓制度不一样，死缓是死刑的缓期执行，死缓也是一种缓刑，但死缓依附于死刑而存在，是死刑特有的执行制度。

二、国外刑法对缓刑的规定

从世界各国刑法来看，缓刑的"缓"指的是暂缓，也称为"犹豫"。缓刑可以分为刑罚宣告犹豫主义和刑罚执行犹豫主义。

1. 刑罚宣告犹豫主义

这是广义上的缓刑，即暂缓宣告刑罚。如果犯罪人满足一定的条件，刑罚就不宣告，不仅刑罚不宣告，甚至原先被认定的犯罪也撤销。

2. 刑罚执行犹豫主义

这是狭义上的缓刑，也就是对犯罪人宣告刑罚，但是对其所宣告的刑罚暂缓执行，附条件地不执行。如果符合条件，原判刑罚就不再执行；如果不符合条件，原判刑罚仍需执行。在某些特定的情况下，如果满足了条件，不仅原判刑罚不执行，而且原先所做的有罪宣告也撤销。

根据我国刑法规定，缓刑分为一般缓刑和战时缓刑。一般缓刑在刑法总则当中规定，战时缓刑在刑法分则第十章军人违反职责罪当中规定。刑法中的缓刑制度通常是指刑法总则所规定的一般缓刑。

三、一般缓刑

根据《刑法》第72条第1款的规定，一般缓刑是指对于被判处拘役、3年以下有期徒刑的犯罪分子，根据其犯罪情节和悔罪表现，认为暂缓执行原判刑罚确实不致再危害社会的，规定一定的考验期，暂缓其刑罚执行。如果被判刑的犯罪分子在考验期内没有再犯新罪，或者没有发现判决宣告前还有其他罪，也没有违反法律、行政法规及有关缓刑的监督管理规定的，缓刑考验期满，原判刑罚就不再执行的制度。《刑法修正案（八）》对该规定进行了具体化，分别规定了可以宣告缓刑的情形和应当宣告缓刑的情形。

可以宣告缓刑，是指对于被判处拘役、3年以下有期徒刑，同时符合犯罪情节较轻、有悔罪表现、没有再犯罪的危险、宣告缓刑对所居住社区没有重大不良影响等条件的犯罪分子。

应当缓刑，是指对于被判处拘役、3年以下有期徒刑，同时符合犯罪情节较轻、有悔罪表现、没有再犯罪的危险、宣告缓刑对所居住社区没有重大不良影响的不满18周岁的人、怀孕的妇女和已满75周岁的犯罪分子。

（一）一般缓刑的条件

根据《刑法》规定，一般缓刑的成立需要具备以下三个条件：

1. 对象条件

一般缓刑适用于被判处拘役或者3年以下有期徒刑的犯罪分子。这些犯罪分子罪行较轻，社会危害性较小，通过缓刑制度对这些犯罪分子采取非监禁化的处遇措施，使监禁刑非监禁化。被判处管制的犯罪分子，没有必要执行缓刑。如果一个人犯罪比较严重，被判处3年以上有期徒刑，也不能适用缓刑。这里的"3年以下有期徒刑"，是指宣告刑而不是法定刑，也没有罪名个数的限制。即使是数罪并罚，只要是3年以下有期徒刑，就可适用缓刑。

2. 实质条件

犯罪分子犯罪情节较轻、有悔罪表现、没有再犯罪的危险、宣告缓刑对所居住社区没有重大不良影响。实质条件里面包含了四项内容：

一是犯罪情节比较轻微。这是对影响犯罪行为危害社会程度的情节和说明犯罪分子主观恶性、人身危险性的情节所做的综合评价，主要是指犯罪手段平和、犯罪对象不具有特殊性、犯罪造成的后果相对较轻、犯罪分子的主观恶性与人身危险性很小甚至没有等。像初犯、偶犯，或者被害人有过错的，或者过失犯罪，或者未成年人犯罪，等等，这些人都属于犯罪较轻。

二是必须具有悔罪表现。是指犯罪分子对自己的罪行真诚悔悟，能够认识到错误，并有具体真诚悔悟、悔改的意愿和行为，比如积极向被害人道歉、赔偿被害人的损失、获取被害人的谅解等。因此，如果是拒不认罪，即使犯罪情节较轻也不能够适用缓刑。

三是将来确定不致再危害社会。是指综合其犯罪情节和悔罪表现以及犯罪分子的品行等个人情况，认为其人身危险性很小甚至没有人身危险性，可以预测其今后不会再次实行犯罪。缓刑是一种非监禁化的处遇措施，适用缓刑就要把犯罪分子放到社会上去，以后将来会不会再危害社会，是适用缓刑需要考虑的一个重要条件。这种"将来会不会再危害社会"是一种主观推断，根据犯罪情节和悔罪表现，估计犯罪分子将来危害社会的可能性比较小，就可以适用缓刑。

四是宣告缓刑对所居住的社区没有重大不良影响。是指对犯罪人适用缓刑不会对其所居住社区的安全、秩序和稳定等带来重大不良影响。由于缓刑是对犯罪分子不予关押，而将其留在社会上进行监督考察，为了避免犯罪分子再次侵犯社会，在考虑是否对犯罪分子适用缓刑时，必须准确判断犯罪分子是否具备犯罪情节较轻、有悔罪表现、没有再犯罪的危险、宣告缓刑对所居住的社区没有重大不良影响等条件，其中关键是要判断和预测犯罪分子是否没有再犯罪的危险。

3. 禁止条件

根据《刑法》第74条的规定，对于累犯和犯罪集团的首要分子不适用缓刑。如果某一个犯罪分子是累犯或犯罪集团的首要分子，即使被判处拘役或3年以下有期徒刑，也不具备适用缓刑的条件，但聚众犯罪的首要分子则可以适用缓刑。

（二）一般缓刑的考察制度

缓刑是附条件地不执行原判刑罚，因此，需要对被宣告缓刑的犯罪分子规定缓刑考验期，在缓刑考验期内对犯罪分子进行考察，如果其遵守了缓刑期间需要遵守的条件，原判刑罚就不再执行；如果违反了有关条件，原判刑罚仍需执行。因此，对判处缓刑的犯罪分子进行考察是缓刑制度的重要内容。缓刑的考察主要包含以下内容：

1. 缓刑的考验期

《刑法》第 73 条第 1、2 款的规定："拘役的缓刑考验期为原判刑期以上一年以下，但是不得少于二个月。有期徒刑的缓刑考验期限为原判刑期以上五年以下，但是不得少于一年。"该条规定了不同刑种的缓刑考验期的上限和下限。

根据《刑法》第 73 条第 3 款的规定，缓刑考验期限从判决确定之日起计算。所谓"判决确定之日"，即判决发生法律效力之日，根据我国刑事诉讼法的规定，一审判决宣告后没有上诉、抗诉的，判决自上诉、抗诉期满之日起生效；二审的判决、裁定自宣告之日起生效。缓刑考验期和刑期不一样，刑期的计算是从判决确定之日起计算，判决确定之前先行被羁押的，应当按照一定的原则折抵刑期。缓刑考验期的起算和一般刑罚起算的时间、起算的标准一样，都是从确定之日起计算。但是它们的区别就在于：如果是判处刑罚立即执行的话，那么判决确定前先行被羁押的时间可以折抵刑期；如果判处的是缓刑，那么先行羁押的时间就不再折抵考验期。

2. 缓刑期间的禁止令

《刑法》第 72 条第 2 款规定："宣告缓刑，可以根据犯罪情况，同时禁止犯罪分子在缓刑考验期限内从事特定活动，进入特定区域、场所，接触特定的人。"

我国刑法中的禁止令分为管制执行期间的禁止令和缓刑考验期间的禁止令。由违反两种禁止令的差异化制裁模式决定，禁止令是一种对犯罪分子兼具刑罚性和非刑罚性的综合性处遇制度。禁止令的直接法律功能是"管制执行"的绳索与"缓刑考验"的规则，间接法律功能是刑罚执行或者缓刑考验期间的资格禁止，并与前科形成法律效应上的呼应，具有保安处分的性质。

3. 缓刑考察的主体

根据《刑法》第 76 条的规定，对宣告缓刑的犯罪分子，在缓刑考验期限内，依法实行社区矫正。因此，被宣告缓刑的犯罪分子是社区矫正的对象之一，缓刑执行的主体主要是专门的社区矫正机构。从世界各国的情况来看，对缓刑往往都专门成立了缓刑的考察机构，配备专门的缓刑考察人员来进行缓刑考察，只有这样，才能保证缓刑的考察效果。

4. 缓刑考察内容

根据《刑法》第75条的规定，宣告缓刑的犯罪分子，应当遵守以下规定：一是遵守法律、行政法规，服从监督；二是按照考察机关的规定，报告自己的活动情况；三是遵守考察机关关于会客的规定；四是离开所居住的市、县或者迁居，应当报经考察机关批准。

5. 缓刑的撤销

根据《刑法》第77条的规定，被宣告缓刑的犯罪分子，在缓刑考验期限内再犯新罪，或者发现判决宣告以前还有其他罪没有判决的，应当撤销缓刑，对新犯的罪或者新发现的罪做出判决，把前罪和后罪所判的刑罚依据《刑法》第69条的规定决定执行的刑罚；宣告缓刑的犯罪分子，在缓刑考验期内，违反法律、行政法规或者国务院公安部门有关缓刑的监督管理规定，或者违反人民法院判决中的禁止令，情节严重的，应当撤销缓刑，执行原判刑罚。

根据刑法规定，缓刑撤销事由可以分为三种情形：

第一是再犯新罪。犯罪分子在缓刑考验期限内再犯新罪，说明犯罪分子不堪改造，就应当撤销缓刑，对新犯的罪做出判决，把前罪和后罪所判处的刑罚，依照《刑法》第69条的规定，决定执行的刑罚。数罪并罚之后不得再次宣告缓刑。

第二是发现漏罪。在缓刑考验期限内发现该犯罪分子在判决宣告以前还有其他罪没有被判决，应当撤销缓刑，对新发现的漏罪做出判决，将所判刑期和原先所宣告的刑罚，依照《刑法》第69条的规定，决定执行的刑罚。数罪并罚之后符合缓刑条件的，可以宣告缓刑。

第三是被宣告缓刑的犯罪人，在缓刑考验期内，违反法律、行政法规或者国务院有关部门有关缓刑的监督管理规定，或者违反人民法院判决中的禁止令，情节严重的，应当撤销缓刑，收监执行原判刑罚。

如果没有发现以上三种事由，缓刑考验期满，原判刑罚就不再执行，并公开予以宣告。"原判刑罚不再执行"的意思是，原先定的罪依然在法律上有效，而且被宣告刑罚也存在，只是被宣告刑罚不再执行。

另外，根据《刑法》第72条第3款的规定，缓刑的效力不及于附加刑，即被判处缓刑的犯罪分子，如果被判处附加刑的，附加刑仍须执行。无论缓刑是否撤销，所判处的附加刑均须执行。

需要思考的一个问题是，在缓刑考察期满原判刑罚不再执行的情况下，如果犯罪分子在缓刑期满以后5年以内再犯应当被判处有期徒刑以上之罪，能否构成累犯？

累犯的条件之一就是原判刑罚执行完毕或者赦免以后5年以内再犯应当被判处有期徒刑以上刑罚之罪，而如果缓刑期满没有发生撤销缓刑的事由，那么原判刑罚就不再执行。因此，这里的"原判刑罚不再执行"和累犯所要求的"原判刑罚执行完毕以后"才能构成累犯，两者是不同的。因此，如果缓刑考验期满以后5年以内再犯应当被判处有期徒刑以上刑罚之罪，不构成累犯，因为不符合累犯的构成条件。

四、战时缓刑

《刑法》第449条规定了战时缓刑制度，又被称为特殊缓刑。

（一）战时缓刑的概念

战时缓刑，是指在战时，对被判处3年以下有期徒刑、没有现实危险、宣告缓刑的犯罪军人，允许其戴罪立功，确有立功表现时，可以撤销原判刑罚，不以犯罪论处的制度。

（二）战时缓刑的条件

战时缓刑需要具备以下三个条件：

1. 时间条件

战时缓刑必须发生在战时，也就是战争期间。根据《刑法》第451条的规定，战时是指国家宣布进入战争状态、部队受领作战任务或者遭敌突然袭击时；部队执行戒严任务或者处置突发性暴力事件时，以战时论。因此，在和平时期，对犯罪军人仍然应当按照一般缓刑来执行，而不适用战时缓刑。

2. 对象条件

战时缓刑适用的对象是被判处3年以下有期徒刑的犯罪军人。如果犯罪分子不是军人，或者虽然是军人但是被判处的刑罚超过3年有期徒刑，都不得适用战时缓刑。对于被判处拘役的犯罪军人，根据立法精神，也可以适用战时缓刑。

另外，根据《刑法》第74条规定，累犯不适用缓刑，该禁止性的规定对于战时缓刑也同样有效。因此，战时缓刑的对象条件是被判处3年以下有期徒刑的犯罪军人，并且不能是累犯，如果是累犯同样不能适用战时缓刑。

3. 实质条件

战时缓刑适用的实质条件是在战争条件下，宣告缓刑没有现实危险，如果有现实危险同样也不能适用战时缓刑。犯罪军人是否具有"现实危险"，需要结合犯罪情节、犯罪军人的悔罪表现及一贯表现加以判断。

（三）战时缓刑的法律后果

战时缓刑在宣告缓刑的同时，让被宣告缓刑的犯罪军人戴罪立功，确有立功表现的，可以撤销原判刑罚，不予犯罪论处。而且刑法对于战时缓刑没有规定像一般缓刑那样的缓刑考验期，只要是战争期间就可以戴罪立功，如果确有立功表现，不仅原判刑罚不执行，而且不以犯罪论处。这样规定体现出给犯罪军人戴罪立功的机会，对其做出更为宽大的处理措施。

第三节 减 刑

一、减刑的概念

减刑，是指对于被判处管制、拘役、有期徒刑和无期徒刑的犯罪分子，在刑罚执行期间，认真遵守监规，接受教育改造，确有悔改表现，或者有立功表现，而将其原判刑罚予以减轻的制度。减刑是对刑罚进行某种变更，所以减刑制度是刑罚的变更制度。

二、减刑的条件

根据《刑法》第78条的规定，减刑需要具备以下三个条件：

（一）对象条件

减刑的适用对象是被判处管制、拘役、有期徒刑、无期徒刑的犯罪分子。从我国刑法关于减刑对象的规定来看，减刑的适用范围比较广泛。减刑的适用，只有刑罚种类的限制，而没有犯罪性质、罪行轻重或者刑期长短的限制。不论是危害国家安全犯罪还是其他刑事犯罪，是故意犯还是过失犯，是重刑犯还是轻刑犯，只要具备减刑的实质要件，各种自由刑都可以减刑。

值得注意的是，《刑法》第50条第2款对减刑的对象条件进行了限制，对被判处死刑缓期执行的累犯以及因故意杀人、强奸、抢劫、绑架、放火、爆炸、投放危险物质或者有组织的暴力性犯罪被判处死刑缓期执行的犯罪分子，人民法院根据犯罪情节等情况可以同时决定对其限制减刑。刑法规定的是"限制减刑"而非"不得减刑"，所以对这些严重的死缓犯可以减刑，只是应当有所限制。

根据《刑法修正案（九）》的规定，因贪污数额特别巨大，并使国家和人民利益遭受特别重大损失而被判处死刑缓期执行的犯罪分子，人民法院根据犯罪情节等情况可以同时决定在其死刑缓期执行两年期满依法减为无期徒刑后，终身监禁，不得减刑。

被判处缓刑的犯罪分子还能不能减刑的问题，刑法当中没有规定。2017年1月1日起施行的最高人民法院《关于办理减刑、假释案件具体应用法律的规定》第18条规定："被判处拘役或者三年以下有期徒刑，并宣告缓刑的罪犯，一般不适用减刑。前款规定的罪犯在缓刑考验期内有重大立功表现的，可以参照刑法第七十八条的规定予以减刑，同时应依法缩减其缓刑考验期限。缩减后，拘役的缓刑考验期限不能少于二个月，有期徒刑的缓刑考验期限不得少于一年。"根据该司法解释，如果在缓刑考验期间，犯罪分子有重大立功表现，就可以缩短实际被判处的刑罚，即对犯罪分子实际判处的刑罚予以减刑，然后再相应地缩短他的缓刑考验期。也就是对于被判处缓刑的犯罪分子的减刑，不能直接减少缓刑考验期，而应当先将实际判处的刑罚予以减轻，然后再相应地缩短他的缓刑考验期。

（二）实质条件

犯罪分子在刑罚执行过程中确有悔改或者立功的表现。减刑实际上是对犯罪分子在刑罚执行期间具有悔改或者立功表现的奖励制度,也就是犯罪分子在刑罚执行期间表现良好,有悔改或立功表现,就予以减轻刑罚的奖励。因此,减刑制度对于鼓励犯罪分子积极进行矫正,争取早日出狱,起到了很好的作用。

在我国刑法中,根据减刑的实质条件不同,又可以分为可以减刑和应当减刑。

1. 可以减刑

可以减刑的条件是犯罪分子在刑罚执行期间,认真遵守监规,接受教育改造,确有悔改表现或者有立功表现。"确有悔改表现"是指犯罪分子在刑罚执行期间,认罪悔罪,认真遵守监规,接受教育改造,积极参加政治文化技术学习,积极参加劳动,完成生产任务。"立功"是指犯罪分子在刑罚执行期间,具有下列情形之一的:(1)揭发检举监狱内外犯罪活动的,或者提供重要的破案线索,经查证线索属实的;(2)阻止他人犯罪活动的;(3)协助司法机关抓捕其他犯罪嫌疑人的;(4)在生产科研中进行技术革新,成绩突出的;(5)在抢险救灾或者重大生产事故中表现积极的;(6)有其他有利于国家和社会的突出事迹的。

2. 应当减刑

应当减刑的实质条件是在刑罚执行期间,犯罪分子具有重大立功表现。因此,具有重大立功表现是应当减刑的必要前提。

根据《刑法》第78条的规定,重大立功表现主要是指:(1)阻止他人重大犯罪活动的;(2)检举监狱内外重大犯罪活动且经查证属实的;(3)协助司法机关抓捕其他重大犯罪嫌疑人(包括同案犯)的;(4)有发明创造或者重大技术革新的;(5)在日常生产生活中舍己救人的;(6)在抗御自然灾害或者排除重大事故中有突出表现的;(7)对国家和社会有其他重大贡献的。

(三)限度条件

减刑的限度,是指犯罪分子在经过一次或者数次减刑之后,最后应当实际执行的最低刑期。减刑限度的设置主要是维护判决的稳定性,实现刑罚的报应性。如果在减刑的时候,没有最低减刑限度的设置,就使得判决不稳定,损害法院原判决的严肃性。因此,减刑必须有一定的限度。

根据《刑法》第78条第2款的规定,减刑以后实际执行的刑期不能少于下列期限:(1)判处管制、拘役、有期徒刑的,不能少于原判刑期的1/2;(2)判处无期徒刑的,不能少于13年;(3)人民法院依照本法第50条第2款规定限制减刑的死刑缓期执行的犯罪分子,缓期执行期满后依法减为无期徒刑的,不能少于25年,缓期执行期满后依法减为25年有期徒刑的,不能少于20年。

从这一规定可以看出,减刑的形式有两种:一是将较重的刑种减为较轻的刑种,如将原判无期徒刑减为有期徒刑;二是将较长的刑期减为较短的刑期,如判处管制、拘役、有期徒刑的,不能少于原判刑期的1/2。

三、减刑的时间与幅度

在减刑当中,还有一些具体的适用的条件,例如关于减刑的幅度,减刑的时间,以及如果是多次减刑,两次减刑之间的间隔。这些问题在刑法当中都没有做出规定,但在有关的司法解释里面都做了具体规定,这些具体规定也是在减刑过程中需要认真遵守的。减刑的时间包括减刑的起始时间与减刑的间隔。减刑的起始时间,是指犯罪分子可以被初次适用减刑的最低服刑刑期。减刑的间隔,是指犯罪分子前后两次适用减刑之间的间隔时间。

减刑的幅度,是指犯罪分子每一次被适用减刑可以减轻的刑期。为了保障能够充分发挥减刑的积极作用,又不使减刑被滥用,有关司法解释对于减刑的始时间、间隔和幅度等问题做出了具体规定。

四、减刑的程序

减刑的程序主要包括以下内容:

第一,对犯罪分子考察。减刑是对犯罪分子在刑罚执行期间是否具有悔罪表现、立功表现考察后的奖励性后果,所以对犯罪分子在刑罚执行期间的表现进行考察是适用减刑的前提。考察工作通常由监狱管理部门负责,监狱管理部门从事对犯罪分子的日常管理工作,可以直接对犯罪分子的表现进行考察。

第二，提出减刑建议书。根据《刑法》第79条的规定，监狱以及其他刑罚执行部门，根据犯罪分子在刑罚执行期间的表现，制作"提请减刑建议书"和准备相关材料，向中级以上人民法院提出减刑建议书。

第三，依法裁量减刑。中级以上人民法院组成合议庭进行审理，依照法律规定和犯罪分子在服刑期间的悔罪或者立功表现，裁定是否予以减刑。高级法院负责对无期徒刑的减刑和假释，其余都归中级人民法院负责裁定，基层法院没有减刑的权限。监狱管理部门只具有减刑建议权，最终是否减刑应当由法院来决定。但中级以上人民法院不能主动减刑，执行机关也不能直接减刑。

第四节 假 释

一、假释的概念

假释，是指被判处有期徒刑和无期徒刑的犯罪分子，在刑罚执行期间认真遵守监规，接受教育改造，确有悔改表现，没有再犯罪危险的，在执行原判刑罚一定期间之后，司法机关附条件地将其提前释放的刑罚执行制度。

假释制度是一项非常重要的行刑制度，也是对服刑中表现好的犯罪分子的一种奖励制度，在世界各国的刑事立法中，假释被广泛适用。假释和缓刑在功能上具有类似性，它也是使监禁刑非监禁化的一项措施。缓刑是使短期的监禁刑非监禁化，而假释是使长期的监禁刑非监禁化。假释不同于刑满释放，刑满释放是无条件的真释放，假释是提前释放，也就是犯罪分子的刑期并没有服满，但是提前予以释放，提前予以释放又不是无条件的释放，而是附加一定的条件，是附条件的提前释放。

二、假释的条件

根据《刑法》第81条的规定，假释必须具备以下三个条件：

（一）对象条件

假释适用于被判处有期徒刑或无期徒刑的犯罪分子，即只能适用于较长刑期的剥夺自由刑。假释的对象条件分为假释的积极条件和假释的消极条件。

1. 积极条件

假释适用于被判处有期徒刑和无期徒刑的犯罪分子。假释和减刑相比较，减刑除了适用于有期徒刑和无期徒刑以外，还包括拘役和管制，也就是所有的自由刑都可以减刑，所以减刑的适用范围比较宽泛。拘役虽然属于剥夺自由刑，但由于刑期较短，如果犯罪分子的犯罪情节较轻，可以通过缓刑来解决非监禁化的问题；如果犯罪分子确有悔改或者立功表现，可以依法减刑，适用假释意义不大。管制本身就是非监禁刑，给予假释没有特殊意义。因此假释主要是针对那些刑期比较长，已经关押了相当长一段时间，剩下的刑期不太多的犯罪分子。

2. 消极条件

根据《刑法》第81条第2款的规定，对累犯以及因故意杀人、爆炸、抢劫、强奸、绑架、放火、投放危险物质或有组织的暴力性犯罪且被判处10年以上有期徒刑、无期徒刑的犯罪分子，不得适用假释。因上述情形和犯罪被判处死刑缓期执行的犯罪分子，被减为无期徒刑、有期徒刑后，也不得假释。

根据《刑法》第383条第4款的规定，因犯贪污罪、受贿罪被判处死缓，同时被判定在其死缓期满减为无期徒刑后终身监禁的罪犯，不得假释。

根据最高人民法院《关于办理减刑、假释案件具体应用法律的规定》第27条的规定，对于生效裁判中有财产性判项，罪犯确有履行能力而不履行或者不全部履行的，不予假释。

根据最高人民法院《关于办理减刑、假释案件具体应用法律的补充规定》第1条的规定，《刑法修正案（九）》施行后，依照刑法分则第八章贪污贿赂罪判处刑罚的原具有国家工作人员身份的罪犯，拒不认罪悔罪的，不予假释。

（二）实质条件

犯罪分子认真遵守监规，接受教育改造，确有悔改表现，假释后没有再犯罪危险的，这是适用假释的实质条件。假释是对犯罪分子在刑罚执行期间具有悔改表现或者具有立功表现的奖励措施，有利于鼓励犯罪分子接受教育改造。假释不仅有鼓励犯罪分子接受教育改造的功能,还具有再社会化的功能,假释可以作为被长期关押以后获得自由之前的一个过渡,使犯罪分子能够在刑满释放以后很快地融入社会,重新做人。

此外,《刑法修正案(八)》在第81条中增加一项适用假释的条件:"对犯罪分子决定假释时,应当考虑其假释后对所居住社区的影响。"这是进一步细化了"没有再犯罪的危险",如何判断犯罪分子"没有再犯罪的危险",应看其对社会有无危险性,具体而言就是看其对所居住社区有没有危险性。

根据最高人民法院《关于办理减刑、假释案件具体应用法律若干问题的规定》,对犯罪时未成年的罪犯的假释,在掌握标准上可以比照成年罪犯依法适当从宽。未成年罪犯能认罪悔罪,遵守法律法规及监规,积极参加学习、劳动的,应视为确有悔改表现,不致再危害社会,可以假释。

(三)时间条件

假释只适用于已经执行一定期限刑罚的犯罪分子。被判处有期徒刑或者无期徒刑的罪犯,必须执行一部分刑罚后才能适用假释。对假释规定一定的刑期执行条件,一方面能够通过考察来判断犯罪分子是否认真遵守监规,接受教育改造,确有悔改表现,不致再危害社会,以保证假释的效果,另一方面也是为了保持人民法院判决的稳定性和严肃性。

根据《刑法》规定,对于被判处有期徒刑的犯罪分子,必须执行原判刑期1/2以上才能开始适用假释。执行原判刑期的1/2,应理解为包括判决前的羁押时间在内,因为有期徒刑判决执行前的羁押日期可以折抵刑期。被判处无期徒刑的犯罪分子,必须实际执行13年以上才可以适用假释。这里的实际执行不包括判决前羁押的时间,应当自无期徒刑判决确定之日起计算,因为确定前羁押的时间,无法折抵刑期。另外,司法解释规定,被判处死刑缓期执行的罪犯减为无期徒刑或有期徒刑后,实际执行15年以上方可假释,该实际执行时间应当从死刑缓期执行期满之日起计算。

关于假释的时间条件,《刑法》第81条第1款还做了例外性规定:"如果有特殊情况,经最高人民法院核准,可以不受上述执行刑期的限制。"根据最高人民法院《关于办理减刑、假释案件具体应用法律的规定》第24条的规定，这里的"特殊情况"，是指有国家政治、国防、外交等方面特殊需要的情况。

犯罪分子获得减刑以后，符合条件的可以适用假释。但是，减刑和假释之间需要间隔一定的时间。最高人民法院《关于办理减刑、假释案件具体应用法律若干问题的规定》第22条规定，减刑后又假释的，间隔的时间一般为1年；一次减2年有期徒刑以后又假释的，间隔时间不得少于2年。并且，减刑之后适用假释时，假释的刑期执行条件应当遵守原判刑种的刑期执行条件。

三、假释的程序

《刑法》第82条规定："对于犯罪分子的假释，依照本法第七十九条规定的程序进行。非经法定程序不得假释。"假释程序与减刑程序基本上相同，都由中级以上人民法院来行使。假释实际上也涉及刑罚权的变更，由刑罚执行机关向中级以上人民法院提出假释建议书，中级以上人民法院组成合议庭进行审理，对符合法定假释条件的裁定予以假释。有关假释的案件的审理程序，应当适用最高人民法院《关于减刑、假释案件审理程序的规定》。

四、假释的考验

假释是附条件的提前释放，因此要对假释规定一定的条件，如果符合这些条件，原判刑罚就视为执行完毕；如果违反这些条件，出现了假释撤销的事由，就应当撤销假释，将犯罪分子收监执行剩余的刑期。在一定意义上说，假释只是刑罚执行场所的变更，而不是刑罚本身的变更。

根据我国刑法的规定，假释的考验主要涉及以下几个问题：

（一）假释的监督机关

根据《刑法》第85条的规定，对假释的犯罪分子，在假释考验期限内，依法实行社区矫正。如果没有《刑法》第86条规定的情形，假释考验期满，就认为原判刑罚已经执行完毕，并公开予以宣告。因此，由专门的社区矫正机构来对假释犯进行有效的管理。

根据我国刑法的规定，对判处管制、宣告缓刑的犯罪分子实行社区矫正,同时适用禁止令。但对假释的犯罪分子,刑法没有规定同时适用禁止令。

(二)假释的考验期限

根据《刑法》第83条规定,有期徒刑的假释考验期限是没有执行完毕的刑期,无期徒刑的假释考验期限是10年。假释的考验期限,从假释之日起计算。刑法对有期徒刑的假释考验期只是做了一个原则性的规定,但是对无期徒刑的假释考验期限则做了明确而具体的规定。

(三)假释的考验内容

根据《刑法》第84条的规定,被宣告假释的犯罪分子,在考验期内应当遵守下列规定:(1)遵守法律、行政法规,服从监督;(2)按照监督机关的规定,报告自己的活动情况;(3)遵守监督机关关于会客的规定;(4)离开所居住的市、县或者迁居,应当报经监督机关的批准。

被假释的犯罪分子,在考验期内遵守上述规定,遵守社区矫正机构关于假释的监督管理,没有实施新罪,也没有被发现有漏罪的,假释考验期满,即认为原判刑罚已经执行完毕,由所在社区和公安机关公开予以宣告。

五、假释的撤销

假释是附条件的提前释放,如果被假释的犯罪分子违反了相关规定,或者出现了法定事由,就应当撤销假释,收监执行剩余刑期。根据《刑法》第86条的规定,假释撤销的事由主要有以下三项:

(一)在假释的考验期限内再犯新罪

被假释的犯罪分子在假释的考验期限内再犯新罪,表明这个犯罪分子并没有真正改造好,"不致再危害社会"的条件已经消失,犯罪分子还具有一定的人身危险性,因此应当撤销假释,按照《刑法》第71条的规定对所犯的新罪进行判刑,然后和原先尚未执行完毕的刑罚执行数罪并罚。即使在假释考验期满以后才发现罪犯在考验期内犯新罪的,只要该新犯的罪没有超过追诉时效,仍应当撤销假释,数罪并罚。

(二)在假释的考验期间内发现漏罪

被假释的犯罪人在假释考验期间内发现原先还有漏罪没有被判处,应当撤销假释，按照《刑法》第70条的规定对发现的漏罪进行判决，并且将判决确定的刑罚与原先尚未执行完毕的刑罚进行数罪并罚。假释后经过的考验期，不得计算在新判决的刑期之内。如果在假释考验期满后，才发现假释犯在判决宣告以前还有其他罪没有判决的，如果符合追诉条件，对该漏罪进行追诉，不必再撤销假释，而是对新发现的犯罪另行审判，不再与前罪并罚。

（三）在假释的考验期间内违反相关的监督管理规定

被假释的犯罪分子，在假释的考验期限内，有违反法律、行政法规或者国务院有关部门关于假释的监督管理规定的行为，但是尚未构成新的犯罪的，应当撤销假释，收监执行原判决尚未执行完毕的刑罚。有一般的违法行为，也是撤销假释的法定事由。

依照《刑法》第86条的规定，被撤销假释的罪犯，一般不得再次假释。但依照该条第2款被撤销假释的罪犯，如果罪犯对漏罪曾做如实供述但原判未予认定，或者漏罪系其自首，符合假释条件的，可以再次假释。

如果犯罪分子在假释期间内，没有出现法定的假释撤销事由，原判刑罚视为执行完毕。因此，在假释考验期满以后，5年以内再犯应当被判处有期徒刑以上刑罚之罪的，如果符合累犯构成条件，就应当构成累犯。因为累犯有个前提条件是原判刑罚执行完毕，假释考验期满假释没被撤销，视为原判刑罚执行完毕，这样就符合了累犯的前提条件。

被宣告假释的犯罪分子，原判有附加刑的，附加刑仍需继续执行。剥夺政治权利的，自假释之日起执行。

第五节　社区矫正

一、社区矫正概念

社区矫正是指对被判处管制、宣告缓刑、被裁定假释和暂予监外执行等符合条件的罪犯置于社区内，由专门的国家机关、社会团体、民间组织、社会志愿者的协助下，在一定的期限内，对罪犯进行监督和教育，矫正其犯罪心理和行为恶习，促进其顺利回归社会的非监禁刑罚执行活动。

2019年12月28日,《中华人民共和国社区矫正法》经第十三届全国人大常委会第十五次会议表决通过,于2020年7月1日实施。《中华人民共和国社区矫正法》分为总则,机构、人员和职责,决定和接收,监督管理,教育帮扶,解除和终止,未成年人社区矫正特别规定,法律责任,附则,共九章63条。

二、社区矫正的决定

人民法院依法对被判处管制、宣告缓刑、裁定假释和暂予监外执行的罪犯决定实行社区矫正;监狱管理机关、公安机关对暂予监外执行的罪犯依法批准实行社区矫正。社区矫正在社区矫正人员的居住地执行。社区矫正决定机关根据需要,可以委托社区矫正机构或者有关社会组织对被告人或者罪犯的社会危险性和对所居住社区的影响,进行调查评估,提出意见,供决定社区矫正时参考。

三、社区矫正的对象

社区矫正的对象包括管制的罪犯、缓刑的罪犯、假释的罪犯、暂予监外执行的罪犯。剥夺政治权利刑由公安机关执行,社区矫正机构予以协助。

四、社区矫正的执行

(一)社区矫正的实施机构

国务院司法行政部门主管全国的社区矫正工作。县级以上地方人民政府司法行政部门主管本行政区域内的社区矫正工作。司法所根据社区矫正机构的委托,承担社区矫正相关工作。县级以上地方人民政府根据需要设置社区矫正机构,负责社区矫正工作的具体实施。社区矫正机构的设置和撤销,由县级以上地方人民政府司法行政部门提出意见,按照规定的权限和程序审批。

(二)向社区矫正人员宣告社区矫正事项

司法所接收社区矫正人员后,应当及时向社区矫正人员宣告判决书、裁定书、决定书、执行通知书等有关法律文书的主要内容,包括社区矫正期限,社区矫正人员应当遵守的规定、被禁止的事项以及违反规定的法律后果，社区矫正人员依法享有的权利和被限制行使的权利，以及矫正小组人员组成及职责等有关事项。

（三）成立专门的矫正小组

社区矫正机构应当根据社区矫正对象的情况，为其确定矫正小组，负责落实相应的矫正方案。根据需要，矫正小组可以由司法所、居民委员会、村民委员会的人员，社区矫正对象的监护人、家庭成员，所在单位或者就读学校的人员以及社会工作者、志愿者等组成。

（四）制定社区矫正方案

社区矫正机构应当根据裁判内容和社区矫正对象的性别、年龄、心理特点、健康状况、犯罪原因、犯罪类型、犯罪情节、悔罪表现等情况，制定有针对性的矫正方案，实现分类管理、个别化矫正。矫正方案应当根据社区矫正对象的表现等情况相应调整。

（五）社区矫正人员应遵守的事项

社区矫正决定机关应当对社区矫正对象进行教育，告知其在社区矫正期间应当遵守的规定以及违反规定的法律后果，责令其按时报到。

社区矫正对象在社区矫正期间应当遵守法律、行政法规，履行判决、裁定、暂予监外执行决定等法律文书确定的义务，遵守国务院司法行政部门关于报告、会客、外出、迁居、保外就医等监督管理规定，服从社区矫正机构的管理。社区矫正对象离开所居住的市、县或者迁居，应当报经社区矫正机构批准。

社区矫正对象有下列情形之一的，经县级司法行政部门负责人批准，可以使用电子定位装置，加强监督管理：违反人民法院禁止令的；无正当理由，未经批准离开所居住的市、县的；拒不按照规定报告自己的活动情况，被给予警告的；违反监督管理规定，被给予治安管理处罚的；拟提请撤销缓刑、假释或者暂予监外执行收监执行的。

使用电子定位装置的期限不得超过三个月。对于不需要继续使用的，应当及时解除；对于期限届满后，经评估仍有必要继续使用的，经过批准，期限可以延长，每次不得超过三个月。

（六）社区矫正的解除和终止

社区矫正对象矫正期满或者被赦免的，社区矫正机构应当向社区矫正对象发放解除社区矫正证明书，并通知社区矫正决定机关、所在地的人民检察院、公安机关。社区矫正对象被裁定撤销缓刑、假释，被决定收监执行，或者社区矫正对象死亡的，社区矫正终止。

---- **法考真题** ----

1. 关于缓刑的适用，下列哪一选项是错误的？（2011/2/10- 单）

   A. 被宣告缓刑的犯罪分子，在考验期内再犯罪的，应当数罪并罚，且不得再次宣告缓刑。

   B. 对于被宣告缓刑的犯罪分子，可以同时禁止其从事特定活动，进入特定区域、场所，接触特定的人。

   C. 对于黑社会性质组织的首要分子，不得适用缓刑。

   D. 被宣告缓刑的犯罪分子，在考验期内由公安机关考察，所在单位或者基层组织予以配合。

   [答案] D

2. 关于减刑、假释的适用，下列哪些选项是错误的？（2013/2/57- 多）

   A. 对所有未被判处死刑的犯罪分子，如认真遵守监规，接受教育改造，确有悔改表现，或者有立功表现的，均可减刑。

   B. 无期徒刑减为有期徒刑的刑期，从裁定被执行之日起计算。

   C. 被宣告缓刑的犯罪分子，不符合"认真遵守监规，接受教育改造"的减刑要件的，不能减刑。

   D. 在假释考验期限内犯新罪，假释考验期满后才发现的，不得撤销假释。

   [答案] ABCD

3. 关于假释，下列哪些选项是错误的？（2008/2/57- 多）

   A. 被判处有期徒刑的犯罪分子，执行原判刑期的 1/2，如果符合假释条件的，可以假释；如果有特殊情况，经高级人民法院核准，可以不受上述执行刑期的限制。

   B. 被假释的犯罪分子，在假释考验期内，遵守了各种相关规定，没有再犯新罪，也没有发现以前还有其他罪没有判决的，假释考验期满，剩余刑罚就不再执行。

C. 被假释的犯罪分子，在假释考验期限内犯新罪的，应当撤销假释，按照先并后减的方法实行数罪并罚。

D. 对于因杀人、绑架等暴力性犯罪判处10年以上有期徒刑的犯罪分子，不得假释；即使他们被减刑后，剩余刑期低于10年有期徒刑，也不得假释。

［答案］ABC

4. 关于假释与数罪并罚的相关问题，下列哪一项说法是正确的？（2008延/2/60-单）

A. 甲犯强奸罪被判有期徒刑9年，执行5年后假释，在假释考验期满后，发现甲在强奸罪判决宣告以前还有抢劫罪没有得到处理。因此，应该撤销对甲的假释，依照数罪并罚原则进行处理。

B. 乙犯爆炸罪被判处有期徒刑12年，在刑罚执行过程中被减刑2年，如果乙实际服刑6年以上，可以假释。

C. 丙犯贪污罪被判处有期徒刑5年，刑满释放后4年内又犯聚众斗殴罪被判有期徒刑7年，在执行4年后，丙可以假释。

D. 丁犯交通肇事罪被判有期徒刑5年，执行3年后假释，在假释考验期满后，发现丁在考验期内犯有盗窃罪，应当撤销丁的假释，根据先减后并原则数罪并罚。

［答案］D

5. 关于刑罚的具体运用，下列哪些选项是错误的？（2014/2/55-多）

A. 甲1998年因间谍罪被判处有期徒刑4年。2010年，甲因参加恐怖组织罪被判处有期徒刑8年。甲构成累犯。

B. 乙因倒卖文物罪被判处有期徒刑1年，罚金5000元；因假冒专利罪被判处有期徒刑2年，罚金5000元。对乙数罪并罚，决定执行有期徒刑2年6个月，罚金1万元。此时，即使乙符合缓刑的其他条件，也不可对乙适用缓刑。

C. 丙因无钱在网吧玩游戏而抢劫，被判处有期徒刑1年缓刑1年，并处罚金2000元，同时禁止丙在12个月内进入网吧。若在考验期限内，丙仍常进网吧，情节严重，则应对丙撤销缓刑。

D. 丁系特殊领域专家，因贪污罪被判处有期徒刑8年。丁遵守监规，接受教育改造，有悔改表现，无再犯危险。1年后，因国家科研需要，经最高法院核准,可假释丁。

[答案] AB

6. 关于缓刑的适用,下列哪些选项是错误的?(2017/2/56- 多)

   A. 甲犯抢劫罪,所适用的是"三年以上十年以下有期徒刑"的法定刑,缓刑只适用于被判处拘役或者3年以下有期徒刑的罪犯,故对甲不得判处缓刑。

   B. 乙犯故意伤害罪与代替考试罪,分别被判处6个月拘役与1年管制。由于管制不适用缓刑,对乙所判处的拘役也不得适用缓刑。

   C. 丙犯为境外非法提供情报罪,被单处剥夺政治权利,执行完毕后又犯帮助恐怖活动罪,被判处拘役6个月。对丙不得宣告缓刑。

   D. 丁17周岁时犯抢劫罪被判处有期徒刑5年,刑满释放后的第4年又犯盗窃罪,应当判处有期徒刑2年。对丁不得适用缓刑。

[答案] ABD

―――― 思考题 ――――

1. 如何理解一般缓刑的构成条件?
2. 如何理解减刑的构成条件?
3. 如何理解假释的构成条件?

第十八章 刑罚的消灭

第一节 刑罚消灭概述

一、刑罚消灭的概念

刑罚消灭,是指由于法定的或者事实的原因,致使代表国家的司法机关对犯罪人的刑罚权归于消灭。刑罚消灭是对刑罚权的限制,基于法定或者事实的原因,刑罚权会归于消灭。刑罚消灭,对国家而言是指刑罚权的消灭;对犯罪人则意味着刑事责任的终结。

二、刑罚消灭的事由

消灭是一种结果,这种结果必然由一定的原因或事由所引起。因此,刑罚消灭必须具备一定的事由。导致刑罚消灭的事由主要有以下情形:

(1)大赦。(2)特赦。(3)在犯罪人被判处刑罚的判决确定后,刑罚尚未执行或者未执行完毕前,法律已经废止其刑。(4)免除刑罚。(5)行刑时效完成。在判决确定以后,刑罚必须在一定的时间内执行,如果在一定的时间内没有执行,行刑权就消灭,不能再对犯罪人执行刑罚。(6)缓刑期满。(7)减刑。(8)假释期满。(9)刑罚执行完毕。(10)犯罪人死亡。(11) 减、免刑罚执行。

第二节 时 效

一、时效的概念

时效，是指刑法规定经过一定的期限，国家对犯罪人不得追诉或者对已经判处的刑罚不再执行的制度。时效完成是刑罚消灭的重要制度之一。

任何法律制度，在其效能上均存在时间上的限制。刑法之所以规定时效，是因为犯罪人的社会危害以及由此造成的社会影响能够随着时间的消逝而逐渐减轻或者消除，因此刑罚也就失去了适用的必要。

二、时效的种类

在刑法理论上，时效可以分为追诉时效和行刑时效。

（一）追诉时效

追诉时效，是指刑法规定国家对犯罪人行使刑事追诉权和刑罚执行权的有效期限。犯罪人犯罪以后一定时间之内，这种追诉有效，如果超出法定追诉时间，司法机关或者有告诉权的人不得再对犯罪人进行追诉，已经追诉的，应撤销案件或不起诉或终止审理。因此，追诉时效是对司法机关或者有告诉权的人行使追诉权确定一个时间限制。

（二）行刑时效

行刑时效，是指刑法规定的对被判刑的犯罪人执行刑罚的有效期限。在判决宣告确定刑罚以后，如果在法定期限内刑罚没有执行，超过行刑的时效，原判刑罚就不再执行。

大多数国家或地区的刑法既规定了追诉时效，也规定了行刑时效，我国刑法总则只规定了追诉时效，没有规定行刑时效。

三、我国刑法对追诉时效的规定

（一）追诉时效的期限

追诉时效的期限，是指法律规定对犯罪人追究刑事责任的有效期限。

追诉时效的时间长短和犯罪人所犯的罪行轻重相适应，所犯罪行越重，追诉时效的期限就越长；所犯罪行越轻，追诉时效的期限就越短。

根据《刑法》第87条的规定，犯罪经过下列期限不再追诉：（1）法定最高刑不满5年有期徒刑的，经过5年。（2）法定最高刑为5年以上不满10年有期徒刑的，经过10年。（3）法定最高刑为10年以上的，经过15年。（4）法定最高刑是无期徒刑、死刑的，经过20年。如果20年以后认为必须追诉的，需报请最高人民检察院核准。

上述追诉时效期限，是根据犯罪的法定最高刑确定的。这里的"法定最高刑"，是指与犯罪危害程度相对应的法定刑幅度的最高刑，而不是触犯条文的法定最高刑。只有这样，才能很好地贯彻罪责刑相适用的刑法基本原则。上述"不满5年""不满10年"不包括5年、10年本数。根据《刑法》规定，"以上""以下"含本数。

（二）追诉时效的计算

《刑法》第89条第1款规定："追诉期限从犯罪之日起计算；犯罪行为有连续或者继续状态的，从犯罪行为终了之日起计算。"

根据该条规定，一般犯罪的追诉期限从犯罪之日起开始计算。犯罪之日是指犯罪成立之日，即行为符合犯罪构成之日。犯罪行为有连续状态的，属于连续犯；犯罪行为有继续状态的，属于继续犯。连续犯或者继续犯的追诉时效的起算点为犯罪行为终了之日。例如，非法拘禁是继续犯，追诉期限不能从拘禁之日起计算，而是从拘禁行为结束之日起计算。

（三）追诉时效的中断

追诉时效的中断，是指在追诉时效已经开始尚未结束期间，因发生法律规定的事由，使以前经过的追诉时效期间归于无效，追诉期限从法律规定事由终了时重新计算的制度。

《刑法》第89条第2款规定："在追诉期限以内又犯罪的，前罪追诉的期限从犯后罪之日起计算。"如果在追诉时效期间以内，犯罪人再犯新罪，前罪已经经过的时效期间就中断，从再犯新罪之日起重新计算前罪的追诉时效，对于后罪的追诉时效当然也是从再犯罪开始计算。

（四）追诉时效的延长

追诉时效的延长，是指在追诉时效期限已经开始尚未结束的进行期间，由于发生了法律规定的事由，致使追诉时效无限制延长的制度。

根据《刑法》第88条的规定，追诉时效延长分为两种情况：

第一种是在人民检察院、公安机关、国家安全机关立案侦查或者人民法院受理案件以后，犯罪人逃避侦查或审判活动的，追诉时效无限制地延长。

第二种是被害人在追诉期限内提出控告，人民法院、人民检察院、公安机关应当立案而不立案的，不受追诉时效的限制。该条款是为了防止司法机关互相推诿，被害人告状无门，以至案件过了追诉时效。因此，刑法规定当被害人向司法机关提出控告，司法机关应当立案而不立案的，追诉时效就可以无限期地延长下去。

追诉时效的中断制度和追诉时效的延长制度主要是为了弥补追诉时效的不足，使得追诉时效一方面体现对犯罪人的宽大精神，另一方面又能够防止某些犯罪人钻追诉时效制度的空子，充分发挥惩治犯罪的效果，保护被害人的合法权益。

此外，虽然刑法规定追诉时效最长为20年，但条文中还保留了一个例外规则——如果20年以后认为必须追诉的，可以报请最高人民检察院核准追诉。所谓"认为必须追诉的"犯罪，是指那些社会危害性极其严重，犯罪人的人身危险性特别大，所造成的社会影响极坏，经过20年以后仍然没有被社会遗忘的重大犯罪。对于这些重大犯罪，无论过多久，都保留无限追责的可能。

麻继钢案

1992年3月24日，在江苏省南京市鼓楼区原南京医学院发生一起残忍杀害在校女学生林伶的案件，案件造成很大社会影响。案发后，江苏省、市、区公安部门全力侦查，并曾在报纸上公布过嫌疑人模拟画像。2020年2月23日晚，南京市公安局官方微博发布消息称，该案已被告破，嫌疑人已被抓获。3月，南京市人民检察院对犯罪嫌疑人麻继钢依法做出批准逮捕决定。9月16日，南京市中级人民法院对该案进行开庭审理。10月14日，南京市中级人民法院一审宣判麻继钢死刑。2021年1月19日，江苏省高级人民法院依法对麻继钢强奸、故意杀人一案进行二审宣判，裁定驳回上诉，维持原判,依法报请最高人民法院核准。2021年6月10日,遵照最高人民法院下达的执行死刑命令,南京市中级人民法院已依法对故意杀人、强奸犯麻继钢执行死刑。

麻继刚杀人案发生在1992年,根据我国《刑法》第12条规定的从旧兼从轻原则,应当适用1979年《刑法》。1979年《刑法》第77条规定:"在人民法院、人民检察院、公安机关采取强制措施以后,逃避侦查或者审判的,不受追诉期限的限制。"在2020年之前,公安机关一直未能侦破本案,未能发现麻继钢是犯罪嫌疑人,因此一直对麻继钢未采取强制措施。基于此,对麻继钢的追诉应当受到追诉期限的限制。根据1979年《刑法》第76条的规定,麻继钢涉嫌故意杀人罪,法定最高刑是死刑,追诉期限是20年。至2020年,麻继钢的犯罪事实已经经过了20年追诉期限,不应再追诉。根据1979年《刑法》第76条的规定,如果认为必须追诉,应当报请最高人民检察院核准。

第三节 赦 免

一、赦免的概念和种类

(一)赦免的概念

赦免,是指国家依法免除或者减轻犯罪分子罪责或者刑罚的刑罚制度。赦免是刑罚消灭事由之一。我国宪法对赦免做了规定,但刑法对赦免并没有规定。

(二)赦免的种类

赦免有大赦和特赦两种情况。我们国家只规定特赦,没有规定大赦。

1. 大赦

大赦,是指国家元首或者国家最高权力机关,对某一范围内的犯罪人免予追诉和免除刑罚执行的制度,其特点是既赦其罪,亦赦其刑。

大赦的范围非常广泛,是及于全国的赦免。封建王朝在遇到重大变革、吉庆等情形时,往往实施大赦。对于一定时限内的犯罪,不问已否发觉,已否结正,都予以赦免。已经赦免的犯罪,不许他人再向官府控告。谁以赦免的犯罪事告发别人，就以所告的罪惩罚原告。赦前犯罪已执行的，不认为有前科。不过对封建统治危害最大的犯罪，如十恶、贪赃（"六赃"）等罪，通常不在赦例。

2. 特赦

特赦，是指国家元首或者国家最高权力机关，对已受罪刑宣告的特定犯罪人免除执行其全部或部分刑罚的制度。特赦的对象是特定的犯罪分子，特赦的前提是犯罪人已经被判处刑罚，特赦的效力在于免除刑罚的执行而不消灭犯罪记录。但是，犯罪并不因特赦而消灭，因此，特赦的法律后果等同于刑罚执行完毕。

二、我国的特赦制度及其特点

（一）我国的特赦制度

根据我国《宪法》第67条和第80条的规定，特赦经全国人大常委会决定，由国家主席发布特赦令。

新中国成立以来，我国共实行了九次特赦：

第一次是1959年在中华人民共和国成立10周年庆典前夕，对在押的确已改恶从善的蒋介石集团和伪满洲国战争罪犯、反革命犯和普通刑事犯实行特赦。

第二次、第三次特赦分别于1960年、1961年实行，都是对蒋介石集团和伪满洲国罪犯确有改恶从善表现的进行特赦。

第四次、第五次、第六次分别于1963年、1964年、1966年实行。与前两次相比，只是在特赦对象上增加了伪蒙疆联合自治政府的战争罪犯。其他内容完全相同。第七次是1975年，对全部在押战争罪犯实行特赦，给予公民权。

第八次特赦是在2015年8月29日，第十二届全国人民代表大会常务委员会第十六次会议通过了《全国人民代表大会常务委员会关于特赦部分服刑罪犯的决定》，国家主席同日签署特赦令。为纪念中国人民抗日战争暨世界反法西斯战争胜利70周年，体现依法治国理念和人道主义精神，根据宪法，决定对依据2015年1月1日前人民法院做出的生效判决正在服刑，释放后不具有现实社会危险性的下列罪犯实行特赦：（1）参加过中国人民抗日战争、中国人民解放战争的；（2）中华人民共和国成立以后，参加过保卫国家主权、安全和领土完整对外作战的，但犯贪污受贿犯罪，故意杀人、强奸、抢劫、绑架、放火、爆炸、投放危险物质或者有组织的暴力性犯罪，黑社会性质的组织犯罪，危害国家安全犯罪，恐怖活动犯罪的，有组织犯罪的主犯以及累犯除外；（3）年满75周岁、身体严重残疾且生活不能自理的；（4）犯罪的时候不满18周岁，被判处3年以下有期徒刑或者剩余刑期在1年以下的，但犯故意杀人、强奸等严重暴力性犯罪，恐怖活动犯罪，贩卖毒品犯罪的除外。

第九次特赦是2019年6月29日，第十三届全国人大常委会第十一次会议通过了《全国人大常委会关于在中华人民共和国成立七十周年之际对部分服刑罪犯予以特赦的决定》，国家主席同日签署特赦令。对依据2019年1月1日前人民法院做出的生效判决正在服刑的九类罪犯实行特赦：（1）参加过中国人民抗日战争、中国人民解放战争的；（2）中华人民共和国成立以后，参加过保卫国家主权、安全和领土完整对外作战的；（3）中华人民共和国成立以后，为国家重大工程建设做过较大贡献并获得省部级以上"劳动模范""先进工作者""五一劳动奖章"等荣誉称号的；（4）曾系现役军人并获得个人一等功以上奖励的；（5）因防卫过当或者避险过当，被判处3年以下有期徒刑或者剩余刑期在1年以下的；（6）年满75周岁、身体严重残疾且生活不能自理的；（7）犯罪的时候不满18周岁，被判处3年以下有期徒刑或者剩余刑期在1年以下的；（8）丧偶且有未成年子女或者有身体严重残疾、生活不能自理的子女，确需本人抚养的女性，被判处3年以下有期徒刑或者剩余刑期在1年以下的；（9）被裁定假释已执行1/5以上假释考验期的，或者被判处管制的。

国家主席特赦令同时明确，上述九类对象中，具有以下情形之一的，不得特赦：一是第（2）（3）（4）（7）（8）（9）类对象中系贪污受贿犯罪，军人违反职责犯罪，故意杀人、强奸、抢劫、绑架、放火、爆炸、投放危险物质或者有组织的暴力性犯罪，黑社会性质的组织犯罪，贩卖毒品犯罪，危害国家安全犯罪，恐怖活动犯罪的罪犯，其他有组织犯罪的主犯，累犯的；二是第（2）（3）（4）（9）类对象中剩余刑期在10年以上的和仍处于无期徒刑、死刑缓期执行期间的；三是曾经被特赦又因犯罪被判处刑罚的；

四是不认罪悔改的;五是经评估具有现实社会危险性的。

(二)我国特赦制度的特点

从我国实行的九次特赦中,可以看出我国特赦制度有以下几个特点:

(1)特赦对象,前七次特赦,除第一次包括反革命罪犯和普通刑事罪犯外,都是战争罪犯。第八次、第九次特赦的对象为依据人民法院做出的生效判决正在服刑、释放后不再具有现实社会危险性的某些特定类型的犯罪。

(2)特赦的范围,仅限于全国各地某类罪犯中的一部分人,而不是对某类罪犯全部实行特赦,更不是对个人实行。

(3)特赦的条件,是罪犯经过服刑改造,确已改恶从善的。对尚未宣告刑罚或者刑罚虽已宣告但尚未开始执行的罪犯,不赦免。

(4)特赦的效力,只及于刑罚,不及于罪行。即特赦的效力只是免除执行剩余的刑罚或者减轻原判刑罚,不是使宣告刑与有罪宣告无效。

(5)特赦的程序,一般由党中央或国务院提出建议,经全国人大常委会审议决定,由国家主席发布特赦令,并授权最高人民法院和高级人民法院执行。

法考真题

1. 1980年年初,张某强奸某妇女并将其杀害。1996年年末,张某因酒后驾车致人重伤。两案在2007年年初被发现。关于张某的犯罪行为,下列哪些选项是错误的?(2009/2/55-多)

   A. 应当以强奸罪、故意杀人罪和交通肇事罪追究其刑事责任,数罪并罚。

   B. 应当以强奸罪追究其刑事责任。

   C. 应当以故意杀人罪追究其刑事责任。

   D. 不应当追究任何刑事责任。

   [答案] ABD

2. 1999年11月,甲(17周岁)因邻里纠纷,将邻居杀害后逃往外地。2004年7月,甲诈骗他人5000元现金。2014年8月,甲因扒窃3000元现金,被公安机关抓获。在讯问阶段,甲主动供述了杀人、诈骗罪行。关于本案的分析,下列哪些选项是错误的?(2014/2/56-多)

A. 前罪的追诉期限从犯后罪之日起计算,甲所犯三罪均在追诉期限内。

B. 对甲所犯的故意杀人罪、诈骗罪与盗窃罪应分别定罪量刑后,实行数罪并罚。

C. 甲如实供述了公安机关尚未掌握的罪行,成立自首,故对盗窃罪可从轻或者减轻处罚。

D. 甲审判时已满18周岁,虽可适用死刑,但鉴于其有自首表现,不应判处死刑。

[答案] ABCD

3. 关于追诉时效,下列哪一选项是正确的?(2016/2/10-单)

A. 《刑法》规定,法定最高刑为不满5年有期徒刑的,经过5年不再追诉。危险驾驶罪的法定刑为拘役,不能适用该规定计算危险驾驶罪的追诉时效。

B. 在共同犯罪中,对主犯与从犯适用不同的法定刑时,应分别计算各自的追诉时效,不得按照主犯适用的法定刑计算从犯的追诉期限。

C. 追诉时效实际上属于刑事诉讼的内容,刑事诉讼采取从新原则,故对刑法所规定的追诉时效,不适用从旧兼从轻原则。

D. 刘某故意杀人后逃往国外18年,在国外因伪造私人印章(在我国不构成犯罪)被通缉时潜回国内。4年后,其杀人案件被公安机关发现。因追诉时效中断,应追诉刘某故意杀人的罪行。

[答案] B

4. 关于追诉时效,下列哪些选项是正确的?(2015/2/60-多)

A. 甲犯劫持航空器罪,即便经过30年,也可能被追诉。

B. 乙于2013年1月10日挪用公款5万元用于结婚,2013年7月10日归还。对乙的追诉期限应从2013年1月10日起计算。

C. 丙于2000年故意轻伤李某,直到2008年李某才报案,但公安机关未立案。2014年,丙因他事被抓。不能追诉丙故意伤害的刑事责任。

D. 丁与王某共同实施合同诈骗犯罪。在合同诈骗的追诉期届满前,王某单独实施抢夺罪。对丁合同诈骗罪的追诉时效,应从王某犯抢夺罪之日起计算。

[答案] AC

———— **思考题** ————

1. 如何确定追诉时效的期限?
2. 如何理解我国刑法规定的时效中断与时效延长?
3. 大赦与特赦有何不同?

参考文献

1. 陈兴良、周光权:《刑法学的现代展开》,北京:中国人民大学出版社,2015年版。
2. 陈兴良:《刑法哲学》,北京:中国人民大学出版社,2017年版。
3. 陈兴良:《教义刑法学》,北京:中国人民大学出版社,2017年版。
4. 陈兴良:《口授刑法学》,北京:中国人民大学出版社,2017年版。
5. 陈兴良:《刑法的启蒙》,北京:北京大学出版社,2018年版。
6. 陈兴良:《规范刑法学》,北京:中国人民大学出版社,2023年版。
7. 柯耀程:《变动中的刑法思想》,北京:中国政法大学出版社,2003年版。
8. 黎宏:《刑法总论问题思考》,北京:中国人民大学出版社,2007年版。
9. 黎宏:《刑法学总论》,北京:法律出版社,2016年版。
10. 林亚刚:《刑法学教义(总论)》,北京:北京大学出版社,2017年版。
11. 林山田:《刑法通论》,北京:北京大学出版社,2012年版。
12. 罗翔:《刑法学讲义》,昆明:云南人民出版社,2020年版。
13. 张明楷:《刑法的基本立场》,北京:商务印书馆,2019年版。
14. 张明楷:《刑法格言的展开》,北京:北京大学出版社,2013年版。
15. 张明楷:《刑法学》,北京:法律出版社,2021年版。
16. 张明楷:《法益初论》,北京:商务印书馆,2021年版。
17. 周光权:《刑法总论》,北京:中国人民大学出版社,2021年版。
18. 《刑法学》编写组:《刑法学(上册·总论)》,北京:高等教育出版社,2023年版。
19. 高铭暄、马克昌主编:《刑法学》,北京:北京大学出版社,2022年版。
20. 高铭暄主编:《刑法学原理》,北京:中国人民大学出版社,1993年版。
21. 冯军、肖中华主编:《刑法总论》,北京:中国人民大学出版社,2016年版。
22. 李晓明主编:《刑法学(上)》,北京:法律出版社,2001年版。
23. 刘宪权主编:《刑法学》,上海:上海人民出版社,2016年版。
24. 马克昌主编:《近代西方刑法学说史》,北京:中国人民大学出版社,2008年版。
25. 曲新久主编:《刑法学》,北京:中国政法大学出版社,2009年版。
26. [意]切萨雷·贝卡里亚:《论犯罪与刑罚》,黄风译,北京:中国大百科全书出版社,1993年版。
27. [德]拉德布鲁赫:《法学导论》,米健等译,北京:中国大百科全书出版社,1997年版。
28. [德]克劳斯·罗克辛:《德国刑法学总论(第1卷)》,王世洲译,北京:法律出版社,2005年版。

29. ［美］乔治·P. 弗莱彻：《刑法的基本概念》，王世洲等译，北京：中国政法大学出版社，2004 年版。
30. ［法］孟德斯鸠：《论法的精神》，许明龙译，北京：商务印书馆，2012 年版。
31. ［日］曾根威彦：《刑法学基础》，黎宏译，北京：法律出版社，2005 年版。
32. ［日］西原春夫：《刑法的根基与哲学》，顾肖荣等译，北京：中国法制出版社，2017 年版。
33. ［日］前田雅英：《刑法总论讲义》，曾文科译，北京：北京大学出版社，2017 年版。
34. ［日］山口厚：《刑法总论》，付立庆译，北京：中国人民大学出版社，2018 年版。